Martin Zichner

Morgenrot über Christianopolis

Martin Zichner

Morgenrot über Christianopolis

Auf den Spuren utopischer Staatsideen

Edition Pleroma

Die Deutsche Bibliothek verzeichnet diese Publikation
in der Deutschen Nationalbibliographie; detaillierte bibliographische Daten
sind im Internet unter http://dnb.d-nb.de abrufbar.

Satz und Titelgestaltung: © Nicolas Vassiliev
ISBN 978-3-939647-62-1
www.edition-pleroma.de
www.quinque-bibliothek.de
E-Mail: gabriele.quinque@gmx.de

Den Fratres und Sorores
des Templum C.R.C. an die
solaren Pforten gestellt.

Inhaltsverzeichnis

Vorwort

Der Gottesstaat ist erfahrbar in
der Liturgie von Heiligen Messen
und Mystischen Ritualen.

Auf der Suche nach Literatur über jene Gottesbürgerschaft, wie sie zuerst von Platon in der Politeia beschrieben wurde, las ich ein Büchlein, in dem utopische Staatsbilder von Platon bis Francis Bacon als Vorläufer von Marx und Engels bezeichnet werden. Leider prägt sich solches Gedankengut bei vielen Menschen ein, vor allem, weil eine dominante Plattform im Netz bei diesem Werk nach atheistischer Manier von politischer Philosophie und Grundlage der Naturrechtslehre spricht. Platon unterschied in seiner Ideenlehre sehr konsequent die Universalien von den Partikeln, wobei er die Universalien im Reich erhabener Ideen, gleichsam bei den Göttern, ansiedelte und nur den Partikeln feste Formen zugestand. Weder Politik noch das kommunistische Manifest wollte der Philosoph aus den Darlegungen abgeleitet wissen. Wo und wann auch immer von einer Gottes- oder Sonnenstadt die Rede ist, sind die Allegorien in den Schriften zwar dem sozialen Miteinander entlehnt, aber zu jeder Zeit war den Urhebern klar, es handelt sich nicht um eine auf Erden generell lebbare Form in den Staatsgefügen, vielmehr um eine individuell erfahrbare Bewusstseinsstruktur und allenfalls eine Verheißung auf ein überirdisches Sein, jenseits der irdischen Manifestation. In unserer grobstofflichen Welt herrscht entweder die weltliche Gemeinschaft oder ein Regent. Beide Staatsformen unterliegen der Streitkultur und wechseln sich einander temporär ab. Die Polarität erfordert neben solaren Konzepten auch die lunaren, und damit schließt sich eine rein solare Legislative aus. In der Civitas Dei hingegen begegnet uns die Ranggleichheit untereinander aufgrund der Gepflogenheit, dass alle Bewohner ein gemeinsames Ideal pflegen: Die Bruderschaft mit der Gottheit!

Das vorliegende Buch von Dr. Martin Zichner wurde mir geschenkt, nachdem ich weiter auf der Suche nach Kommentaren zu den solaren

Staatsgefügen gewesen bin. Schon auf den ersten Seiten erfreute mich diese jugendlich und frisch geschriebene Einladung zu einer Städtereise in das Land Utopia. Der Autor zählt alle Versionen von der Antike bis zur Neuzeit auf und legt Wert darauf, das Ganze auch für Einsteiger verständlich zu gestalten. Also bindet er die Vielfalt der anspruchsvollen Werke in leichte Dialoge von Jugendlichen, die sich auf eine ungewöhnliche Entdeckungsreise begeben haben. Zu viert spekulieren sie, was uns die Urheber mit ihren Schriften nahebringen wollten. Dem Leser bietet diese Dramaturgie viel Raum zum Kennenlernen, Mitdenken und Weiterforschen. Solche wundervollen Städte der Sonne bleiben unerreichbar für profane Weltenbummler. Um in der Gottesbürgerschaft anzukommen, muss der Strebende ein Philosoph geworden sein, dem Einlass gewährt worden ist in der heiligen Stadt, in der alles, was geschieht, von der Kraft der Gottesnähe bestimmt und geordnet wird. Das folgende Zitat vermittelt die Sehnsucht Suchender, die begrenzte Sichtweise der irdischen Existenz überwinden zu können:

„Wäre es nicht ein köstlich Ding, wenn du alle Stunden so leben könntest, als wenn du von Anfang der Welt bisher gelebt hättest und noch ferner bis an das Ende derselben leben solltest? Wäre es nicht herrlich, wenn du an einem Ort so wohnen könntest, daß weder die Völker, die über dem Fluß Ganges in Indien wohnen, ihre Sache vor dir verbergen noch die, die in Peru leben, ihre Absichten dir verhalten könnten? Wäre es nicht ein köstlich Ding, wenn du in einem Buch so lesen könntest, daß du zugleich alles, was in allen Büchern, die jemals gewesen, noch da sind oder kommen und veröffentlicht werden, gefunden und jemals mag gefunden werden, lesen, verstehen und behalten möchtest? Wie lieblich wäre es, wenn du so singen könntest, daß du anstatt der Steinfelsen nur Perlen und Edelgesteine an dich brächtest, anstatt der wilden Tiere die Geister zu dir locktest und anstatt des höllischen Pluto die mächtigen Fürsten der Welt erregtest und bewegtest?"

Confessio Fraternitatis
Gerhard Wehr: Die Bruderschaft der Rosenkreuzer

Ebenso begegnet uns das Erscheinen einer solaren Regentschaft in der Offenbarung des Johannes:

„Und ich sah einen neuen Himmel und eine neue Erde, denn es waren vergangen der erste Himmel und die erste Erde, und nicht mehr ist das Meer. Und das Neue, die heilige Stadt, ich sah sie hernieder steigen aus dem Himmel von Gott, bereitet wie eine Braut, köstlich geziert für ihren Bräutigam. Und ich hörte eine gewaltige Stimme von dem Thron her rufen: Siehe, Gottes Einwohnung ist unter den Menschen und wohnen wird Er unter ihnen und siehe, sie werden Seine Völker sein und Er, Er selbst wird ihr Gott sein; und hinwegwischen wird Er jede Träne von ihren Augen. Und der Tod wird nicht mehr sein und Leid und Gram und Mühsal wird nicht mehr sein, denn was vorher war, das ist vergangen. Und der thront auf dem Thron, Er sprach zu mir: Siehe ich mache alles neu."

Offb 21, 1-5

Alle wahren Weisheitsbücher beinhalten solche Verheißungen, die allerdings von weniger gebildeten Menschen als kommende Realität eingestuft werden, was zwingend zu Enttäuschungen führen muss. Auch der Splendor Solis, der Sonnenglanz, eine alchemistische Prunkschrift, endet mit ebendieser Gottesstadt, die sich aus dem Himmel herabgelassen hat und im vollen Sonnenglanz steht. Eine von goldener Sonne durchglühte Stadt ist ein Wunschtraum, der sich als roter Faden durch die gesamte Mystik zieht – unrealisierbar in der äußeren Welt, aber dennoch vorhanden in den Mysterien. Die keltische Gralsburg mit ihren 400 Rittern und wunderbaren Edeldamen schwingt in derselben Vorstellung von einer lichten Sphäre, in der jedem die Wohltat zukommt, die er benötigt. Der Name Civitas Dei – Gottesbürgerschaft oder Gottesstaat – hat sich im philosophischen Sprachgebrauch fixiert. Wir kennen des Weiteren Begriffe wie: Civitas solis, Sonnenstaat, das Neue Jerusalem, Utopia, Neu Atlantis oder Christianopolis. Es handelt sich jeweils um eine Lebensgemeinschaft geläuterter Menschen, in der Gott der alleinige Herrscher ist. Thomas Morus nannte seinen Gottesstaat deshalb Utopie, was soviel bedeutet wie Nichtort. Dies meint, er ist nicht von dieser Welt und damit der geheiligte überirdische Hort im Gegensatz zum profanen diesseitigen Ort. Ebenso stellt Augustinus die überweltliche Civitas Dei der Civitas terrana, einem sichtbaren, irdischen Staatsgefüge, kontrastierend gegenüber. Damit protestierte er gegen jede Form des sogenannten Kaiserkultes. Darunter versteht man all jene Versuche, in denen der Mensch auf Erden einen Gottesstaat erzwingen will. Diese Schuld luden die römischen Kaiser auf sich, indem sie sich selbst als Gott verehren ließen. Ganz Rom sollte ihr Tempel sein. Roma quadrata galt als heiliger Ort, und der Kaiser herrschte dort als thronende Gottheit. Wegen dieser Säkularisierung der Platonischen Idee, wegen des Herabziehens des Erhabenen, musste eine Erneuerung des Kultes erfolgen. Ein froher Christusimpuls konnte die Not wenden. Von dem Apokalyptiker Johannes wissen wir, wie sehr er gegen diesen Kaiserkult rebellierte, was schließlich zu seiner Verbannung auf die Insel Patmos und zu den 22 Kapiteln der Offenbarung führte.

Der einflussreiche Kirchenlehrer Augustinus von Hippo (354-430) verfasste gegen Ende seines Lebens ein Werk unter dem Titel „De civitate Dei" – Über den Gottesstaat. Mit Hilfe von 22 Kapiteln knüpfte Augustinus deutlich an der Apokalypse an. Als Christ wollte er in seinen Schriften die Antike hinter sich lassen, indem er den Kaiserkult durch den christlichen Glauben ersetzte. Für Augustinus und seine Nachkommen blieb stets klar: Bei der Gottesstadt handelt es sich um eine Idealvorstellung, die allein im Bewusstsein des Gläubigen erreicht werden kann. So schimmert der Gottesstaat zwar in jedem Tempel und in jeder Kirche wie ein göttliches Glimmen hindurch, aber kein noch so prächtiger Tempelbau ist gleichbedeutend mit dem Neuen Jerusalem, weder das Gemäuer noch die Devotionalien. Durch die heiligen Handlungen – ob kirchliches Sakrament oder mystisches Ritual – werden die erhabenen Ideale göttlicher Staaten allerdings im Herzen des Einzelnen erfahrbar. Dennoch ist die Gottesbürgerschaft nicht die Liturgie selbst, denn zum Gottesstaat werden Kirche, Tempel und Kultgeschehen erst dann, wenn die Liturgien in gerechter Weise zelebriert werden und die höhere Ordnung darin Einwohnung genommen hat. Denken wir hier an die jüdische Shekinah, den dreifaltigen Altar, von dem es heißt, Gott nehme dort seine Einwohnung.

Das Neue Atlantis von Francis Bacon versteht sich ebenfalls als eine Utopie, eine fantastische Erzählung rund um eine geistige Bruderschaft, die sich eine Insel zu ihrer Wirkstätte erkoren hat. Der Baron Baco de Verulam und Viscont St. Alban (1561-1626) war Jurist, Forscher, Mystiker und Philosoph. Er gehörte in den mystischen Kreis von Königin Elisabet I. von England und war damit auch ein Zeitgenosse von John Dee, Michael Maier und Kaiser Rudolf II. von Hessen-Kassel. Die Theosophen nennen ihn einen der ihren, ebenso wie die Rosenkreuzer. Fest steht, dass er nach dem Tod von Michael Maier als Großmeister die Leitung eines damaligen Ordens übernahm, der sich zu den Rosenkreuzern bekannte. So wundert es auch nicht wenig, wenn sich sein Roman Nova Atlantis liest, als sei es ein Gründungsprotokoll eines Rosenkreuzer Ordens. Bacon geht in seinem Werk von dem versunkenen Atlantis als Tatsache aus. Nach dessen Untergang sei die fiktive Südseeinsel Bensalem (Sohn des Friedens) zur Heimat einiger Atlanter geworden; diese hätten dann dort das Neue Atlantis errichtet.

Am Ende dieser einführenden Worte sei der Leser aufgefordert, sich nach der Lektüre dieses Buches selbst an die Quellen zu begeben und den Genuss zu finden, überlieferte Texte der Civitas Dei zu lesen und darüber zu kontemplieren. Als Anregung dazu eignen sich einige wenige Worte von Francis Bacon, in denen er metaphorisch das Haus Salomonis beschreibt: „Ihr werdet sehen, meine lieben Freunde, dass unter den Taten jenes Königs eine besonders hervorsticht. Es handelt sich um die Gründung oder Einrichtung eines gewissen Ordens oder einer Gesellschaft, die wir das Haus Salomonis nennen. Es ist dies, sage ich euch, unserer Meinung nach die großartigste Gründung aller derartigen auf der Erde und eine große Leuchte unseres Landes. Dieses Haus ist der Erforschung und Betrachtung der Werke und Geschöpfe Gottes geweiht. Einige glauben, dass sein Name, wenn auch ein wenig verändert, von dem Gründer herrühre und man eigentlich >Haus Solamonas< sagen müsse, aber selbst die authentischen Archive haben es so geschrieben, wie es jetzt im täglichen Gespräch genannt wird. Daher glaube ich, dass sein Name von jenem König der Israeliten herstammt, der bei euch berühmt, aber auch bei uns nicht unbekannt ist. Wir besitzen nämlich bestimmte Teile seiner Werke, die man bei euch vermisst."

Gabriele Quinque,
Frankfurt am Main, Mai 2023

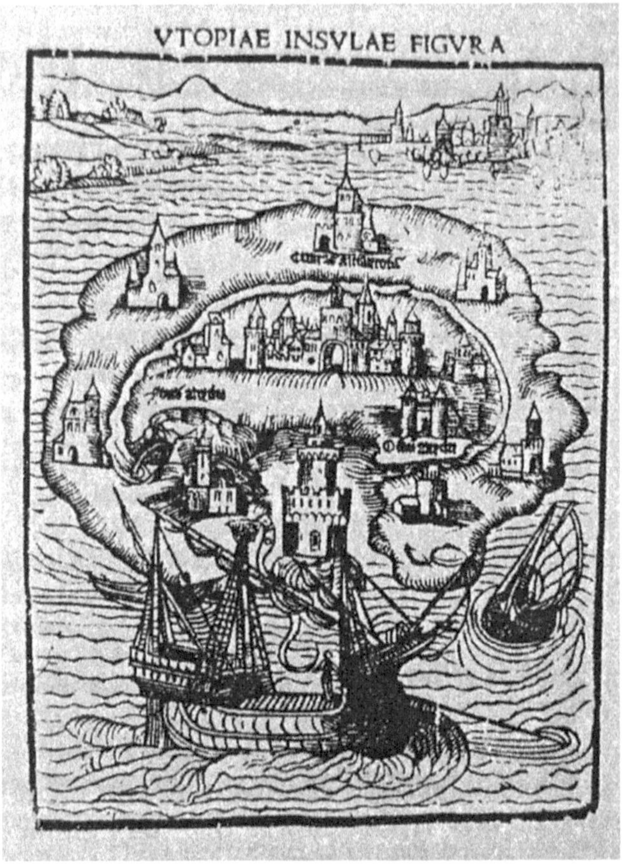
VTOPIAE INSVLAE FIGVRA

Auf der Suche nach dem „Unmöglichen“

Der Arbeitskreis für politische Philosophie an der Universität Regensburg suchte für eine Seminararbeit vier talentierte Studenten, die wie Archäologen literarische Grabungen in ganz verschiedenen Epochen bis hin zur Antike durchführen sollten. Es ging darum, bedeutsame Staatsideen, genau genommen Staatsutopien, zu untersuchen. Spürsinn und ein hohes Maß an Einfühlungsvermögen waren nötig, um besondere philosophische und weltanschauliche Momente sichtbar zu machen. Die Funde sollten möglichst ungefärbt ans Tageslicht befördert und gleichzeitig Stellungnahmen dazu abgegeben werden. Neunundsechzig Bewerber sprachen innerhalb von zwei Monaten bei der Seminarleitung vor; und endlich hatte man vier geeignete Kandidaten ausgewählt.

Der Erste war Roberto Canetti aus Padua. Er hatte bereits drei Semester antike Philosophie absolviert, sprach gut deutsch und zeigte sich im Bewerbungsgespräch sehr versiert. Dann Andreas Haller aus Nürnberg. Auf seinem Bewerbungsbogen hatte die auswählende Kommission unterstrichen: biographische Sonderstudien über Personen des frühen und hohen Mittelalters. William Lowe aus Cambridge wiederum studierte Germanistik und hatte sich schon mit geistes- und kulturgeschichtlichen Arbeiten hervorgetan. Und dann war da noch Jacques Bivour aus Lyon, der antike Quellentexte aus der Zeit des frühen Christentums untersucht und auch über die griechischen Vorsokratiker gearbeitet hatte.

All das überzeugte die Seminarleitung, und so trafen die vier Studenten im Frühjahr 2005 in Regensburg ein. Da sie kunsthistorisch besonders interessiert waren, wussten sie natürlich, dass Regensburg vom Beginn der Neuzeit über das Mittelalter bis zurück in die römische Antike viel zu bieten hatte. Der unmittelbare Betreuer der Seminararbeit, Erich von Hutten, war ein humorvoller Mann und sagte bei der Begrüßung seiner vier Qualifikanten: „Sie werden schon sehen, die Anfänge der Philosophie und Wissenschaft, die in ihr Thema hineinspielen - beginnend im alten Griechenland - werden sehr spannend für Sie sein. Aber achten Sie darauf, dass Sie nicht alles ausschließlich durch die Brille unserer modernen Zeit betrachten. Sie müssen wieder in die damaligen Zeitumstände eintauchen, damit keine oberflächliche Journalistik entsteht.“

Und um zu zeigen, wie leicht man auf Ab- und Irrwege gelangen kann, zitierte er aus Goethes Faust:

Wer will was Lebendiges erkennen und beschreiben,
sucht erst den Geist heraus zu treiben,
dann hat er die Teile in seiner Hand,
fehlt leider nur das geistige Band.

„Bedenken Sie immer bei Ihren Schürfarbeiten zu den Staatsutopien, wie man es nicht machen soll! Auch dazu steht etwas im Faust:

Verzeiht! Es ist ein groß Ergetzen,
sich in den Geist der Zeiten zu versetzen,
zu schauen, wie vor uns ein weiser Mann gedacht,
und wir's dann so herrlich weit gebracht.
Mein Freund, die Zeiten der Vergangenheit
sind uns ein Buch mit sieben Siegeln.
Was ihr den Geist der Zeiten heißt,
das ist im Grund der Herren eigner Geist,
in dem die Zeiten sich bespiegeln!

Ich schlage vor, Sie denken darüber immer wieder gut nach, dann werden Sie den rechten Weg von Station zu Station schon finden. Versteigen Sie sich also nicht!“

Mit diesen Worten und guten Ratschlägen waren die Vier in die graue Wirklichkeit entlassen.

Brainstorming unter den Holunderbüschen

William hatte besonderes Glück, denn er fand in der Vorstadt von Regensburg, in Stadtamhof, direkt an der Steinernen Donaubrücke gegenüber der Altstadt, eine Bleibe in einem schon länger leer stehenden ehemaligen Maleratelier. Dieses lag in der dritten Etage eines Hauses aus dem 19. Jahrhundert. Das Atelier war zur Hälfte wie ein Wintergarten mit Glas versehen. Man konnte das Grundstück durch ein altes schmiedeeisernes Tor und einen kleinen Vorgarten betreten. Die Vermieterin, Frau Kammermeier, eine alte Regensburgerin, war sehr freundlich und hatte nichts dagegen, dass sich die vier Kommilitonen regelmäßig zum Gespräch bei William trafen. Sie gestattete auch, dass sie sich gelegentlich im Garten aufhielten. Denn dort gab es eine mit Holunderbüschen überwucherte Ecke, wo ein kleiner Holztisch und rund herum mehrere Klappstühle standen. An diesem gemütlichen Platz durfte das „Kleeblatt“ sitzen. Wenn die Abendsonne golden strahlte, war es sehr romantisch dort, und man konnte wie auf einem Scherenschnitt das alte Regensburg sehen, das mit seinen Geschlechtertürmen, den Domtürmen und Mauern ein prächtiges Panorama abgab. „Philosophenecke“ nannten die Freunde bald ihr lauschiges Plätzchen unter den Holundersträuchern.

Die anderen drei jungen Männer wohnten in der Altstadt: Roberto „standesgemäß“ in der Wahlenstraße nahe beim neunstöckigen „Goldenen Turm“. Dort besaßen im Mittelalter die ehemaligen italienischen Kaufleute - Welsche wurden sie im Volksmund genannt - ihre Warenhäuser. Daher rührt der heutige Name Wahlenstraße. Jacques fand etwas Romantisches mit Innenhof in der ehemaligen Gesandtenstraße am Bismarckplatz, und Andreas zog vorerst zu einem Studienfreund, der hinter dem alten Rathaus nahe beim Kepler-Museum zwei kleine Zimmer bewohnte.

An einem Mittwoch im April trafen sie sich zum ersten Mal in Williams Maleratelier. Es begann mit einer Art Brainstorming, das vor allem auch dem persönlichen Kennenlernen diente. Eine Reihe von Gesichtspunkten wurde zusammengetragen, die beim Gespräch mit der Seminarleitung eine Rolle gespielt hatten. Roberto sagte: „Wir sollten uns auch mit dem in der Umgangssprache gebräuchlichen Modeadjektiv „utopisch“ auseinandersetzen. Vielleicht führt uns das weiter, wenn wir die Staatsutopien betrachten!“ Aber dieser Vorschlag war wenig ergiebig, denn die Runde befand: Die Floskel „das ist ja utopisch“ habe mit den Staatsutopien so gut wie gar nichts zu tun; man denke dabei eher an Begriffe wie „weltfremd“, „realitätsfern“, „irgendwie übersteigert“.

Andreas brachte die kurze Diskussion auf den Punkt: „Es wäre utopisch, wenn zum Beispiel Politiker im Wahlkampf versprächen: ‚Unter unserer Flagge gibt es in einem Vierteljahr überhaupt keine Arbeitslosen mehr‘.“

Die drei anderen lächelten amüsiert. „Woher kommt eigentlich die Bezeichnung Utopia?“, fragte William. „Das kommt aus dem Griechischen und heißt soviel wie Nicht-Ort, also ein Gebiet, das in unserer Welt scheinbar nicht vorhanden ist“, gab Andreas zur Antwort. Natürlich, mit einer geographischen Vorstellung hat die Bezeichnung „Utopia“ wohl nur im übertragenen Sinn etwas zu tun. Darin waren sich alle einig. Vielmehr weise „Utopia“ eher auf Idealvorstellungen einer wünschenswerten Gesellschaft hin. Man könne also von utopischen Idealen sprechen, die die Menschen entsprechend ihrer Zeit als erstrebenswert empfinden. „Das hängt wohl auch mit der gesellschaftlichen Stellung der einzelnen Stände zusammen“, sagte Jacques. „Ich denke da zum Beispiel an den Versuch unseres Dritten Standes in Frankreich. Dieser wollte im 18. Jahrhundert die Leibeigenschaft abschütteln und ganz allgemein den Menschenrechten zum Durchbruch verhelfen. Es ging also überwiegend um Veränderungen im Äußeren. Darüber werden wir sicher noch sprechen.“ „Ja, das ist ein gutes Thema“, entgegneten die anderen Freunde. „Denn der Soll-Ist-Zustand in der Zeit der so genannten Französischen Revolution war etwas ganz Besonderes und zwar nicht nur in Frankreich.“

Da schmunzelte William. Er hatte erst kürzlich einen Freund in Altomünster im Altbayerischen besucht. Dieser Freund hatte ihn zu einer Autofahrt mit dem Ausflugsziel Schloss Unterwittelsbach bei Aichach eingeladen. Kaiserin Sissi hatte dort ihre Kindheit und Jugend verbracht.

An einer unübersichtlichen Stelle begegnete den beiden ein Motorradfahrer, der ihnen den Weg in der Kurve abschnitt. Er musste stark bremsen, und auch die Ausflügler im Auto hielten an. Im ersten Schrecken überschüttete der Motorradfahrer die Freunde mit einer wahren Schimpfkanonade, obwohl er allen Grund gehabt hätte, sich zu entschuldigen. William verstand die altbayerischen Kraftausdrücke nicht.

Sein Freund Hans dolmetschte später, was da zu hören gewesen war. Mehr noch, Hans konnte sogar den Ursprung des Schimpfwortes genau erklären, und das war sehr aufschlussreich. Es ging um das erniedrigende Schimpfwort „Du g'scherter Kerl, du g'scherter!". Genau das gehörte in die Zeit der mittelalterlichen Ständeordnung. Da waren zum Beispiel die einfachen, armen Leute. Sie lebten in Altbayern überwiegend als Leibeigene der Klöster oder des Adels. Diese Leute mussten öfter zur Schere greifen, denn sie waren so unfrei, dass sie nicht einmal ihre Haartracht selbst bestimmen durften. Langes gepflegtes Haar war nur den privilegierten Adeligen gestattet. Und so erkannte man Leibeigene nicht nur an ihrer ärmlichen Kleidung, sondern auch am kurz abgeschnittenen Haupthaar, das meist einen recht struppigen Eindruck machte. Den niederen Stand gab es über Jahrhunderte letztlich überall in Europa bis hin in die Neuzeit, nicht nur in Frankreich. Schulbildung hatten diese Menschen natürlich keine, denn das gab es damals noch nicht. Sie waren in einen ausgebeuteten Stand hineingeboren, den man als unmündig, unwissend und „geschert" bezeichnete. Aus der Sicht der Betroffenen war die Maxime des damaligen Frankreichs - Freiheit, Gleichheit, Brüderlichkeit - eine Utopie, an die die wenigsten von ihnen glaubten. Die meisten nahmen alles, wie man sagt, gottergeben hin.

So war die Unterhaltung über die Utopie unter den vier Studenten lebhaft in Gang gekommen. Sie wollten nicht unbedingt chronologisch vorgehen. Die Lebendigkeit des Gesprächs und die momentanen Einfälle aus dem Stegreif sollten den Vorrang haben. Am Ende eines jeden Treffens würde sich dann das Thema der nächsten Zusammenkunft von selbst herausschälen.

Auf etwas einigten sich die Vier allerdings schon jetzt: Es sei klar, dass eine Utopie neben der eventuellen Realität vor allem etwas mit Philosophie zu tun habe. Eine solche Philosophie müsse jedoch immer daran gemessen werden, ob und wieweit sie ihren Niederschlag im praktischen Leben finde. Denn sonst sei sie - was die Seminararbeit betraf - sinnlos.

Ein weiterer Gedanke schien nach dem Gespräch mit der Seminarleitung wichtig. Andreas brachte ihn auf den Punkt: „Jede Utopie will die Welt neu beginnen!"

Doch dabei fiel den Freunden ein, dass das nur für die „positiven Utopien“ galt. Denn unter den Utopisten hatte es auch Schwarzseher gegeben, beziehungsweise solche, die den Lauf der allgemeinen Entwicklung der Menschheit nur abwärts gerichtet sahen und mit ihrer Art von Vorahnung gleichsam das Feld der Anti-Utopien bereiteten, also etwas, vor dem man sich durchaus fürchten konnte.

„Wer möchte sich denn auf ein bestimmtes Thema für das nächste Mal vorbereiten?“, fragte William bei der Verabschiedung. Spontan meldete sich Jacques. „Habt ihr schon mal etwas von meinem Landsmann Louis Sebastian Mercier gehört? Ich besitze, glaube ich, eine alte Beschreibung seiner Idealvorstellung über Staat und Gesellschaft. Der Titel fällt mir im Moment nicht ein.“

Alle waren mit diesem Vorschlag einverstanden.

Louis Sebastian Mercier

Man traf sich an einem Mittwoch Anfang Mai. Es war noch ein wenig zu kühl für den Garten, sodass die Freunde lieber im Maleratelier Platz nahmen. „Also, ich habe mein geistiges Fernrohr mitgebracht, und wir schauen da in das vorrevolutionäre Frankreich des 18. Jahrhunderts", sagte Jacques. „Was sehen wir? Es gärt und brodelt in der Gesellschaft. Die Bürger des Dritten Standes entwickeln mehr und mehr bürgerliches Bewusstsein. Neben dem gemeinschaftlichen Streben findet man auch so etwas wie einen individuellen Ansatz für ein noch utopisches Ideal im Privaten. Mercier war einer, der das stark empfand und vor allem auch literarisch zu Papier bringen konnte."

Ein Traum bis in das Jahr 2440

„Er unternahm mit seinen Wunschvorstellungen eine Zeitreise in das Jahr 2440", fuhr Jacques fort. „Das heißt, er eilte im Traum seiner Zeit ganze 700 Jahre voraus und wachte erst im Jahre 2440 wieder auf. Aber er kannte aus dem realen Leben nur die prickelnde und unruhige vorrevolutionäre Zeit. Da herrschte noch die privilegierte Gesellschaft von König, Adel und hohem Klerus. 1771 erzählte Mercier über einen aufgeweckten Bürger von Paris - das war er natürlich selbst - und wie dieser recht verwundert nach 700 Jahren erwacht und feststellt, dass so gut wie alle Ideale der Aufklärung jetzt ganz selbstverständlich zum täglichen Leben gehören. Das schreckliche Gefängnis, die Bastille, und die Willkür des Königshofes sind niedergerissen beziehungsweise hinweggefegt. Leibeigenschaft und Feudalsystem sind abgeschafft. Eine moderne Justizreform hat jede Willkür beendet, und das Volk kann geordnet nach den Regeln der Aufklärung und Toleranz leben, denn die Stände überall im Land haben die gesetzgebende Macht übernommen."

„Und wie ist das mit der Religion und den Monarchen?", wollten die Freunde wissen. „Nun, Mercier lebte und träumte ganz im Geiste der Aufklärung. Den Wegfall der Monarchie als Herrschaftsprinzip konnte er sich noch nicht vorstellen. Aber der Monarch des Jahres 2440 war ein gütiger Mann, der auf die Einhaltung der Gesetze zum Wohle seines

Volkes achtete. Und die Religion hatte eine merkwürdige Verwandlung durchgemacht. Sie war vollkommen rational ausgerichtet. Alles Unmoralische aus Kunst und Literatur war verbannt. Im gesellschaftlichen Leben dominierten die Tugendideale. Entsprechend gerecht war auch die Arbeit im Volk verteilt. Aber die Freizeit war stark beschnitten. Sie sollte der notwendigen Erholung für die Arbeitskraft dienen und auch der Aus- und Weiterbildung. Denn eine Schulbildung gab es damals noch nicht oder sie lag im Argen."

William meldete sich zu Wort. „Wenn man es ganz genau nimmt, dann handelt es sich gar nicht um einen ganz neuen Staatsentwurf. Mercier beschreibt eigentlich nur Ideen für eine Reform, die in seiner Zeit aktuell waren. Er glaubte schlichtweg an die Entwicklungsmöglichkeiten einer Zivilisation, in der Moral und Ordnung herrschen." Jacques nickte zustimmend. „Wisst ihr, als ich durch mein geistiges Fernrohr blickte, sah ich über den Häuptern der Bürger so etwas wie eine Wolke aus Zufriedenheit, die alles in Watte packte. Innere Veränderungen oder gar die Geburt eines seelisch freien Menschentyps nahm ich nicht wahr. Auch beschlich mich das Gefühl, dass erfüllte Sehnsüchte sehr bald an ihre Grenzen stoßen, und ich sah eine Art Sackgasse vor mir. Eine wünschenswerte höhere Utopie ist das sicher nicht!"

„Was meinst du mit Sackgasse?" fragte Roberto.

„Ich glaube an eine vollkommene innere Revolution", erwiderte Jacques, „sonst geht es nicht weiter. Mercier hat zwar mit seiner Traumerzählung einen genialen Zeitsprung gewagt, aber er hat dabei keinen Quantensprung in eine höhere Atmosphäre getan, in der Geist, Seele und Körper in ein neues Verhältnis zueinander treten."

Andreas empfand in diesem Moment deutlich, wie sich eine bestimmte Stimmung langsam in der Runde ausbreiten wollte. Irgendwie befanden sich die Vier auf ihrem Erkundungsweg in einem langen dunklen Tunnel, aber zwei von ihnen sahen von ferne schon ein Licht am Ausgang. Alle waren sehr nachdenklich, als sie sich nach diesem Auftakt verabschiedeten.

Dante Alighieri

Am nächsten Tag sahen sich die Freunde beim Mittagessen in der Mensa. Roberto zeigte sich spendabel und lud alle danach zu einer Tasse Cappuccino ein, was sie begeistert annahmen. Dann sagte Roberto: „Wir haben gestern vergessen, ein Thema für die nächste Besprechung festzulegen. Ich habe da einen Vorschlag. Seht euch einmal den Anschlag am Schwarzen Brett an, ganz links an der Wand."

Dort hing die Einladung zu einer neuen Ausstellung im Thon-Dittmer-Palais mit dem Titel „Illustrationen zur ‚Divina Commedia' von Dante." Gleichzeitig zog Roberto stolz eine italienische 2-Euro-Münze aus der Tasche und zeigte auf die Rückseite mit dem lorbeerbekränzten Profil von Dante Alighieri.

Ein goldener Schimmer über dem Abendland

Diese Münze mit dem Dante-Profil weckte die Aufmerksamkeit der Freunde, und Roberto entwickelte einen Plan: „Ich habe mir überlegt, dass Dante sehr gut zu unserem Seminarthema passen könnte." Da schauten sich die Freunde fragend an. Roberto merkte es, ließ sich aber nicht von seiner Idee abbringen. Er dachte an das Gespräch über Mercier. Genau genommen reichte Dantes Anliegen viel tiefer. Man konnte fast sagen, es war das genaue Gegenteil von Mercier: Es lag auf einer anderen Ebene. Dante ging es um die aktive Umsetzung, ja um die Umwendung der gesamten Lebensspur. Er ging der Frage nach, welche Einstellung im Leben nötig ist, damit mitten im irdischen Dasein im einzelnen Menschen ein völlig neuer Mensch entstehen kann. Mercier hoffte, dass sich in unserer Welt die Belange der Menschen durch Reformen ändern lassen, ohne dass dabei ein geistiger Umsturz beziehungsweise ein Neuanfang nötig wäre. Dante hingegen sah eine Vision, die in dieser Welt zunächst nicht anzutreffen ist. Dennoch empfand er die Möglichkeit ihrer konkreten Realisierung.

Roberto bedachte dies gut und sagte dann: „Ich schlage euch vor, wir gehen morgen zusammen in die Ausstellung. Natürlich habe ich über Dante schon zu Hause in Padua in der Oberstufe des Gymnasiums so manches gehört. Unser Lehrer Umberto war ein glühender Verehrer ‚seines' Dante und konnte auch manch Hintergründiges vermitteln. Bestimmt wusste er viel mehr, als wir Schüler begreifen konnten. Ich bin mir sicher, die Ausstellung wird für uns alle ein Erlebnis werden. Da müssen wir uns ein wenig Zeit nehmen. Ein italienischer Sammler mit Namen Riccardo Risto, der heute in Zürich lebt, hat weltweit Drucke und Illustrationen zur ‚Divina Commedia' aus vielen Jahrhunderten gesammelt."

Die Freunde waren einverstanden und trafen sich schon um 12.30 Uhr am nächsten Tag am Haidplatz vor dem Justitia-Brunnen.

Sie staunten nicht wenig, als sie den herrlichen doppelgeschossigen Arkadenhof aus der Renaissance sahen. Die aus istrischem Kalkstein gefertigten Säulen und Arkadenbögen strahlten in blendendem Weiß.

Die Freunde setzten sich auf eine einladende Bank unter den Arkadenlauben und hörten Roberto zu, als er aus dem Stegreif aus der Vita des Dante erzählte. „Der Name Dante ist", so begann er, „eine Kurzform von ‚Durante', der ‚Ausdauernde'. Dantes Lebensweg war wirklich so, dass er sich nie entmutigen ließ, auch wenn ihn das Schicksal mehr als einmal hart traf. Das ist übrigens einer der Gründe, weshalb ich ihn als Utopisten betrachte.

Ich habe auch schon mal eine Vorbesichtigung zur heutigen Ausstellung gemacht. Unser Seminarbetreuer, Herr von Hutten, bat uns ja, genau zu überlegen, was einen Menschen zum Utopisten machen kann. Einiges haben wir schon besprochen. Wie wird man also Utopist?

Am Beispiel von Mercier waren wir ja zu der Auffassung gekommen, dass dieser die irdische Atmosphäre nicht verließ und eben nur zur Gilde der Weltverbesserer gezählt werden kann. Er sah und suchte Reformen, aber er wollte die Welt nicht von Grund auf neu beginnen. Eine gewisse Nahtstelle müssen wir aber suchen. Wie war das bei Dante? Fest steht, dass dieser ehrgeizige und gebildete Mann mehrere Schlüsselerlebnisse hatte, ehe er eine völlige Kehrtwende in seinem Leben vollzog. Es gibt wohl drei Ereignisse, die dazu beigetragen haben.

Erstens war da seine unerfüllte Liebe zu einem gebildeten, sehr hübschen Mädchen mit Namen Beatrice Portinari. Sie wurde von ihren Eltern einem älteren Bankier zur Frau versprochen. Aber viel schmerzlicher als die Heirat berührte Dante der plötzliche Tod des Mädchens.

Verlust spielte also schon früh in seinem Leben eine Rolle. Außerdem war er bereits sehr jung Vollwaise und musste sich mit erst achtzehn Jahren als Familienoberhaupt bewähren.

Er wurde 1265 in Florenz geboren und stammte aus niederem, unvermögendem Adel. Ab 1277 war er ein gelehriger Schüler in der berühmten Dominikanerschule von Florenz. Dort lernte er die scholastische Denkart kennen. Bei den Franziskanern wiederum beeindruckte ihn, wie sehr das Gemüt durch die Mystik an seelischer Tiefe gewinnen kann. Beides sollte in der ‚Divina Commedia' später einen beachtlichen Raum einnehmen. Nach dem Studium Universale in Bologna ging er in seine Heimatstadt Florenz zurück und widmete sich der Politik. Schon nach kurzer Zeit tat er sich als geschickter Verhandlungsführer und Redner in der Guelfen-Partei hervor. Deshalb wählte man ihn 1296 in den ‚Rat der Hundert'.

Neben dem Dante-Portrait am Eingang habt ihr eine Namensliste gesehen, in der die Namen der Bürgermeister von Florenz vermerkt sind. Auch Dantes Name findet sich dort im Jahr 1300, er hatte also eine mehr als steile politische Karriere gemacht. Um diese Zeit brodelten in Florenz die Parteienkämpfe. Dante setzte sich vehement für die Unabhängigkeit der Stadt Florenz gegenüber der wachsenden Einflussnahme der römischen Kurie in der Toskana ein. Bald wurde er ein politisches Opfer, als er gerade in dieser Angelegenheit zu Verhandlungen in Rom weilte. Denn nun nahte sich der zweite Schicksalsschlag, der für seinen weiteren Lebensweg bestimmend wurde.

Man hatte ihn kurzerhand von Seiten der Gegner bezichtigt, an einer Wahlfälschung beteiligt zu sein. Er wurde verbannt und später sogar für vogelfrei erklärt. Nie wieder konnte er in sein geliebtes Florenz zurückkehren. Das schmerzte ihn zeitlebens. Aber er verfolgte noch ein weiteres Ziel: Er wollte die zerstrittenen Städte zur Großtoskana vereinigen und diese Impulse, wenn möglich, auf ganz Italien ausdehnen. Das gelang, wie wir wissen, erst Jahrhunderte später Garibaldi. Der dritte und entscheidende Schlag traf Dante, als Kaiser Heinrich VII. mit seinem Heer Florenz belagerte. Da er Herr und Kaiser war, begehrte er Einlass in diese bedeutende Stadt seines Reiches. Er wollte seine Provinzen in Italien besuchen und Streitereien schlichten, also forderte er Loyalität. Dante erhoffte sich von diesem Heerzug die allerletzte Chance, um wieder nach Hause zurückkehren zu können. Da starb unerwartet der Kaiser bei der Belagerung, und das Söldnerheer zerstreute sich in alle Winde."

William bemerkte nachdenklich: „Roberto, deine Erzählung erinnert mich an ein Wort aus der Freimaurerei. Da heißt es, dreimal müsse sich der Mensch in ganz entscheidenden Situationen seines Lebens bewähren, ehe er sein inneres Meisterstück abliefern kann. Bei Dante war das zunächst der frühe Tod der Eltern zusammen mit dem Verlust seiner Jugendliebe, dann die harte Verbannung aus Florenz, und endlich zerrann seine letzte Hoffnung, als der Kaiser starb."

„In der Tat, mit Freimaurerei habe ich das noch gar nicht in Verbindung gebracht", antwortete Roberto, „aber der Gedanke ist tatsächlich interessant. Nach dem Tod des Kaisers arbeitete Dante nur noch an der Fertigstellung der ‚Divina Commedia', deren Konturen er freilich schon früher angelegt hatte. Er lieferte zwar keinen Staatsentwurf und es kam auch keine Einigung zur Großtoskana zustande - dieses Vorhaben war zu utopisch für seine Zeit -, aber in der ‚Divina Commedia' steckt dennoch eine besondere Form von Utopie. Das können wir jetzt gleich anhand verschiedener Illustrationen in der Ausstellung studieren."

Damit machten sie sich auf den Weg zur Dante-Ausstellung im Thon-Dittmer-Palais.

In sechs Räumen und einem großen Vortragssaal waren auf Tischen, in Vitrinen und auf Ständern Buchausgaben von Dante und kunstvolle Illustrationen und Drucke ausgebreitet. Die Freunde konnten sich nicht satt genug sehen an dieser Pracht aus sechs Jahrhunderten. Roberto hatte eine Lupe mitgebracht, damit man auf den Miniaturen die Details genauer betrachten konnte. „Wo geht es los?", fragte Jacques.

Roberto zeigte auf ein farbiges Seitenportrait aus dem Barghello in Florenz. Da war Dante zusammen mit seinem Privatlehrer Brunetto Latini im Profil zu sehen. Dieser geheimnisvolle Mann an Dantes Seite hatte das gleiche Schicksal der Verbannung erlitten. Während einer politischen Mission als Gesandter von Florenz am Hof des spanischen

Königs Alfonso X. in Toledo war es zum Umsturz in Florenz gekommen, und Latini musste für einige Zeit im Exil bleiben. In dieser Zeit schrieb er all seine geistigen Eindrücke in dem Werk „Tesoretto“ nieder. Daraus schöpfte später Dante für seine „Divina Commedia“.

Die drei Machthaber der Welt

Andreas verwies während des Rundganges in der Ausstellung auf eine Tafel aus dem Dante-Saal des Casino Massimo in Rom. Die Freunde sahen eine sehr bewegte Szene, die vornehmlich in abgestuften Rottönen gehalten war: Dante im weiten karminroten Mantel, etwas geduckt, in einem unzugänglichen Wald. Er wehrt mit einer schützenden Armbewegung drei Bestien ab, einen Löwen, eine Wölfin und einen gescheckten Luchs. Da kommt ihm unerwartet der spätrömische Dichter Vergil, lorbeerbekränzt und in einen hellen Umhang gekleidet, zu Hilfe.

Roberto erklärte, dass dies die Schlüsselszene sei, die in vielen Metamorphosen und Bildern immer wieder auftauchen werde. Die einkreisenden Tiere versinnbildlichten den vorläufigen Seelenzustand des Menschen. Die Habsucht mit ihren vielen Schattierungen im Gewand der Wölfin, der Stolz in Gestalt des Löwen und die vielen Formen von Äußerlichkeit und Sinnenlust in der Gestalt des Luchses. Roberto vertiefte das Geschaute, indem er auf den dichten, dornigen Wald hinwies, Sinnbild jeglichen Irrtums im Leben.

Der Wanderer Dante wird sich seiner Lebensverirrung allmählich bewusst. Es ist Nacht, aber der Morgen graut schon. Dante steht in der Lebensmitte und hat genügend Erfahrung gesammelt, um das Leben von einer neuen Warte aus zu sehen. Er sehnt sich danach, die schier ausweglose Situation hinter sich zu lassen und in einem anderen Dasein aufzugehen.

„Aber wer erkennt das im eigenen Leben schon so messerscharf?“ fragte Andreas. „Genau das ist es, was Dante sagen will“, antwortete Roberto. „Kommt, gehen wir zur nächsten Darstellung, dem Programm der ‚Divina Commedia‘. Da seht ihr Dante im Jahre 1465 mit Lorbeerkranz im Dom von Florenz. Mit der Linken zeigt er dem Betrachter das offene Buch seines Lebenswerkes, das links oben als Zeichen der Wahrheit ein Siegel trägt. Mit der ausladenden Rechten verweist er auf eine nicht enden wollende Schar nackter elender Gestalten, die, angeführt von Dämonen mit einer Fahne, unentrinnbar in die Tiefe geführt werden. Seitlich hinter Dante erhebt sich terrassenförmig ein Berg. Man sieht Menschengruppen, die sich in einer nach oben verjüngenden Spirale einen felsigen Weg hinaufquälen; und dann über dem Ganzen die sich ausbreitenden Himmelssphären mit ihren Planeten und Kreisbahnen. Dem Betrachter soll dabei ein neues Licht aufgehen. Schon früher, in seinem ‚Gastmahl, hatte Dante seinen Lesern eine Art Rätsel aufgegeben, indem er sagte: ‚Das wird das neue Licht sein, die neue Sonne, die da aufgehen wird, wo die alte untergeht'." Roberto erklärte: „Dreimal sieben Sphären menschlichen Verhaltens müssen erkannt und durchmessen werden. Die ‚Divina Commedia' ist genau so gegliedert, wie es auch im Menschen und im Kosmos aussieht oder aussehen könnte. Im Inferno, im Purgatorio und im Paradiso kann man das nach und nach erleben."

Alles dreht sich nur im Kreise

Die Freunde standen vor der Ehrentafel zur „Divina Commedia", die sie ganz in ihren Bann zog. Roberto war so recht in Fahrt gekommen und berichtete weiter: „Unser Gymnasiallehrer Umberto in Padua, wir nannten ihn immer nur bei seinem Vornamen, hat einmal gesagt: ‚Der Weg des Menschen verläuft auf geniale Weise durch den Kosmos in einer großen Spirale ohne Bruch" „So sollte es vielleicht sein", entgegnete William. „Tatsächlich dreht sich das Leben aber doch vor allem im Kreise. Ich meine, das Unerledigte wird immer wieder mit ins Grab genommen."

Andreas erkannte bei der Betrachtung des Ehrenbildes, dass Dante ganz offenbar mit seiner Dreigliederung von Inferno, Purgatorio und Paradiso ein besonderes geistiges Gesetz freigelegt hatte. Dieses betraf vor allem auch die Ansicht vom so genannten Fegefeuer. Denn im allgemeinen Verständnis des Mittelalters kamen die Seelen nach dem Tod dort hin. Deshalb hatten die Menschen unaussprechliche Angst vor dem Tod. Es hieß, die Seelen würden im Fegefeuer durch vielerlei feurige Qualen für ihre Begierden und Leidenschaften bestraft. Alle Vergehen im täglichen Leben in Gedanken, Worten und Werken zögen solche Qualen nach sich. Deshalb sollte die Kirche durch Fürbitte und Ablass helfen, die Seele aus dieser Schmach zu retten, denn sie konnte angeblich erst nachdem das Fegefeuer überstanden war in den Himmel aufgenommen werden. So einfach sah Dante das jedoch nicht. Er glaubte nicht an eine mehr oder weniger automatische Reinigung.

Reinigung und Läuterung durch das Leben

An dieser Stelle hob Roberto einen entscheidenden Punkt hervor: „Dante löste diese quälende Vorstellung auf und verwies stattdessen auf den ‚Berg der Läuterung' als eine notwendige aktive Brücke zwischen zwei absolut getrennten Welten von Inferno und Paradiso. Mitten im Leben sollte sich der Mensch zeitlebens läutern und reinigen. Das konnte keine Amtskirche für ihn tun."

William fragte noch einmal genauer nach der Religiosität Dantes. Aber die Antwort war nicht einfach. Dante war zwar religiös, sogar tief religiös, aber seine Vorstellungen deckten sich in vielen Punkten nicht mit den herkömmlichen Vorstellungen der Kirche. Mündigkeit, Unterscheidungskraft und konkrete Antworten mitten im Leben waren das alles Entscheidende für Dante.

„Deshalb stieg er unter Anleitung eines kundigen Führers zuerst in das Inferno. Denn das Inferno ist seine eigene ihm bislang nicht genügend bekannte Lebenssituation. Das Inferno ist aber auch, kollektiv gesehen, unser jetziges Weltgetriebe, das uns allenthalben umgibt und einkerkert. Zu Dantes Zeiten war das genauso, und heute ist es immer noch so", bekräftigte Roberto. Jacques erinnerte in diesem Zusammenhang an die Dante-Illustration von Gustave Dore zum Thema „Hass". Ganz unten im Inferno sehen Dante und Vergil plötzlich tief im Eis versunkene Seelen, die nur noch mit dem Kopf aus der Eisfläche herausschauen, so sehr sind sie durch ihren Hass erstarrt und vom Geist der Liebe isoliert.

„Hass ist wohl der schlechteste Verbündete für eine Begegnung mit dem Geist", sagte Jacques nachdenklich. „Letztlich war Dantes Religiosität im Kern spirituell und damit von überkonfessioneller Art. Dante fand die geistige Richtschnur vor allem in den spirituellen Strömungen der vorchristlichen Zeit. Man kann das aus der ‚Divina Commedia' immer wieder herauslesen. Denn jeder ihrer drei Teile beginnt mit dem Blick auf einen der Großen aus vorchristlicher Zeit. Da ist Vergil gleich zu Beginn des Eingangsgesanges im Wald der Irrungen, da ist aber auch der Wächter Cato, ein altrömischer Stoiker, am Gestade und Fuß des Läuterungsberges. Vergil und Dante unterwerfen sich seinen Anordnungen, als sie aus der Tiefe der Inferno-Spirale den Läuterungsberg besteigen wollen. Besonders eindrucksvoll ist die später folgende Szene, als wiederum Vergil Dante ganz oben auf dem Läuterungsberg freispricht und in allen weltlichen und geistig-religiösen Angelegenheiten für mündig erklärt."

In der Ausstellung sahen die Freunde ein faszinierendes farbiges Aquarell von Salvador Dali, das die anschließende Szene aus der Commedia illustrierte. Man sieht nicht etwa einen Priester, der Dante eine Absolution erteilt, dieser erhält vielmehr die Krone und auch die Mitra, die Bischofsmütze, aus der Hand des Vergil.

Roberto erwähnte dazu: „Unser Lehrer Umberto machte im Unterricht einmal eine leise Bemerkung und nahm dabei auf Goethe und seinen Faust II Bezug: ‚Wer immer strebend sich bemüht, den können wir erlösen.' Vielleicht verdankte Goethe ja diese Einsicht seinen subtilen Dante-Studien. Habt ihr bemerkt, dass die ‚Commedia' auch eine Art Selbsterlösung mit Hilfe höherer Kräfte lehrt? Schrittweise werden die latenten geistigen Möglichkeiten im Menschen entbunden. Umberto hatte damals eilig hinzugesetzt: ‚Im geistigen Marshimmel, im Paradiso, und an verschiedenen anderen Stellen sieht man alle geistig frei gewordenen Wesen in einem mächtigen Lichtkreuz vereinigt, um Christus zu dienen.' "

Was die Kirche betrifft, so war Dante ihr gegenüber keineswegs ablehnend gesinnt, aber er hatte einen anderen „Staatsentwurf" im Sinn. In seinem Werk „De Monarchia" plädierte er für eine strenge Gewaltenteilung zwischen Kurie und Kaiser. Deshalb stand diese Betrachtung später auf dem Vatikanischen Index der verbotenen Bücher.

Bei vielen Darstellungen verweilten die Freunde sehr lange und diskutierten eifrig über das Geschaute. Zum Schluss setzten sie sich noch zu einer Tasse Kaffee am Haidplatz nieder.

Jacques fragte: „Dante, ein positiver Utopist?" Ein unbedingtes und vorbehaltloses „Ja" kam aus aller Munde. Die Vier waren sich einig, dass Dante ganz offensichtlich die „Schöpfung von Grund auf neu beginnen ließ". Dabei zielte er offenbar auf die innere Veränderungsfähigkeit des Einzelnen. Für Dante war und blieb der Mensch immer königlicher Herkunft, nicht ein König als äußerer Herrscher, sondern als ein vom Geist geleiteter königlicher Selbstbeherrscher auf dem Gebiet der Seele.

Jede reife Seele sucht die kosmische Rose

Dieses Thema ließ die Freunde nicht los. Und Roberto hatte dazu eine Überraschung parat. Er zog aus seiner Aktentasche für jeden von ihnen ein bedrucktes Blatt Papier und las beim Austeilen etwas über den Sinn der „Commedia" vor. Dante hatte diese Gedanken in einem Brief an seinen großen Gönner im Exil, Cangrande della Scala in Verona, geschrieben. Der Sinn der „Commedia" sei, „die Menschen bereits in diesem Leben aus dem Zustand des Elends zu dem der Harmonie und des ewigen Glückes zu führen". Andreas reflektierte diese Verheißung mit einem Wort aus dem Neuen Testament: „Wisst ihr nicht, dass ihr ein Tempel Gottes seid, der in euch ist, und dass ihr euch nicht selbst gehört? Verherrlicht dann Gott in eurem Leibe."

Die Ausstellung hatte die Freunde tief bewegt, und als sie nach Hause gingen, kamen sie zu der Überzeugung, Dante habe innerlich immer zur reinen Lehre und Liebe des Urchristentums geneigt. Dieses Urchristentum sah er als eine lückenlose klare Fortsetzung aller vorchristlichen geistigen Bemühungen der Menschheit. Im Paradiso hatte er der kosmischen Rose auf einzigartige Weise Ausdruck verliehen. Und der Maler Dore hatte dazu die Himmelsrose gestaltet, die in der Ausstellung gezeigt wurde.

Beatrice war für Dante die himmlische Fügung und auch Führung, die ihn durch alle geweihten Sphären im Paradiso leitete. Sie hatte den Führer Vergil als geistige Führerin abgelöst und Dante schließlich zur himmlischen Rose geführt, in der er das Mysterium der kosmischen Einheit der Liebe erkennen durfte.

Franz von Assisi

Frau Kammermeier, die Vermieterin von Williams Maleratelier, war eine kleine, eher rundliche Frau mit einem durch und durch gütigen Wesen. Sie hatte ihre vier „Philosophen“, wie sie die Studenten nannte, schon nach kurzer Zeit ins Herz geschlossen. Und heute war ein besonderer Tag, nämlich Sommersonnenwende.

Für Frau Kammermeier war es sogar ein besonderer Tag in doppeltem Sinn, denn sie feierte ihren 72. Geburtstag. Sie hatte ihr graues Haar sorgfältig in der Mitte gescheitelt und rundherum einen Zopfkranz geflochten. Aus ihrem Kleiderschrank hatte sie ihr schönstes Dirndl mit Spitzenstola ausgesucht, das sie nur an hohen Festtagen trug.

Es war Hochsommer, und die Freunde kamen schon um 11 Uhr bei herrlichem Wetter in der vertrauten Philosophenecke zusammen. Um diese Zeit läuteten die Domglocken, und der leise Wind trug den Klang weithin über die Donau.

Da kam Frau Kammermeier in ihrer Festtagstracht zu den vier Studenten und stellte einen bauchigen Keramikkrug mit einem Strauß bunter Sommerblumen auf den Tisch. Auf dem Krug waren drei prächtige Sonnenblumen abgebildet. Das alles passte genau zu einem Tag, an dem die Sonne als Beherrscherin des Himmels alles überstrahlte.

Die Freunde ahnten natürlich nichts vom Ehrentag der Frau Kammermeier. Aber sie erfuhren es wenig später, als der Mieter aus der ersten Etage auf seinen Stock gestützt zum Gratulieren in den Garten kam. Ein wenig verlegen, aber doch sehr herzlich, schlossen sich die Studenten den Glückwünschen des älteren Herrn an. Frau Kammermeier wiederum wollte „ihre Philosophen“ nicht stören, strahlte aber übers ganze Gesicht, als sie sah, wie sehr sich die vier über den Blumenstrauß freuten. Diese entschlossen sich sofort, am Nachmittag für Frau Kammermeier ein passendes Geschenk in der Altstadt zu besorgen. Aber das war noch nicht alles, was sich an diesem Tag an sonnigen Dingen ereignete: Andreas war an der Reihe mit dem Thema, „der Sonnenstaat“ des Tommaso Campanella.

Er hatte für das Gespräch eine humorvolle Idee entwickelt. Denn alles, was er zum Thema herausgefunden hatte, wollte er der Reihe nach so darstellen, als wenn er es „life“ und aktuell durch ein virtuelles Fernrohr sähe.

Erwartungsvoll schauten ihn die Freunde an. Er erhöhte die Spannung, indem er den linken Arm etwas erhoben ausstreckte und Daumen und Zeigefinger zu einem Ring geschlossen wie ein Okular ans rechte Auge führte. „Blicken wir wieder einmal durch unser geistiges Fernrohr. Unser Blick wandert in die Ferne ganz nach Süden, nach Kalabrien an die Stiefelspitze Italiens.“

Der Sonnengesang - eine Hymne auf die Liebe

Etwa in der Höhe Roms hielt das Fernrohr plötzlich an und wandte sich wie von magischen Kräften gelenkt nach Osten, nach Umbrien, genauer gesagt nach Assisi. Und Andreas kommentierte: „Im Moment sehe ich in Umbrien nur das Kloster des ehrwürdigen Franz von Assisi mit seinem kleinen Glockenturm. Das hat eine spezielle Bedeutung für uns.“ Bei diesen Worten zeigte er auf die leuchtenden Sonnenblumen, die den Keramikkrug zierten.

„Heute geht es in unserem Gespräch um die Sonne, die zentrale unsichtbare Sonne, die mit ihren Gesetzen alles beherrscht und regelt. Ihr kennt doch sicher den wunderbaren ‚Sonnengesang‘ des Franz von Assisi. Das ist eine spirituelle Hymne an die strahlende, wärmende Sonne. Sie stammt aus der Zeit, als die Kirche bereits starken Einfluss auf den neuen Orden genommen hatte, was dazu führte, dass manche der Brüder das echte spirituelle Anliegen ihres Ordens vernachlässigten. Ihr wisst schon: Verwaltung, Einfluss und Machtausübung. Ich habe für uns einen Auszug aus dem Sonnengesang mitgebracht, ein herrliches Lob auf die Sonne.“

Andreas legte ein antiquarisches Büchlein über Franz von Assisi auf den Tisch und schlug die entsprechende Seite mit dem eingelegten Lesezeichen auf. Da stand: „Gelobt seist du, Herr, mit allen Wesen, die du geschaffen, der edlen Herrin von allen, Schwester Sonne, die uns den

Tag heraufführt und Licht mit ihren Strahlen spendet, gar prächtig in mächtigem Glanze. Dein Gleichnis ist sie, Erhabener! “

Danach machte Andreas eine kleine Pause. William nutzte diesen Augenblick und sagte: „Ja, bei Franz von Assisi wirkt alles Spirituelle so tief und verinnerlicht. Er betrachtete demütig und dankbar die gesamte Natur als göttliche Schöpfung. Alle Wesen und Elemente um ihn herum empfand er als Brüder und Schwestern. Alles war für ihn beseelt und gleichzeitig keimhaft durchgeistigt. Für das Leben seiner Mitmenschen wusste er auch praktischen Rat, wenn er sich zum Beispiel fragte, wie und wo man beginnen müsse, um die rechte Spur zu finden. Dazu sagte er: ‚Beginne zunächst damit, das Nötigste zu tun. Dann tue das Mögliche. Und plötzlich tust du das Unmögliche.

Das ist natürlich ein tiefgreifender Meditationsstoff. Er fordert vom Menschen Rechenschaft und immerwährende Klarheit. Wenn man diese Stufen der Reihe nach bedenkt, dann ist darin all das enthalten, was man als eine wünschenswerte, realistische Utopie ansehen kann."

Tommaso Campanella

Das Leben und Streben des Franz von Assisi hatte bei den Freunden einen tiefen Eindruck hinterlassen. So war es nicht verwunderlich, dass das Gespräch mit großem Engagement weiterging. „Ganz ähnlich muss das auch bei Tommaso Campanella gewesen sein", unterstrich Andreas. „Ich will euch zuerst etwas über sein Leben erzählen. Das erklärt vielleicht so manches, was später in seinem ‚Sonnenstaat' einen Niederschlag fand." Aufmerksam hörten die Freunde zu, und Andreas blickte wieder durch sein geistiges Fernrohr.

Das Lehrgebäude des Thomas von Aquin

Etwas Besonderes rückte ins Blickfeld. „Jetzt sehe ich ein Dominikanerkloster in Consenza, wo ein schmächtiger junger Mann von fünfzehn Jahren in ein weißes Ordenshabit eingekleidet wird. Seine Verehrung für Thomas von Aquin war sehr groß. Deshalb nahm er im Kloster den Namen Tommaso an. Schon in jungen Jahren zeigte er eine tiefe Empfindung für alles Religiöse. Er war in ärmliche Verhältnisse hineingeboren worden, und so gaben ihn die mittellosen Eltern frühzeitig in die Obhut der Dominikaner. Und jetzt sehe ich, wie Tommaso in seiner Zelle auch nachts tief über theologische Traktate gebeugt liest und studiert. Das scholastische Hauptwerk des Thomas von Aquin, die ‚Summa', hat es ihm angetan. Vor ihm entsteht das gewaltige scholastische Lehrgebäude der damaligen Zeit wie eine schier uneinnehmbare Festung. Dieses Studium schult seine Logik, und sein Gedankenleben entfaltet sich prächtig! "

Befreiung von geistiger Bevormundung

William dachte darüber nach und sagte dann: „Recht betrachtet lebte in Tommaso von Geburt an eine sehr feine, vielleicht mystisch geprägte Seelenstimmung. Und nun gewann er bei den Dominikanern das geschulte Gedankenelement hinzu. Vielleicht wurde er erst dadurch in seinem Wesen rundherum vollständig!"

„Schon möglich", erwiderte Andreas. „Schauen wir, was uns das Fernrohr weiter zu entdecken hat. Ach, wenn ihr das so wie ich jetzt sehen könntet! Über Tommaso erscheint eine mächtige Gestalt, die ihn von allen Seiten gleichsam umringt. Es ist der Schatten der Lehrautorität des Thomas von Aquin, die Tommaso gleichsam überstrahlt. Und dann erkennt man plötzlich eine weitere bedeutsame Szene. Tommasos Enthusiasmus für die herkömmliche Scholastik weicht allmählich. Er liest etwas von dem Gelehrten Bernardino Telesio aus Kalabrien. Dieser hat durch sein Leben eine Weltanschauung gewonnen, die primär die eigene Erfahrung zum Maßstab der Dinge macht und die theologische Orthodoxie an die zweite Stelle rückt. Tommaso fängt Feuer."

Durch das Okular seines Fernrohrs sah Andreas, wie Tommaso von älteren Mitbrüdern umringt wird, die ihn heftig zur Rede stellen, weil er sich mehr und mehr von den offiziellen Schriften abwendet. Andreas sah auch, wie Tommaso in das abgelegene Kloster Altomonte strafversetzt wird.

Jacques bemerkte kurz und bündig: „Damit ist wohl sein Traum von der Unabhängigkeit ausgeträumt!"

Andreas machte eine abwehrende Handbewegung. Denn jetzt beobachtete er durch das Fernrohr noch etwas Merkwürdiges: Heimlich verlässt Tommaso im Jahr 1589 in Begleitung eines geheimnisvollen orientalischen Mannes mit Turban, langem Bart und schwarzem Kaftan bei Nacht und Nebel das Kloster. Es ist der jüdische Rabbi Abraham. Durch ihn lernt er die verborgenen Geheimnisse der jüdischen Kabbala kennen und sein innerer Blick weitet sich in ungeahnte Dimensionen. Tommaso hat sich freigeschwommen und verfasst heimlich Manuskripte zur Verteidigung seines Lehrers Telesio.

Die fünf Kategorien des Telesio

Mittlerweile ist Tommasos Ruf als aufmüpfiger Dominikaner bis nach Rom gedrungen. 1590 fallen seine Schriften in die Hände der vatikanischen Geheimpolizei. Es wird von langer Hand ein Inquisitionsprozess gegen ihn vorbereitet.

Andreas berichtete weiter, was er sah: „Tommaso wird in Rom gefangen genommen und in ein streng bewachtes Verlies gesperrt. Mühselig kann er sich verteidigen. Den Mittelpunkt der Anklage von 1594 bildet der Vorwurf, Tommaso habe sich der Idee der Beseelung des gesamten Weltalls schuldig gemacht. Er steht in Ketzerverdacht, kommt aber noch einmal glimpflich davon."

Dann richtete Andreas das Fernrohr plötzlich nach Nordosten, nach Padua. „Ich sehe, wie Tommaso herzlich von Galileo Galilei begrüßt wird. Beide werden in Verbindung bleiben. Über der gemeinsamen Aura der beiden Männer erscheint ein Schriftband mit dem Titel ‚Apologia pro Galileo', die Verteidigungsschrift des Tommaso zugunsten von Galilei. Jahre später wird sich Tommaso für seinen verehrten Freund einsetzen." William wiegte bedenklich den Kopf. „Das hat ihm sicherlich weitere Schwierigkeiten bereitet!"

Jacques wiederum wollte wissen, was Tommaso an Telesio so fasziniert habe. Dazu hatte Andreas sich einige Notizen gemacht.

„Telesio sieht fünf mögliche Ebenen des Bewusstseins, wobei im Normalfall nur die ersten beiden Stufen praktiziert werden. Die erste Stufe umfasst die bloße Wahrnehmung durch die Sinne: die bunte Welt der Erscheinungen. Telesio spricht von Mundus situalis.

Bei der zweiten Stufe wird es schon schwieriger. Der Betrachter macht sich Gedanken und begreift die Welt als Mundus temporalis: Er erfasst die Phänomene von Raum und Zeit. Das setzt schon eine bestimmte Urteilskraft voraus. Die dritte Stufe nennt er Mundus sempiternus, also die Möglichkeit, Schritt für Schritt ewig gültige Prinzipien zu erfassen. Dazu zählt er beispielsweise die Gesetzmäßigkeiten der Mathematik und Geometrie. Wer die vierte Stufe ersteigen kann, begreift allmählich die übergeordneten Gesetzmäßigkeiten und Kategorien, die in unserer Welt nicht zu Hause sind. Er nennt diesen Erlebnisbereich Mundus mentalis, die Ebene der höheren und formenden Gedankenkräfte.

Wer sich auch noch über diese Sphäre erheben kann, begegnet gleichsam Platon mit seinen Urideen. Der Geistesforscher steht dann in der Welt der lebendigen Urbilder. Telesio nennt das Mundus archetypus. Dort tritt eine unendliche Vielfalt der Urbilder konkret, lebendig und wesenhaft vor das innere Auge."

„Ich kann gut verstehen, beziehungsweise erahnen, warum solche - sagen wir geistigen Konturen oder Kraftlinien - in den Köpfen der damaligen Inquisitoren kein positives Echo fanden", sagte Jacques. „Da ist zum einen die bewunderungswürdige Unabhängigkeit, die aus einem Menschen solcher Denkart spricht, und zum zweiten die Tatsache, dass der gewöhnliche Verstand sich all das nicht so ohne Weiteres vorstellen kann. Sicher wurden Menschen wie Telesio von vielen als gefährliche Wirrköpfe angesehen."

Roberto lächelte verschmitzt: „Mein Lehrer Umberto in Padua hat öfter drastisch gesagt: ‚Die Wahrheit wirkt immer wie ein Spiegel. Wenn ein Affe hineinschaut, kann kein Weiser herausschauen" Das brachte seine Freunde zum Lachen, und Roberto fuhr fort: „Telesios Überzeugung besteht darin, von der Naturerkenntnis zur Erfahrungserkenntnis und danach durch das Tor der Wahrheitskriterien zum Erlebnis der reinen geistigen Ideen zu gelangen."

Andreas nahm wieder sein unsichtbares Fernrohr zur Hand und sagte: „Tommaso war aber nicht nur Philosoph, sondern nahm auch innigen Anteil am realen Schicksal seiner Landsleute in Kalabrien. Zu seiner Zeit wurden weite Teile Unteritaliens durch die harte Hand der Spanier besetzt gehalten und geknechtet. Gegen diese Fremdherrschaft regten sich da und dort Revolten. Tommaso gewährte Aufständischen bei Bedarf Schutz im Kloster. Das war im Jahre 1599. Auch hatte er sich öffentlich von der Kanzel aus für Gleichheit und christliche Brüderlichkeit statt Hungersnot und Feudalismus eingesetzt.

Jetzt sehe ich ganz genau, wie er erneut wegen Abweichung von den kirchlichen Lehren und Auflehnung gegen die Spanier ins Gefängnis geworfen wird. Fünf Monate vegetiert er angekettet in einem feuchten Gewölbe dahin und wird wiederholt gefoltert. Dadurch verliert er vorübergehend den Verstand, was ihn zum Glück vor dem Flammentod rettet. Aber er wird für siebenundzwanzig Jahre in Neapel gefangen gehalten."

Eingekerkert und doch frei - wie „Der Sonnenstaat" entsteht

Die Kerkerhaft des Tommaso Campanella hatte den Freunden doch etwas aufs Gemüt geschlagen. Alle waren sehr nachdenklich geworden. Endlich fragte William: „Aber wie ist das mit seinem Sonnenstaat?" Andreas beschrieb, wie Tommaso im Jahr 1602 heimlich im Gefängnis an diesem Manuskript arbeitet. Freunden gelingt es später, es nach Deutschland zu schmuggeln; es wird in Frankfurt veröffentlicht. Und dann passiert etwas Unerwartetes. Papst Urban VIII. verhilft Tommaso 1626 endlich wieder zur Freiheit. Mit seiner Begeisterung für die Astrologie findet dieser Papst offenbar Gefallen an der „Civitas Solis". „Campanella war volle siebenundzwanzig Jahre im Kerker", sagte Andreas, „er sah so gut wie nie Sonnenlicht. Nur ab und zu wird ein Lichtstrahl seinen Weg ins Kerkerdunkel gefunden und Tommasos Sehnsucht nach der Sonne ein wenig gestillt haben. Er hatte ja bereits im Orden harte und bewegte Jahre hinter sich. Als er in Kerkerhaft genommen und gefoltert wurde, war er erst ungefähr dreißig Jahre alt. Das allein erklärt wohl nicht, warum er eine so besondere Abhandlung über einen Sonnenstaat verfasst hat - oder doch? Immerhin wird auch erzählt, dass er bereits im Alter von nur sechzehn Jahren eine Vision von einem solchen Staat hatte. Er konnte das nur noch nicht zu Papier bringen. Die Begegnung mit dem jüdischen Rabbi und auch das scholastische Weltbild haben dann viel Nachdenklichkeit in ihm geweckt. Vielleicht war es auch die Begegnung mit Galilei, die ihn dazu bewog, das geozentrische Weltbild zugunsten des heliozentrischen aufzugeben.

Aber ich vermute eher eine tief innerlich veranlagte Spiritualität. Ansonsten wäre Tommaso ein bloßer Astrologe geblieben; aber das scheidet aufgrund seiner vergeistigten Gesamthaltung und seiner religiösen Gesinnung aus. Betrachten wir gemeinsam sein Hauptwerk, in dem er eine sehr besondere Gesellschaftsform als Utopie niedergelegt hat.

Sein ‚Sonnenstaat' beginnt romanhaft mit der Erzählung eines weit gereisten Seemannes aus Genua, der fern im Osten von Indien die Insel Tapobrane entdeckt. Dort herrschen kosmische Gesetzmäßigkeiten im Sinne einer theokratischen Monarchie. Alles ist in diesem Staat streng hierarchisch geordnet.

Aber lassen wir den Seemann selbst erzählen: *Ich habe dort den merkwürdigsten und zugleich vollkommensten Staat erlebt, den es auf Erden gibt. Es ist eine Gemeinschaft, in der ausnahmslos das Gemeinwohl über allem steht. Alles in der Stadt ist streng geometrisch geordnet. Die Stadt ist in sieben konzentrische Ringe geteilt, in deren Mittelpunkt der Tempel steht. Von einem Ring zum anderen gelangt man auf vier Straßen, die aus den vier Himmelsrichtungen kommen.* Was sofort ins Auge fällt, ist die

Liebe zur inneren und äußeren Ordnung."

Hier meldete sich Roberto zu Wort: „Wir leben bei Campanella doch in der Renaissance, einer Zeit, in der der Mensch als Individuum mehr und mehr in Erscheinung tritt. Und hier ...?" Andreas antwortete spontan: „In diesem Staatsgebilde steht der Gemeinsinn über dem Eigensinn. Hört mal gut zu, was der Seemann zu sagen hat: *Sie fühlen sich als Glieder eines Körpers. Sie glauben, dass jeder ein Teil des andern ist und umgekehrt.* Manche Beschreibung von Tommaso mutet wie harte klösterliche Strenge an, vielleicht ein Relikt aus der aktiven Zeit seiner Zugehörigkeit zum Orden. Er transformiert in Gedanken eine irdische Gesellschaft in eine völlig anders geartete himmlische Gesellschaft und glaubt felsenfest an eine innerliche Veränderung des Menschengeschlechts. Deshalb muss der Lebenstrieb eine ganz neue Richtung bekommen. Tommaso schildert genau den Punkt, den er für das Gedeihen des Ganzen für so wesentlich hält: Es gibt im Sonnenstaat keinen Eigenbesitz, und er begründet das so: *Die Leute dort behaupten, dass unser Wunsch nach Eigentum nur dadurch entstanden ist, dass wir unsere eigenen Häuser, Frauen und Kinder haben. Daraus entsteht die Selbstsucht. Man will den Sohn zu Reichtum und Würden bringen und ihm ein Vermögen hinterlassen. Und nur deshalb werden wir alle zu Räubern am Gemeinwesen. Wenn wir hingegen die Selbstsucht aufgeben, so bleibt bloß noch die Liebe zur Gemeinschaft übrig.*"

„Das klingt ein wenig wie Edelkommunismus, wenn man oberflächlich zuhört", meinte William. Damit war Andreas nicht einverstanden: „Seht doch, Tommaso rührt hier an die Wurzel des irdischen Menschseins mit all ihren Auswüchsen. Das ist die allgemeine Erfahrung mit der Selbstsucht. Nur wer das von Grund auf begreift und diese Fallstricke in sich selbst bereinigt, ist zu Harmonie, Liebe und Gemeinschaft fähig, ganz ohne jeden Eigennutz.

Aber folgen wir weiter dem Gespräch des Genueser Seemanns. Ein Zuhörer fragt ihn: *Wer regiert eigentlich in Caprobane? Haben sie einen König oder einen Sultan?*

Der Seemann gibt zur Antwort: *Der oberste Regent ist ein Priester. Sie nennen ihn Sol (Sonne). Er ist die höchste Autorität in weltlichen und geistlichen Dingen. Alle Dinge werden von ihm entschieden, und die Entscheidung ist endgültig.* "

Roberto gab zu bedenken: „Das muss dann der absolut Beste und Klügste sein, sonst geht das schief."

Andreas las weiter vor: „*Sol hat noch drei Minister, die ihm zur Seite stehen. Sie heißen Pon, Sin und Mor, in unserer Sprache Macht, Weisheit und Liebe.* "

„Darin erkennt man das Bild der Sonne, die als Regentin von den Gestirnen umkreist wird, die im strahlenden Licht ihre Bahnen ziehen", bemerkte William.

„Man könnte auch sagen, Campanella sieht die Möglichkeit, dass die kosmisch-himmlische Ordnung ihr Regiment auch auf Erden antreten könnte, wenn die Menschen dazu reif wären", ergänzte Roberto. Andreas kam auf die Erziehung im „Sonnenstaat" zu sprechen: „Irgendwo habe ich gelesen, dass die Priesterweisen die geistigen Einflüsse der Gestirne erforschten. Offenbar sieht Campanella nicht nur die irdische Seite der menschlichen Existenz, sondern auch eine Art Präexistenz im kosmischen Sinn. Denn der Diener Mor - also die Liebe - kümmert sich auch um die Kindererziehung, die schon vor der Geburt, ja vor der irdischen Zeugung beginnt. Campanella will offenbar klarmachen, dass es eine übergeordnete kosmische Weltordnung gibt, die auf einer geistigen Notwendigkeit basiert und auf alles Einfluss nimmt. Diese innere Notwendigkeit ist maßgebend für ein wohlbedachtes Geschick, das immer zur Liebe hinführt. Jede Harmonie rührt von der geistigen Liebe her. Deshalb werden die ganz kleinen Kinder in Tommasos ‚Sonnenstaat' auch nicht in den uns bekannten Familien aufgezogen, sondern unterliegen ausschließlich dem Einfluss des Gemeinwesens."

„Das klingt ja wirklich utopisch", sagte Jacques. „Man braucht doch die Mutterliebe und alles, was dazu gehört." Andreas entgegnete: „Campanella war Ordensmann, kannte den Gehorsam und hatte die Vision von höherer Liebe und geistiger Disziplin. Er selbst war ja schon in ganz jungen Jahren ins Kloster gekommen. Im übrigen sah er immer die drei treibenden Kräfte im Leben, die zu beachten sind: das Können, das Wissen und das Wollen.

Wird das Können in rechter Weise eingesetzt, also für die Gemeinschaft, dann entwickelt sich eine unerschütterliche Macht. Negativ gesehen läuft alles Irdische - auch die Macht - letztlich auf Ohnmacht hinaus. Wissen wiederum entwickelt sich durch wachsende Einsicht zur Weisheit. Ist das Wissen jedoch einseitig und selbstsüchtig, so entsteht Torheit. Wollen bringt im Dienst am Ganzen Liebe hervor. Im Irdischen bewirkt hingegen das falsche Wollen immer nur Hass in verschiedenen Abstufungen. Das alles sind einfache, aus dem praktischen Leben abgeleitete Grundsätze und Erfahrungen. Hier zeigt sich, was Campanella seinem Lehrer Telesio zu verdanken hat.

Aber die Kirche sah in seinem ‚Sonnenstaat' etwas Ketzerisches, das nichts mit wahrem Christentum zu tun hat. Deshalb ließ sie ihn auch volle siebenundzwanzig Jahre im Kerker schmachten."

An diesem Sonnwendtag ging die Sonne wirklich erst sehr spät unter und erhellte noch lange die Ecke bei den Holunderbüschen. Das Gespräch der Freunde wollte kein Ende nehmen. Man kam auch auf die Arbeit im „Sonnenstaat" zu sprechen. Darüber hieß es im Roman: *Sie sehen alles als Dienst an der Gemeinschaft an. Sie sprechen auch nicht von Arbeit, sondern immer nur vom Dienen. Es gibt zum Beispiel keine niedrigen Arbeiten, alles wird gleich hoch geschätzt.*

„Alles ist so einfach - wäre so einfach", verbesserte sich Roberto, „wenn ..." Er zögerte und sprach nicht weiter.

Das letzte Thema war das geheimnisvolle Buch „Weisheit", das die Bewohner des Sonnenstaates besaßen. „Alle Wissenschaften sind dort für jedermann leicht fasslich niedergelegt, und die Priester lesen sie dem Volk nach der Art der Pythagoräer vor. Campanella jedenfalls hatte die Vision, dass seine Utopie sehr wohl den Rang einer Realität haben könnte. Spätere Zeitgenossen, die nicht so gern in den Spiegel schauen wollten, nannten seinen Staatsentwurf eine ‚Zwangsbeglückung', einen Überwachungsstaat. Kommunistische Ideologen wiederum sahen Campanella aufgrund seines Lebens als einen der Ihren an und schrieben totalitäre Anklänge im ‚Sonnenstaat' allein der Kirche zu." Mit diesen Worten beendete Andreas das Gespräch. Die Freunde warfen noch einen letzten Blick zu den Sonnenblumen auf der Keramikvase. Es lag ein wirklich sonniger Tag hinter ihnen.

Vom Wirken der Bauhütten

Das Gespräch vom 21. Juni wirkte intensiv nach. Die Vier hatten den höchsten und längsten Sonnenstand erlebt. Gleichzeitig war jedoch vor allem eine geistige Sonne über ihren gemeinsamen Bemühungen aufgegangen. Der Gedanke vom Gemeinwohl ging ihnen noch lange nach, aber ein Thema beschäftigte sie besonders. Sie hatten in ihren Gesprächen sehr eingehend über den Menschen mit seinen vielen Regungen gesprochen und verspürten immer wieder das Bedürfnis, das Bild eines neuen Menschseins von verschiedenen Warten aus weiter zu vervollständigen.

„Wir haben doch gemeinsam festgestellt", sagte Jacques, „dass gerade in der so wichtigen Zeit der Renaissance die Bedeutung des individuellen Menschen in Kunst und Kultur mehr und mehr zum Tragen kam. Ein neues Zeitalter wurde geboren und vielleicht auch ein neuer Menschentyp. Bei den Utopien wurde deutlich, dass die Autoren alle nach einem veränderten, perfekten Menschen Ausschau hielten. Denn ohne diesen Typus waren ihre utopischen Staatsideen nicht denkbar. Im Dom von Bamberg steht der berühmte Bamberger Reiter. Vielleicht kann uns dieses Standbild zum Thema ‚Homo novus' noch weitere wichtige Anregungen geben. Ich schlage vor, wir machen einen Kulturausflug nach Bamberg."

Am Dienstag, dem 28. Juni fuhren sie nach Norden, und schon bald kamen die sieben Hügel von Bamberg mit den vier Türmen des Kaiserdoms und den zwei Türmen der Klosterkirche am Michelsberg in Sicht. Jeder der Freunde hatte sich, so gut es ging, in den vergangenen Tagen über den Bamberger Reiter sachkundig gemacht. Da Andreas sich in der Gegend auskannte, fuhr er die Freunde mit seinem Oldtimer-VW aus dem Jahre 1974 hinauf zum Domberg. Ganz in der Nähe der „Alten Hofhaltung" fanden sie einen günstigen Parkplatz. Durch das Tympanon der Gnadenpforte betraten sie den Dom und betrachteten eine Zeitlang den Reiter, der am linken Mittelpfeiler der östlichen Domseite angebracht ist.

Eine geistige Idee nimmt Gestalt an - der Bamberger Reiter

Jeder, der den Bamberger Dom das erste Mal betritt, ist sofort fasziniert von diesem Standbild. So erging es auch den vier Freunden. Jacques ergriff als Erster das Wort, er sagte: „.Dieses Reiter-Standbild wurde um 1200 von einem unbekannten Steinmetz geschaffen. Man nennt ihn bis heute einfach ‚Reitermeister' Die damaligen Künstler drängten sich nicht in den Vordergrund, das war erstmals in der Renaissance der Fall. Als Künstler der Bauhütten blieben sie namenlos. Nur die Steinmetzzeichen, die mitunter verborgen platziert wurden, künden von ihrer Identität."

Andreas zog ein Blatt mit Notizen aus seiner Jackentasche. „Das letzte Mal, als wir über Campanella sprachen, haben wir das ‚Buch der Weisheit' erwähnt, in dem die Bewohner des Sonnenstaates im Geiste des Pythagoras unterwiesen wurden. Gerade die Bauhütten haben doch auch so manches symbolisch gestaltet, um die Geheimnisse der Weltenharmonie sichtbar zu machen. Ich habe da einen ehrwürdigen Bauhüttenspruch gefunden, der schön zu unserem Thema passt:

Der Punkt, der in den Zirkel geht,
der in Quadrat und Triangel steht.
Trefft ihr den Punkt, dann habt ihr's gar
und kommt aus Not, Angst und Gefahr.
Somit habt ihr die ganze Kunst -
versteht ihr's nicht, so ist's umsunst.

Skulpturen wie der Reiter sollten ganz sicher Symbole einer kosmischen Idee sein."

Diese Worte fanden bei den Freunden ein starkes Echo. Andächtig vertieften sie sich weiter in den Anblick. Und nun zeigte sich, dass auch Roberto fündig geworden war. Er zitierte Friedrich von Schiller, der das höhere Menschentum so beschrieben hat:

Jeder sei gleich dem Höchsten,
doch niemand sei gleich den anderen.
Wie das zu machen?
Jeder sei vollkommen in sich!

Darauf antwortete William spontan: „Hier sind in einem geistigen Stenogrammstil das Höchste, das Einfachste und das Individuellste zur Harmonie gebracht! So sollte es sein - ein absolutes Bild der Vollkommenheit!"

Jacques sah zum Reiter in die Höhe und bemerkte: „Das eigentlich Wertvolle liegt immer in der Tiefe. Den Steinmetzen der Hochgotik gelang es ausgezeichnet, die Geheimnisse ‚sichtbar' zu machen, ohne sie zu verraten."

„Das hast du gut gesagt", antworteten die drei anderen. Doch im Stillen fragten sie sich: Aber was für Geheimnisse sind es denn, die wir sehen und begreifen sollen?

Andreas erinnerte sich plötzlich an die Zeit der Kunsterziehung im Melanchthon-Gymnasium in Nürnberg. Der Lehrer hatte den Schülern immer wieder folgenden Leitspruch übertragen: *Was ist das Schwerste von allem, was das Leichteste dir dünkt: Zu schauen mit den Augen, was vor Augen dir liegt!* „Ich weiß nicht mehr, welcher Klassiker das gesagt hat, aber mein damaliger Lehrer hat das gerne zitiert."

Jacques wagte als Erster zu benennen, was „vor Augen lag", also handgreiflich zu sehen war. „Hoch zu Ross thront der Reiter und reitet gemessenen Schrittes mit seinem Pferd über einen Pflanzenteppich. Irgendwie wirkt er wie das Maß aller Dinge."

William betrachtete nachdenklich den eleganten mantelförmigen Umhang, eine Art Toga. „Ist das ein Reiter oder Ritter? Um die Zeit des 11. oder 12. Jahrhunderts wurden nur Kleriker in der Kunst dargestellt oder Menschen, die dem Adel angehörten. Aber niemals wurde ein Adeliger in Zivil abgebildet. Man erkannte ihn immer an einer prächtigen Waffenrüstung oder einem entsprechenden Ornat. Der Reiter hier trägt aber keinen Harnisch. Also müssen wir uns seinem Geheimnis wohl von einer anderen Seite nähern." Andreas zeigte auf die Krone, die offenbar doch auf einen Vertreter höheren Standes hindeutet. Auch wandten die Vier ihr Interesse den ungleichen Tragsteinen zu und fügten dann ihre Gedanken zu einem Ganzen zusammen: Der linke Tragstein ist völlig ebenmäßig und glatt gearbeitet, Sinnbild der toten Materie. Im Gegensatz dazu ist der rechte Tragstein aus Pflanzenornamenten wie eine antike Theatermaske geformt. In diesem Bild beginnt sich die Schöpfung auszusprechen. Geheimnisvoll blickt den Betrachter ein menschliches Antlitz an. Es besteht aus Blattornamenten. Uber dem glatten Tragstein hingegen sieht man auf dem horizontalen Pflanzenteppich ganz links eine einzige Blüte. Sie sieht wie eine blühende Rose aus.

Jacques erinnerte sich an eine Studienfahrt von Lyon aus. Damals hatte der begleitende Kunsthistoriker gemeint, die gesamte Reiterkomposition wirke wie ein Schöpfungssymbol. Da ist das vorbereitete, aber noch ruhende Element des glatten Tragsteines. Vielleicht deutet die darüber liegende Rosenblüte den Impuls zum Leben an. Etwas kommt eindeutig in Bewegung, es regt und formt sich. Irgendwie will sich die Schöpfung ausdrücken.

Roberto sah in dem glatt gearbeiteten Tragstein den Eckstein, der bei jeder höheren Arbeit zuerst als Basis gelegt werden muss. Für ihn sei das der Stein der Weisen, sagte er. Im Gleichnis der Heiligen Schrift werde zu Recht vor den vielen unkundigen Bauleuten gewarnt, die allzu leichtfertig den Eckstein verwerfen. Und er fügte hinzu: „Über diese wird in Goethes Faust gesagt: *Wenn sie den Stein der Weisen hätten, der Weise mangelte dem Stein!*“

Andreas bemerkte nachdenklich: „Ja, das könnte es in etwa sein, was der Steinmetz in dem Standbild zusammenkomponiert hat. Schaut euch mal die Geste des Reiters an. Maßvoll hält er die Zügel, das Pferd gehorcht ihm ganz ohne Zwang. Das könnte ein Sinnbild für die Zügelung der Leidenschaften sein, wenn sich höhere Seelenvermögen harmonisch entwickeln. Ich denke da an ein Wort von Meister Eckhart über den Weg eines wahrhaft gottsuchenden Menschen. Ich habe es für euch notiert: *Verlier ich mich, so find ich Dich.*“ „Das ist ein sehr schönes Wort“, bestätigte Jacques. „Dann wäre der Reiter eine Art Parzival-Gestalt auf der Suche nach der Burg des heiligen Grals! Er trägt eine Krone, Sinnbild für Demut und Seelenadel. Unaufhaltsam ist er auf dem Weg zum himmlischen Jerusalem. Er verliert sein Ziel nicht aus den Augen. Er wird beschirmt von einem Baldachin. Dieser Baldachin ist gestaltet wie eine Gottesburg. Dieses Zuhause sucht der Reiter mit seinem ganzen Sinnen und Trachten. Man könnte auch sagen, dass durch diesen Menschen ein neuer geistiger Mensch hindurchscheint." Roberto bemerkte: „Den ganz im Natürlichen gefangenen Menschen müsste man auch völlig anders darstellen. Denn der könnte sein Pferd nicht zügeln: Leidenschaften und Begierden gingen im wilden Galopp mit ihm durch."

Bevor die Freunde sich zum Gehen bereit machten, sprach William eine Art Schlusswort. Er hatte im Neuen Testament gerade über das Bild vom himmlischen Menschen ein schönes Wort gefunden: *Keine einzige Entwicklung in dieser Natur ist von Bedeutung, sondern nur, ob man ein neues Geschöpf ist!* Auf dem Heimweg fühlten sich die Freunde beglückt und beschenkt durch das Erlebte. Jeder hatte das Seine zum Gespräch beigetragen. Aber der besondere Dank galt natürlich Jacques für den prächtigen Vorschlag zum Besuch des Bamberger Reiters. Die Vier fühlten sich auf der Rückfahrt ganz so, als hätten sie soeben selbst eine ehrwürdige mittelalterliche Bauhütte besucht und als Lehrlinge den Meistern und Gesellen bei der Arbeit zugesehen.

Thomas Morus

In Gedanken fühlte sich William wieder einmal nach Hause auf die britische Insel versetzt. Lange dachte er über seine Empfindungen nach. In den alten Zeiten hatte sich die sturmumtoste Insel mitunter in geheimnisvolle Nebel gehüllt. Dann beherrschten die Elementargeister die Szene. William kam es auf einmal so vor, als stiegen archaische und sogar ein wenig schwermütige Empfindungen in ihm auf. Mitten in diesen noch unbestimmten Gefühlen erschrak er. Glaubte er nicht plötzlich, einen dumpf hallenden, schweren Glockenschlag von den Türmen des Towers zu hören? Schlief er vielleicht, träumte er? Ihm war, als sei soeben eine schicksalhafte Entscheidung gefallen, die unbestimmt auf ihn zu wirken begann. Beklommen lauschte er in sein Inneres: Plötzlich empfand er eine Art Donnerschlag und dachte augenblicklich an das Schicksal des Lordkanzlers Thomas Morus zu Beginn des 16. Jahrhunderts. Gehörte der nicht auch in die Reihe der Utopiker? William wurde bewusst, dass das Leben und Streben dieses Mannes für die anstehende Seminararbeit von großer Bedeutung sein könnte. Und schlagartig stand er wieder mit beiden Beinen in der Gegenwart.

„Utopia" - das Schicksal eines Lordkanzlers

Die Freunde trennten sich für eine Woche, und jeder fuhr zu einem kurzen Besuch in seine Heimat zurück. William erbot sich, beim nächsten Treffen etwas über den englischen Lordkanzler Thomas Morus zu berichten. Kaum in London angekommen, suchte er den Tower auf, der mit seinem Gefängnis so viel Geschichte geschrieben hat. Dort starb der Humanist Thomas Morus, das heißt, er wurde auf Befehl des Königs Heinrich VIII. enthauptet.

Morus war Lordkanzler gewesen, eine untadelige moralische Instanz, und hatte großen Einfluss auf die Gesellschaft ausgeübt. Der König hatte ihn geadelt und Wert darauf gelegt, dass sein Lordkanzler ihm in allen entscheidenden Fragen folgte. Einmal geschah dies nicht, und das bedeutete das Todesurteil für Morus. Dieser war nicht nur ein gewandter und erfahrener Politiker, sondern er war als wahrer Humanist auch ein untadeliger Mann. 1516 schilderte er - neunzehn Jahre vor seinem gewaltsamen Tod - in seinem Buch „Utopia“ eine besondere Gesellschaft, die auch als Kritik gegen den Zeitgeist der englischen Gesellschaft zu verstehen war.

All das erzählte William beim nächsten Treffen seinen Freunden. Sie trafen sich dieses Mal wieder im Maleratelier im dritten Stock in Stadtamhof, denn es war trüb und hatte geregnet, und die Ecke im Garten war nass.

William war es gelungen, auf dem Trödelmarkt drei alte Kisten zu erstehen, die so ähnlich aussahen wie Seemannskisten. Darauf setzten sich die Freunde, und William las seinen Gästen aus „Utopia“ vor. „Morus erzählt hier von einer utopischen Reise und tritt selbst auf. *Eines Tages habe ich in der wunderschönen Liebfrauenkirche in Antwerpen an einer Messe teilgenommen und wollte gerade nach Hause gehen. Da sah ich zufällig meinen Freund Peter Gilles mit einem fremden Mann sprechen. Nach Aussehen und Kleidung zu urteilen war der Fremde offenbar ein Seemann. Kaum hatte der Freund mich entdeckt, führte er mich zur Seite. ‚Gut, dass ich dich treffe. Siehst du den Fremden dort mit dem Umhang? Gerade wollte ich ihn überreden, dein Haus aufzusuchen.‘ ‚Er soll mir willkommen sein - deinetwegen.‘ ‚Nein, deinetwegen. Oh, wenn du ihn doch schon kenntest‘.*“

„Ein spannender Einstieg“, warf Roberto ein, und William fuhr fort: „Es stellte sich heraus, dass der Fremde in der Geschichte ein weit gereister Seemann war. Gilles preist ihn als modernen Odysseus, ja, als Platon an. Der Fremde nennt sich Raffael und entführt seine beiden Zuhörer in das unbekannte Inselreich Utopia. Indem Morus ihn allerlei aus dem fernen Land Utopia erzählen lässt, übt er sehr geschickt Gesellschaftskritik. *‚Nun erzähl uns einmal von fremden Völkern. Haben sie Urteilskraft, haben sie Verstand?‘ ‚Ja, die verrücktesten, die dümmsten Vorurteile habe ich in England erlebt.‘ ‚So, du kennst England? Lass hören.‘* Alles was Morus denkt und über England weiß, legt er dem Fremden Raffael in den Mund.

‚Wie groß ist doch die Zahl der Edelleute, die selber müßig wie Drohnen von anderer Leute Arbeit leben, nämlich von Pächtern, die sie bis aufs Blut schinden, um höherer Rendite willen.‘

Ein ganzer Katalog von Verfehlungen des blutsaugenden Adels wird aufgezählt, Raffael tut das für Morus. Denn der konnte es sich als bereits angesehener Jurist und späterer Lordkanzler nicht leisten. Und doch streute er mit seiner ‚Utopia' Pfeffer in die Wunden seiner Zeit. Uber die damalige führende Gesellschaft wird heftig hergezogen. So beginnt Raffael als Kontrast zu den verheerenden Verhältnissen in England vom Volk der Utopier zu erzählen.

‚Wie oft denke ich an die kluge Organisation ihres Staates, die mit so wenig Gesetzen auskommt und dann doch erreicht, dass alle einzelnen Bürger an allen Gütern so viel Überfluss haben. Die haben Platon nie gelesen und doch gehen sie davon aus, dass es keine Gleichheit geben kann, solange es Privatbesitz gibt.'

Das Gespräch zwischen Morus und Raffael ist in Gang gekommen. *‚Also, Raffael, ich kann mir keine funktionierende Gesellschaft vorstellen, wo allgemein Gütergemeinschaft herrscht, wo das Privateigentum abgeschafft ist. Wie sollen denn die Güter hergestellt werden, wenn sich jeder vor der Arbeit drückt, weil der Erwerbstrieb abhanden gekommen ist?' ‚Nein, nein, jeder arbeitet dort und zwar Männer und Frauen.'* Und dann wird der Luxuskonsum in England aufs Korn genommen und ‚Utopia' als Musterstaat dagegen gehalten."

Andreas unterbrach William und warf ein: „Ich habe mal gelesen, dass die frühen Sozialisten des 19. Jahrhunderts Thomas Morus als einen der ihren betrachtet haben. Er wurde sogar als Vater des utopischen Sozialismus verherrlicht." William antwortete, in der „Utopia" seien viele Gedanken niedergelegt, die auch an die christliche Urkirche mit ihrer Gütergemeinschaft erinnern. „Thomas Morus skizziert den ersten tragenden Staatsentwurf für die Zukunft. Das gab es bis dahin nicht. Er lässt geschickt wesentliche Fragen an Raffael stellen: *‚Eins hast du noch nicht erzählt. Wie werden sie regiert? Wie halten sie's mit der Religion? Sind dort schon Missionare aufgetaucht? Sind sie Christen?'* Raffael berichtet, wie der Regent gewählt wird und betont: *‚Aristokratie kennen sie nicht. Der Fürst ist nur ein Titel, im Übrigen ist er ein Mann wie du und ich.'* Und dann berichtet Raffael von einem Wahlsystem, das alle Schichten von Utopia einschließt. *‚Die Minister sind nur ein Jahr im Amt, um Amtsmiss-*

brauch zu verhindern.' ,Das müssten wir hier in Holland auch haben und erst in England.' Und dann zitiert Raffael das Glaubensbekenntnis aus ‚Utopia': *,Wir glauben an ein einziges, unbekanntes, unendliches, ewiges Wesen, das die Fassungskraft des menschlichen Geistes übersteigt und das durch das ganze Weltall wirkt: nicht als Körper, nicht als Materie, sondern als spirituelle Kraft. Wir glauben, dass ein heiteres und sorgenfreies Leben zugleich ein kluges, maßvolles und sittliches Leben sein kann.'* Und dann sagt Raffael: *,Sie haben auch Priester. Übrigens können auch Frauen Priester sein. Und die Priester in Utopia dürfen heiraten.'"*

Andreas sagte: „Ich finde, daran sollte sich auch unsere Zeit orientieren. Morus war durch die Erfahrung Realpolitiker, hatte aber auch eine Vorstellung davon, was tiefere Vernunft bewirken kann. Insofern war er so etwas wie ein Aufklärer vor der Aufklärung! Er wollte seiner Zeit vor Augen führen, dass das äußere Christentum den Eigennutz und das Gegeneinander in Staat und Gesellschaft des damaligen Europas nicht verhindern konnte! Wohl deshalb kommt im Glaubenbekenntnis der Utopier das Wort ‚Christentum' nirgends vor."

William las weiter und beschrieb, wie wichtig die Familie als intakte Keimzelle in der Gesellschaft der Utopier war. Dort lebten Jung und Alt in Wohngemeinschaften zusammen, wodurch eine allumfassende Harmonie entstand.

„Die Ehe ist untrennbar, kein Mann darf seine Frau verlassen, weil ihre Schönheit verblüht ist oder sie keine Kinder mehr gebären kann. Das ist sogar Gesetz!" Jacques warf ein: „Offenbar wollte Morus jedermann zum Nachdenken über die damaligen Verhältnisse anregen. Denn er erlebte landauf, landab das große Elend der einfachen Leute und die Willkür der privilegierten Stände. Morus träumte offenbar davon, dass es eine fundamentale Veränderung in der Menschheit geben müsse und auch könne. Das hat er mit dem Staat der Utopier gemeint, wo jeder von sich absieht und für das Ganze einsteht. Ich glaube, zu solcher Selbstlosigkeit ist aber nur fähig, wer das Idealbild, das Vorbild in sich selbst entdeckt und zum Leben erwecken kann!"

„Genau das kann man doch bei Morus wiederfinden! Er war kein Theoretiker, wenn es an die letzten Dinge ging. Das beweist sein Leben", sagte daraufhin William. „1534 ist König Heinrich VIII. seiner Ehefrau Katharina überdrüssig und heiratet seine Geliebte. Der Papst weigert sich, die erste Ehe für nichtig zu erklären, woraufhin sich Heinrich selbst zum Oberhaupt der Kirche in England ausruft und von seinem Lordkanzler den Suprematseid als Zeichen der Loyalität fordert. Doch dieser tritt - für den König völlig unerwartet - von seinem Amt zurück und wird daraufhin am 6. Juli 1535 wegen Hochverrats enthauptet."

„Ja, so ist das mit der inneren Konsequenz. Morus lebte wirklich, was er lehrte, wenn man das so sagen darf."

Roberto blätterte in seinem kleinen Taschenkalender. „Heute ist doch Mittwoch der 6. Juli. Also, vor genau 470 Jahren erfüllte sich das Schicksal des Thomas Morus. Ich glaube, wir werden diesen großen Mann nie mehr vergessen, vor allem nicht die geistige und prinzipielle Gradlinigkeit, die sich trotz aller Diplomatie in seinem Leben letztlich durchsetzte und bewies."

Wachsende Daseinskreise

Jacques meinte, die Geschichte sei reich an Berichten über die Willkür vieler Herrscher und rundete seine Betrachtung mit einem Blick auf die Philosophie der antiken Stoa ab. Denn der Tod des Seneca am Hofe Neros weist ganz ähnliche Züge auf wie der Tod von Thomas Morus.

„Vor meinem inneren Auge sehe ich plötzlich verschiedene Daseinskreise, die in der Philosophie der Stoiker so bedeutsam waren. Diese sich vergrößernden Kreise zeigen uns ein Ziel, die wahre Entwicklung des Menschen. Der erste Kreis ist an sich erst ein Punkt - der Mensch selbst. Solange dieser den Mittelpunkt bildet und nur sich selbst in seinem Eigennutz sieht, kann sich die Perspektive nicht zum Kreis weiten. Wer aber sein Augenmerk der Familie zuwendet, formt bereits einen größeren Daseinskreis, denn er kommt ein wenig von sich los. Ist er bereit, über die Familie hinaus das Umfeld zu berücksichtigen, in dem er lebt, weitet sich der Kreis nochmals. Wer dann den Staat mit seinen Anforderungen und Bedrängnissen erlebt und auch für ihn selbstlos einsteht und nicht nur etwas für sich fordert, erweitert seinen Blick, seinen Daseinskreis, noch mehr. Kommt er dann sogar in die

Lage, die ganze Welt in ihrem lebendigen Fluss wahrzunehmen, wird er in den erhabenen Kreis der geistigen Weltbürger aufgenommen. Alle wirklichen Weltenlehrer haben von dort aus ihren Ausgang genommen. Sie waren fähig, sich zu noch höheren Daseinskreisen zu erheben. Das sind die allumfassenden geistigen Sphären, wo jeder Gegensatz aufhört und nur noch Harmonie herrscht. Das war die Anschauung der Stoiker. Vielleicht kann man es auch so sagen: Wer sich immer mehr von sich selbst lösen kann, sprengt und durchbricht mit der Zeit alle beengenden Fesseln. Das verlangt Mut und Ausdauer. Rainer Maria Rilke hat das einmal sehr schön ausgedrückt:

Ich lebe mein Leben in wachsenden Ringen,
die sich über die Dinge ziehn.
Ich werde den letzten vielleicht nicht vollbringen,
aber versuchen will ich ihn!"

Lebendiger Geschichtsunterricht

Am nächsten Tag schlenderten die Freunde auf Anregung von Andreas zum Domplatz und setzten sich in den historischen Bischofshof. Sie entschlossen sich, für eine Stunde in dem herrlichen Innenhof mit seiner Gastronomie zu verweilen, denn es war lauschig warm. Sie fanden auch einen gemütlichen Tisch direkt unter einem Kastanienbaum und leisteten sich einen Pott Kaffee mit Germknödeln. Andreas zeigte auf ein spezielles Obergeschoss und sagte:

„Hier weilten oft viele Gesandte bei ihren wichtigen Sitzungen während des immerwährenden Reichstages. Der engere Kreis der Entscheidungsträger - also die Kurfürsten - konferierte natürlich im alten Rathaus und schob so manches auf die ‚lange Bank'. Die lange Bank stand tatsächlich neben dem Konferenztisch. Unbequeme Angelegenheiten wurden also vom Tisch auf Nimmerwiedersehen auf diese lange Bank geschoben. Entschieden aber wurde am ‚grünen Tisch'. Beide Redewendungen stammen aus dieser vorparlamentarischen Periode in Regensburg. Letztlich mussten die Bürger in den vielen Kleinstaaten Deutschlands das hinnehmen, was auf dem grün gedeckten

Velourstisch von den ‚Großkopferten' entschieden wurde. So etwas gab es also schon im 17. Jahrhundert. Manches ging an der Wirklichkeit vorbei und erblickte als Missgeburt das Licht der Welt. Ausbaden mussten das dann die kleinen Leute."

William, Roberto und Jacques hatten wieder etwas hinzugelernt und klopften beifällig auf den Tisch als Dank für den lebendigen Geschichtsunterricht. „Jetzt wollen wir unseren Blick auf die Zeit des zu Ende gehenden Reichstages und eine besondere Persönlichkeit richten, die gleichsam die Konturen des Reiters wie mit einem geistigen Meißel nachgearbeitet hat", sagte Andreas. „Mir ging der Anblick des Reiters auf der Rückfahrt aus Bamberg nicht aus dem Sinn. Sein seelischer Adel, das Maßvolle, mit einem Wort: ein Vorbild für die innere Entwicklung des Menschen, die über die bloße Endlichkeit der Lebenserfahrung weit, weit hinausführt."

Novalis

Geistige Vorbilder haben schon immer auf die Menschen großen Eindruck gemacht. Das veranlasste Andreas zu einem interessanten Gedanken. Er sagte beim nächsten Treffen zu seinen Freunden: „Ein solcher Mann, ein solches Vorbild, lebte damals in Deutschland und entwickelte eine großartige Vision vom zukünftigen Europa. Mit bürgerlichem Namen - Pardon, mit Adelstitel - hieß er Graf Friedrich von Hardenberg. Sein Weltbild ist brillant und passt gut zu unserem Besuch in Bamberg."

„Wir sind schon neugierig und gespannt, was uns erwartet", sagte William. Andreas hatte sich zu diesem Treffen die Feuilleton-Beilage der Süddeutschen Zeitung vom März 2001 in die Mappe gesteckt. Denn vor zweihundert Jahren, also 1801, war Graf von Hardenberg im jugendlichen Alter von nur neunundzwanzig Jahren in Weißenfels in Thüringen gestorben. Er hatte sich sein Brot als gestandener Bergbaubeamter verdient. „Das Besondere an seinem kurzen Leben war, dass er neben seiner gewissenhaften Verwaltungsarbeit unvergängliche Gedanken als Philosoph und Lyriker niederschrieb."

Graf Friedrich von Hardenberg und die geistige Zukunft Europas

Andreas machte eine kleine Kunstpause, was die Spannung natürlich erhöhte. „Jetzt musst du schon konkreter werden, damit wir verstehen, welche Station wir auf unserer geheimnisvollen Reise nach Utopia erreicht haben", meldete sich Jacques.

„Am besten erzähle ich euch erst mal etwas über den geheimnisvollen Namen, den er sich selbst gegeben hat. Er lautete: ‚Novalis'. Unter diesem Namen ist er als Poet in die Reihe der Romantiker eingegangen. Novalis bedeutet: ‚Der Neuland Betretende'. Das hat natürlich seinen besonderen Sinn. Was wollte Novalis? In einem Fragment sagte er ganz modern: *Wir träumen von Reisen durch das Weltall. Ist denn das Weltall nicht in uns? Die Tiefen unseres Geistes kennen wir nicht. Nach innen geht der geheimnisvolle Weg. In uns oder nirgends ist die Ewigkeit mit ihren Welten. Die Außenwelt ist die Schattenwelt, sie wirft ihren Schatten in das Lichtreich.*"

„Ich sehe jetzt wirklich das gekrönte Haupt des Reiters und das ruhig schreitende Pferd vor mir, wenn ich die Gedanken des Novalis höre", sagte Roberto. „Lies weiter", ermunterte Jacques.

„Dann stammt von Novalis auch noch die Überzeugung, dass für unsere Sinne in der unvollendeten Natur eben nur das Scheinbare, Zufällige und Relative sichtbar ist. Es muss aber eine Art Verwandlung geben, dann erst entsteht das Wahre, das Notwendige und Absolute. Novalis drückt das so aus: *Einst soll keine Natur mehr sein - in eine Geistwelt soll sie allmählich übergehen.* Deshalb stand er auch dem Vergehen und Sterben so sonderbar gegenüber: *Ist es nicht genug zu wissen, dass wir noch in diesem Leben einen Flug zu beginnen fähig sind, den der Tod, statt ihn zu unterbrechen, vielmehr beschleunigt, da dessen Fortsetzung einzig und allein von der unwandelbaren Richtung unseres freien Willens abhängt!*

Ergriffen und geradezu zärtlich sagt er an anderer Stelle: *Mein Lieblingsstudium heißt wie meine Braut - Sophie heißt sie - Philosophie. Sie ist die Seele meines Lebens und der Schlüssel zu meinem eigensten Selbst.*"

William unterbrach Andreas vorsichtig und konstatierte: „Es ist bei all dem so, als ob Novalis fortwährend Zugang zu zwei aktuellen Welten hat, beziehungsweise beide Welten auf besondere Weise miteinander zu verknüpfen weiß. Immer geht er auf unbeschreibliche Weise in sich, um eine ganz neue Gestalt anzunehmen. Dann wiederum ist er fähig, das Erlebte liebevoll und vollkommen uneigennützig zu ‚äußern', also zurückzuschenken."

Andreas suchte in seinen Novalis-Aufzeichnungen nach einer bestimmten Stelle: *„Wenn ein Geist stirbt, wird er Mensch. Wenn ein Mensch stirbt, wird er Geist."*

„Eine horizontale Linie wie beim üblichen Verlöschen des Irdischen kann Novalis wohl kaum im Sinn gehabt haben. Denn sonst wäre ja die menschliche Lebenslinie ohne innere Aufgabe, ohne inneren Dienst", antwortete Roberto.

„Deshalb verschmelzen bei ihm auch Metaphysik und Physik zu einer Einheit. Alles ist auf den Besitz einer höheren Freiheit gegründet. Denn Novalis betont den, wie er sagt, *freien Tod des Geistes und den freien Tod des Menschen*", erklärte Andreas.

„Dem muss ich erst einmal innerlich nachspüren, mit dem bloßen Gehirn geht das nicht so leicht", meinte Jacques.

Andreas bat daraufhin um besondere Aufmerksamkeit für das Thema Physik. „Was sagt Novalis in seiner großen Perspektive? *Gott, Freiheit und Unsterblichkeit werden einst die Basen der geistigen Physik ebenso werden - wie Sonne, Licht und Wärme die Basen der irdischen Physik. Das Fatum, das uns drückt, ist die Trägheit unseres Geistes.* Ist es nicht so? *Gott will Götter.*"

„Aber wir haben doch noch gar nichts zu Staat und Gesellschaft gehört? Davon sollte doch auch die Rede sein. Bisher haben wir anhand von Novalis nur über den Menschen meditiert!", gab William zu bedenken. Und Andreas antwortete:

„Novalis lebte in der Überzeugung, dass alle Menschen zusammen einen tief innerlichen königlichen Weg gehen müssen und auch können. Wörtlich vertrat er die Meinung: *Alle Menschen sollen thronfähig werden. Das Erziehungsmittel zu diesem fernen Ziel ist ein König. Jeder ist entsprossen aus einem uralten Königsstamm. Aber wie wenige tragen noch das Gepräge dieser Abkunft?* Und dann projizierte Novalis seine Gedanken in das geistige Universum: *Der König ist das Lebensprinzip des Staates, eben ganz dasselbe, was die Sonne im Planetensystem ist. Um das Lebensprinzip herum erzeugt sich mithin das höchste Leben im Staat, die Lichtatmosphäre.*"

Andreas gab zu bedenken: „Novalis lebte ja noch unmittelbar in den Nachwehen der schrecklichen Französischen Revolution. Aber sein Blick war klar in spirituelle Höhen gerichtet. Revolutionen waren für ihn kulturelle Schwächezustände der ganzen Gesellschaft, ungesunde Wachstumsstörungen. Diese mussten von innen her überwunden werden. 1799, inmitten einer Zeit, in der der Atheismus besten Nährboden fand, ermutigte Novalis seine Leser zu einer tieferen Weitsicht. Es gab viele Verfallserscheinungen auf religiösem und kirchlichem Gebiet. Novalis schreibt: *Es wird so lange Blut über Europa strömen, bis die Nationen ihren fürchterlichen Wahnsinn gewahr werden, der sie im Kreise herumtreibt.* Und weiter sieht er voraus, wie die Völker *von heiliger Musik getroffen und besänftigt zu den Altären treten in bunter Vermischung.*"

„Welcher Weitblick spricht doch aus diesen Worten, wie aktuell ist das auch heute noch am Beginn des 3. Jahrtausends“, meinte nachdenklich Roberto, „selbst wenn wir noch ein gutes Stück davon entfernt sind.“ Seine drei Freunde nickten. Dann fuhr Andreas fort: „Novalis hatte also schon einen europäischen Gesamtentwurf in seinen geistigen Akten. Er sagt: *Nur die wahre Religion kann Europa wieder aufwecken und die Völker sichern und die Christenheit mit neuer Herrlichkeit sichtbar auf Erden in ihr altes friedenstiftendes Amt installieren.* Novalis lebte in einer Umbruchszeit, sah den Niedergang, warf aber nicht als Pessimist die Flinte ins Korn. Nein, er schrieb bewusst über sein Werk von 1799 ‚Christenheit und Europa‘ den Satz: *Die anderen Weltteile warten auf Europas Versöhnung und Auferstehung, um sich anzuschließen und Mitbürger des Himmels zu werden.* Ganz tief bekannte sich Novalis zu Christus, dem Geist der Erde und des Kosmos, mit den Worten: *Wie er von Liebe nur bewegt, sich ganz uns hingegeben hat und in die Erde sich gelegt zum Grundstein seiner Gottesstadt.*“

Noch lange debattierten die Freunde über diesen Satz und kamen schließlich zu dem Schluss: Immer muss es Einzelne geben, die als Pfadfinder den anderen vorauseilen. Sie müssen damit leben, dass zunächst vielleicht niemand folgt. Trotzdem ist ihre Arbeit nicht vergeblich. Sie hinterlässt unauslöschliche Spuren. Das Gespräch im Bischofshof war ein fruchtbares Ergebnis solchen vorauseilenden Bemühens.

Alexis de Tocqueville

Heute war Roberto an der Reihe. Er hatte im Internet brandneu etwas ganz Erstaunliches entdeckt, einen wahren Schatz zum Thema „Utopien“ und zwar von zwei französischen Autoren. Der eine, Alexis Tocqueville, der es sogar bis zum Außenminister in der 2. Französischen Republik brachte, lebte und wirkte im 19. Jahrhundert. Der andere, Jean Christofe Rufin, arbeitet heute als Schriftsteller des beginnenden 3. Jahrtausends.

Etwas umständlich setzte sich Roberto die Nickelbrille auf, während Jacques, Andreas und William seinen Ausführungen entgegenfieberten. „Schieß schon los“, ermunterte ihn Jacques. Roberto begann: „Die Sache ist so: Da gibt es einen ganz neuen Roman von Jean Christofe Rufin mit dem Titel ‚Globalia‘. Globalia entspricht in mehr als einer Hinsicht einer Utopie.“

Andreas unterbrach ihn und sagte: „Das ist ja höchst interessant. Utopia heißt doch, wie wir wissen, soviel wie ‚Nicht-Ort‘ oder sagen wir ‚Nirgendsland‘. ‚Globalia‘ weckt dagegen die Vorstellung von ‚überall‘.“

„Da hast du eine gute Nase, einen subtilen Riecher“, antwortete Roberto lachend.

Ein Vordenker der demokratischen Ideale

Er hatte sich alles gut überlegt und war sehr erfreut, weil die Freunde so spontan bei der Sache waren. Beflügelt erzählte er: „Rufin, einer unserer Zeitgenossen, hat speziell den anderen Utopisten Tocqueville studiert und seine Weltbetrachtung beleuchtet. Rufin sagt in etwa: Tocqueville galt schon lange als Vordenker des demokratischen Liberalismus. Er wurde am 29. Juli 1805 geboren und empfand noch hautnah die Nachwirkungen der Französischen Revolution. Seine Eltern hätten um ein Haar auf dem Schafott geendet. Er war adeligen Geblüts und setzte sich dennoch für die demokratische Entwicklung ein.“

William bemerkte: „Das ist sicher sehr ungewöhnlich für die damalige Zeit, zumal noch niemand genau wusste, wie sich die Demokratie als ‚Herrschaft des Volkes‘ in Europa auswirken würde. Man kannte ja als Folge auf die Forderungen des Dritten Standes in Frankreich nur die Blutspur und Angst-Psychose des französischen Umsturzes von 1789." Roberto las aus Rufins „Globalia" vor: *„Wenn man Tocqueville genau studiert, merkt man, dass er die Demokratie äußerst kritisch betrachtet. Er hatte einen feinen Spürsinn für die Zeichen seiner Epoche und für die anstehenden demokratischen Entwicklungen der kommenden Zeit. So sagte er zum Beispiel: Die Demokratie aufhalten zu wollen, hieße gleichsam, gegen Gott selbst zu kämpfen!"*

William fragte in die Runde: „Was soll das heißen?" „Es muss einfach ein neues Blatt in der geistigen Entwicklung der Menschheit geschrieben werden", antwortete Roberto, „und das bedeutet, geeignete demokratische Staatsformen zu entwickeln. Die brauchen noch nichts Ewiges und Absolutes zu sein, aber ein Lernprozess, eine Art Durchgangsstation sind sie auf jeden Fall.

Tocqueville war seiner Zeit um Längen voraus. Er drückte seine Gedanken bezüglich der Demokratie so aus: *Nichts ist schwieriger als die Lehrzeit der Freiheit.* Man könnte besser sagen, die Lernzeit in demokratischer Hinsicht wird für viele Menschen äußerst strapaziös. Sehr tief empfand Tocqueville das ungelöste Verhältnis von Freiheit, Gleichheit und Brüderlichkeit, das ursprüngliche Ziel des Dritten Standes in Frankreich. Robespierre, als Instrument der Schreckensherrschaft, ging bei seinen Gleichheitsbestrebungen sprichwörtlich über Leichen und vernichtete dadurch jede Form von Brüderlichkeit in den breiten Schichten. Denn es herrschten nur noch Angst und Schrecken. Niemand fühlte sich mehr sicher, jeder konnte doch bei der Hinrichtung der nächste sein."

„Aber was ist nun das Besondere an Tocqueville?", wollte die Runde von Roberto wissen. „Also, Tocqueville war ein Mann der Praxis, er beobachtete alle Entwicklungen seiner Zeit mit wachen Augen und prüfte die Beobachtungen mit einem innerlich sehr fein abgestimmten Sensorium. Ihr werdet das gleich merken.

1831 geht er als ausgebildeter Jurist nach Amerika, um vor Ort möglichst alle gesellschaftlichen Neuerungen, wie zum Beispiel den Umgang mit den Strafgefangenen, zu studieren. Ungewollt entlarvt er dabei Schritt für Schritt die Gesetzmäßigkeiten einer neuen Epoche. Sein

Augenmerk ruht auf dem Begriff Gleichheit beziehungsweise Gleichmacherei. Sein inneres Sensorium lässt ihn Folgendes sagen: *Kaum hat man den Boden Amerikas betreten, befindet man sich inmitten einer Art von Getümmel. Von überall her erhebt sich ein verworrener Lärm. Ungezählte Stimmen dringen gleichzeitig ans Ohr. Jede drückt irgendein soziales Bedürfnis aus. Alles um einen herum ist in Bewegung.* Er sieht aus nächster Nähe die schreckliche Versklavung der Schwarzen und ahnt bereits das kommende Ende voraus. Er macht sich Tausende von Notizen und schreibt nach seiner Rückkehr nach Frankreich ein Buch mit dem Titel: ‚Über die Demokratie in Amerika'. Tocqueville nimmt natürlich ganz unterschiedliche Strömungen wahr, menschheitsdienende - wie etwa die Arbeit der Gründer der USA, die vom freimaurerischen Geist beseelt waren - aber auch sehr bedenkliche, selbstsüchtige Erscheinungen. Wertneutral schildert er Folgendes:

In demokratischen Zeitaltern bewirkt die gesteigerte Beweglichkeit der Menschen - er sah Einwanderer der verschiedenen Nationen aus Europa - *und die Ungeduld ihrer Wünsche, dass sie unaufhörlich ihren Standort wechseln und dass sich die Bewohner der verschiedenen Länder vermischen.* Daran knüpft er bestimmte Hoffnungen und Erwartungen: *Alle zusammen bilden für das Auge des Betrachters eine umfassende Demokratie, in der jeder Bürger ein Volk ist.*"

Da schaltete sich Jacques ein: „Jeder Bürger ein Volk, das klingt so ähnlich wie bei Aristoteles, der in etwa sagte, jeder Mensch muss in erster Linie etwas Positives, Unverwechselbares für die Gemeinschaft bedeuten. Erst in zweiter Instanz sollte er die eigenen Belange im Auge haben. Zoon politikon - also ein Wesen im Dienst der Gemeinschaft - muss der Mensch sein, gerade auch im höheren Sinn. Tocqueville sagt kurz und bündig: *jeder Bürger ein Volk.* Das Individuum soll sich unbedingt der Gemeinschaft verpflichtet fühlen, erst dann hat es seine Berechtigung. Alles andere führt zur Verhärtung."

William hatte bisher am wenigsten gesagt, aber ungewöhnlich ernst zugehört. Jetzt räusperte er sich und bemerkte: „Mir ist immer noch nicht ganz klar, was Tocqueville zum Beispiel für unsere Zeit Gültiges vorausgesehen oder geahnt haben soll?"

Roberto blätterte in Rufins Schrift „Globalia“ und las vor: „*Tocqueville beschreibt in visionärer und außerordentlich moderner Weise, wie demokratische Gesellschaften mit der Zeit nach hoffnungsvollem Beginn aus dem Ruder laufen können.* Er ist für Rufin der Erste, der zeigt, wie das demokratische System entarten kann. Drastisch sagt Tocqueville: *Die Art der Unterdrückung, das heißt Fremdbestimmung, die den demokratischen Völkern droht, wird mit nichts, was ihr in der Welt vorausging, zu vergleichen sein!*“

Die anonyme öffentliche Meinung

Den Freunden stand ganz offensichtlich ein beängstigendes Szenario bevor. Roberto erzählte: „Tocqueville ahnte, dass sich die Gewaltmacht der anonymen öffentlichen Meinung in den Medien wie ein verdunkelnder Schleier über die Landstriche ausbreiten würde. Und das vor circa zweihundert Jahren! Dieser Dunst benebelt sowohl die Masse als auch die regierenden Entscheidungsträger. Niemand kann auf Dauer gegen den Strom der öffentlichen Meinung anschwimmen. Sie schaltet alles und alle gleich. Tocqueville spürte gleichsam das Anonymwerden bestimmter Mächte. Letztlich weiß niemand mehr, wer eigentlich im Hintergrund regiert, trotz freiheitlicher Wahlen und offizieller Regierungen. Denn die so genannte Gleichheit ist nur die wurmstichige äußere Fassade des Geschehens. Das alles ist nur Schein.“

Bei diesen Gedanken meldete sich Andreas zu Wort: „Ich habe kürzlich aus religionsphilosophischen Gründen über eine Bemerkung des frühchristlichen Apostels Paulus nachgedacht. Dieser empfand offenbar auch ein Unbehagen gegenüber der vernebelnden Atmosphäre seiner Zeit. Mehr noch, er war der Auffassung, hier wirkten in der Tat mächtige unsichtbare Wesen, die sich dem Gang der Menschheit direkt in den Weg stellten. Er spricht vom *Kampf gegen die Fürsten und Gewalten unter dem Himmel!*“

Diese überraschende Erhellung der Umstände hatten die anderen drei Kommilitonen nicht erwartet. Sie waren plötzlich hellwach.

Andreas fuhr fort: „Es muss also unsichtbare Faktoren oder Mächte geben, die in jeder Zeit gelten und immer wieder neu Gestalt annehmen und deshalb immer neu enttarnt werden müssen. Die benebelte Masse ist dazu nicht imstande. Wer ausschließlich von der anonymen öffentlichen Meinung in all ihren Erscheinungen geprägt und beeinflusst ist, trägt das Zeichen seiner Zeit und kann nichts Hintergründiges differenzieren. Jedenfalls spürte Tocqueville bereits vor zweihundert Jahren, wie die beginnende parlamentarische Entwicklung eine Fülle von Anfälligkeiten zu zeigen begann. Genau genommen war Tocqueville eine Art Vordenker für das anstehende Massenzeitalter Er warnte vor einem ungezügelten, unsozialen freien Markt. Darunter würden vor allem die vielen einfachen Menschen zu leiden haben, denn hier drohe die pure Ausbeutung."

William griff den Gedanken auf, indem er an das Unbewusste im Massenmenschen erinnerte. In der viktorianischen Zeit und der beginnenden Industrialisierung machte sich außer Charles Dickens kaum jemand Gedanken über die unmenschliche Kinderarbeit in England oder nahm gar daran Anstoß. Dickens musste die saturierte Gesellschaft wie aus einer tiefen Narkose aufwecken.

Ein Erweckungserlebnis

Das Thema beschäftigte die Freunde weiter, und ihr Gespräch darüber war noch lange nicht zu Ende. „Wie sahen denn die Erwachsenen ihre Situation?"

„Eine gute Frage", erwiderte Roberto. „Sie konnten doch noch gar nichts sehen. Sie schliefen ja noch in der Masse! Bei Tocqueville war das natürlich anders. Er hatte als junger Mann von vielleicht sechzehn Jahren eine Art Erweckungserlebnis gehabt. Deshalb konnte er das aktuelle Geschehen wie auch die kommende Zeit gleichsam von einer höheren Warte aus wahrnehmen. Er beschreibt das so: *Damals trat der Zweifel mitten in mein Leben, oder richtiger, er brach mit unerhörter Gewalt herein, und zwar nicht nur der Zweifel an diesem oder jenem, sondern der universale Zweifel.*" Alle in der Runde sahen sich betroffen und fragend an, und Roberto zitierte aus Tocquevilles Schrift weiter: „*Ich erfuhr plötzlich die Empfindung, von der etwa die Leute sprechen, die ein Erdbeben erlebt haben, wenn der Boden unter ihnen nachgibt.* Also, musste er als

Aristokrat eine neue Lebensgrundlage finden. Obwohl gerade Tocqueville eine Vorahnung von den möglichen negativen Auswirkungen der Demokratie hatte, erschien sie ihm letztlich doch als die einzige positive Staatsform - unter bestimmten Voraussetzungen. Aber er dachte auch: Es muss noch einen tieferen Sinn im Leben geben.

Fortan setzte er sich auf besondere Weise für die Entwicklung des demokratischen Lebens ein und suchte nach mündigen Bürgern. Er versuchte, die Menschen in eine demokratische Richtung zu führen. Es galt, das Thema ‚Freiheit und Gleichheit' mit innerem Leben zu füllen. Was also war Freiheit für Tocqueville?

Gewiss gab es äußere Sicherheitsgarantien zum Schutz des einzelnen Bürgers im Sinne von äußerer Freiheit. Aber Freiheit war für Tocqueville vor allem etwas, das unbedingt eine höhere und ernstere Form des Lebens verlangt, eine tief moralische Einstellung, ein Bewusstsein für Pflichten und für Toleranz statt bloßer Duldung. Freiheit war für ihn Freisein vom Egoismus. Wer nicht verantwortlich am Gemeinschaftsleben der Menschen teilnimmt, überlässt - ohne es zu bemerken - einer übermächtigen technokratischen Demokratie die Führung im Staat. Und das verhindert im Weiteren die Chancengleichheit und eine harmonische Entwicklung in der Gemeinschaft. Polarisierung und Spannungen drohen. Bedeutsam ist auch, dass Tocqueville den kommenden Aufstieg der USA und Russlands zu Weltmächten voraus geahnt hat."

„Aber was macht der Einzelne? Diesen roten Faden haben wir noch gar nicht weiter verfolgt", sagte Andreas.

Roberto zitierte weiter Tocqueville: *„So drängt die Demokratie den menschlichen Geist nicht nur zu nützlichen Künsten. Sie veranlasst die Handwerker auch, viele unvollkommene Dinge sehr rasch herzustellen, und der Verbraucher soll sich damit begnügen."* „Das klingt ja ganz nach Sommerschlussverkauf mit Ramschproduktion, kommender Konsumgesellschaft und falschen, geschönten Versprechungen", meinten die Freunde.

Roberto lachte. „Tocqueville sieht seine Zeitgenossen jedenfalls so, und er ahnt in etwa Folgendes: Der unbewusste Bürger strebt vor allem nach Wohlstand und nimmt seine Rechte und Pflichten im Staat immer weniger wahr, vermutlich aus Bequemlichkeit und wachsendem Desinteresse. Es läuft ja alles irgendwie, und man kann ohnehin nichts ändern. Denn die Selbstbezogenheit sieht immer nur sich selbst im Mittelpunkt des Geschehens. Gewinnt diese Entwicklung die Überhand, dann besteht auch kein Ansatzpunkt mehr für ein geistig-seelisches Leben. Alles läuft Gefahr, dass die Stärksten und Gewissenlosesten die Macht in der Gesellschaft gewinnen und jeglicher Gemeinsinn verloren geht."

Jean-Christophe Rufin - „Globalia“ oder die ideale Gesellschaft

„Im Hintergrund ziehen dann die Mächte und Gewalten unter dem Himmel die Fäden“, ergänzte Andreas. Roberto pflichtete ihm bei: „Aber wir müssen noch einmal auf unseren Zeitgenossen Rufin mit seinem Roman ‚Globalia‘ zu sprechen kommen.

Warum hat sich gerade Rufin so intensiv mit Tocqueville auseinandergesetzt? Vielleicht können darauf sein Berufsbild und seine gesamte Interessenlage eine Antwort geben. Rufin ist ein Mensch der modernen Zeit. Er gehört zu den Mitbegründern der Organisation ‚Ärzte ohne Grenzen und ist Präsident der ‚Aktion gegen den Hunger‘. Er analysierte und bestätigte in bestimmter Weise Tocquevilles Auffassungen und Voraussagen für unsere Epoche.

In seinem Roman ‚Globalia‘ provoziert er bewusst den Leser. Dort steht zu lesen: *Globalia ist eine ideale Gesellschaft.* Rufin sagt das ironisch und mit einem Hintergedanken. *Jeder ist in seinem Handeln frei.* Sofort und direkt entlarvt er die Triebfedern des Menschen: *Die natürliche Neigung der Menschen besteht allerdings darin, die eigene Freiheit zu missbrauchen, um die der anderen zu beeinträchtigen.* Und dann schreibt er den entscheidenden Kernsatz für die kommende Zeit nieder: *Die größte Bedrohung der Freiheit ist die Freiheit selbst!*“

Das kann doch nicht sein!, dachten die Freunde. Und Roberto sagte leise vor sich hin: „Das ist ein Widerspruch in sich, oder ... auch nicht! Offenbar gibt es viele falsche Formen der Freiheit - aber auch eine wahre!“ Andreas gab diesen Gedanken eine klare Richtung: „Je mehr der Einzelne von sich selbst und seinen egoistischen Interessen Abschied nimmt, desto freier wird er innerlich und kann auch anderen helfen, das wahre Wesen der Freiheit zu entdecken! Das wäre dann eine Erhebung in eine bisher unbekannte Sphäre, in der allein seelisches Einvernehmen gedeihen kann.“

Eine Karikatur der Freiheit

Roberto griff einige von Rufins Gedanken noch einmal auf: „Rufin will für den nachdenklichen Leser aufzeigen, dass in unserer Zeit bereits da und dort bedrohliche Einschränkungen entstanden sind. Er schildert das in seinem Roman so: *Wie verteidigt man die Freiheit gegen die Entartung der Freiheit?* Die etwas zynische Antwort lautet: *Indem man allen Sicherheit garantiert! Sicherheit ist Freiheit. Sicherheit ist Schutz. Schutz ist Überwachung auf allen Gebieten. Überwachung ist Freiheit!*

Wenn das geschieht, wird das demokratische System zu einer Tyrannei für alle. Vielleicht sind wir schon auf dem Weg dorthin. Rufin hat natürlich als wacher Beobachter unserer Gesellschaft alles kritisch unter die Lupe genommen. Mit Blick auf die Fülle seiner Beobachtungen und Erfahrungen sagt er: *Für mich lag das Interesse darin, auf diesen Begebenheiten eine Utopie aufzubauen, die zeigt, wie sich eine freiheitliche, individualistische Überflussgesellschaft, in der die Freiheit aber letztlich bedroht ist, gegen den Menschen wenden kann.*

In ‚Globalia' gibt es auch keine Beschränkung der Sexualität. Schwangerschaften werden lediglich im Interesse einer *wirksamen Bevölkerungssteuerung* gesehen. Das ‚Ministerium für Gesellschaftliche Harmonie' muss von einer Schwangerschaft unterrichtet werden. Jeder hat laut Verfassung ein *Recht auf ein langes und erfülltes Leben.* Aufgrund der Technik der Organtransplantation haben die Alten in ‚Globalia' die Übermacht. Gleichzeitig ist die Jugend durch die Geburtenkontrolle dezimiert.

Rufin liefert auch gezielte Hinweise auf den Einfluss der Weltmacht USA. Denn der Staat ‚Globalia' führt Kriege nur in der ‚Non-Zone'. Was ist das? Überall dort, wo unter riesigen gläsernen Kuppeln das Klima kontrolliert wird, darf nicht gebombt werden. Bombenangriffe sind laut Regierung angeblich nur Maßnahmen gegen Terroristen. Die Regierung sucht dabei das Gesicht zu wahren, indem sie die TV-manipulierten Zuschauer durch humanitäre Hilfsorganisationen beschwichtigt. Diese werden nach der Bombenzerstörung in die betroffenen Gebiete abkommandiert, um die Zuschauer zu beruhigen.

Sicherlich hat niemand unmittelbar vor Beginn des Massenzeitalters der Medusa so direkt ins Antlitz geschaut wie Tocqueville. Rufin bestätigt dies als Utopist der Gegenwart. Tocqueville sah die Vernebelung unserer Zeit und die Benebelung der Menschen im Allgemeinen genau voraus. Deshalb schrieb er vor fast zweihundert Jahren: *Ich erblicke eine Menge einander ähnlicher und gleichgestellter Menschen, die sich rastlos im Kreise drehen, um sich kleinere und gewöhnliche Vergnügungen zu verschaffen. Jeder steht in seiner Vereinzelung dem Schicksal aller irgendwie selbstbezogen und fremd gegenüber. Die Menschen sind vom Anblick begehrter Güter wie außer sich. Man braucht derartig schläfrigen Bürgern Rechte, die sie besitzen, nicht erst zu entreißen, sie lassen diese selber gern fahren!"*

Nachdenklich gingen die vier Freunde nach dieser Zusammenkunft auseinander. Aber sie waren sich einig, dass sie durch die Lektion der beiden französischen Utopisten Tocqueville und Rufin einen mehr als tiefen Blick ins aktuelle Zeitgeschehen werfen konnten. Als sie für heute Abschied nahmen, sagte Andreas: „Für uns muss es aber wichtig sein, bei unseren Studien noch ganz andere Konturen des Menschseins freizulegen!"

Wenn sich die Demokratie auszehrt

Jacques erbat sich noch rasch von Roberto die Aufzeichnungen zu Tocqueville. Die Unterredung hatte ihn sehr beeindruckt.

Beim nächsten Treffen, zwei Wochen später, kam er freudestrahlend auf seine Freunde zu. „Was glaubt ihr wohl, was ich noch bei Tocqueville gefunden habe? Roberto hat uns da etwas Bedeutsames glatt unterschlagen!" Erstaunt schauten sich die Freunde an, und Jacques begann zu erzählen. „Ich habe mich gefragt, ob Tocqueville bei all seinem Idealismus und seiner Weitsicht auch religiös gesinnt war." „Und? Hast du da etwas gefunden?", fragte sofort Andreas. „Ja, Tocqueville gibt dazu in seinen offiziellen Schriften zwar so gut wie nichts zu erkennen, aber es existieren offenbar auch noch private Aufzeichnungen, etwa Briefe, für die sich verschiedene Forscher interessiert haben. Jedenfalls hat es den Anschein, dass Tocqueville die Auffassung vertrat: Ohne ein religiöses Gewissen kann man gar kein guter Demokrat sein. Oder anders ausgedrückt: Die Demokratie zehrt sich aus ohne Religiosität. Dabei hat er auch Schlüsse gezogen, die andere Religionen betreffen. Wenn man seine Einstellung genauer prüft, wird deutlich, dass er im Urchristentum das Gleichheitsprinzip von Anfang an tief verankert sah. Deshalb ist es gar nicht so abwegig, wenn man annimmt, dass das Christentum beziehungsweise das Bekenntnis der Völker zum Christentum den Weg zur Demokratie gebahnt haben kann. Vielleicht war Tocqueville sogar der Meinung, eine weltweite Demokratisierung setze unbedingt eine Christianisierung voraus!

Doch wie problematisch der Kampf für Demokratie und christliche Wertvorstellungen in der Wirklichkeit ist, zeigt uns die militärische Invasion der USA und ihrer Verbündeten im Kulturkreis des Islam. Das fordert unabsehbare Gegenreaktionen geradezu heraus.“

Aber die Freunde kamen noch zu anderen Überlegungen: Auch die christlichen Völker, beziehungsweise ihre Führer, haben zu bestimmten Zeiten fanatische Glaubens- und Religionskriege geführt. Demnach scheint doch mit dem Christentum etwas nicht zu stimmen. Oder segelten Schiffe und Mannschaften etwa unter falscher Flagge? Andreas wiederholte seine Fundstelle aus dem Neuen Testament: „Immer wieder müssen die Menschen gegen die unsichtbaren Fürsten und Gewalten unter dem Himmel kämpfen lernen. Das ist aber gar nicht so leicht“, setzte er nachdenklich hinzu.

Unten am Gartentor verabschiedeten sich die vier Kommilitonen. William blinzelte gegen die tief stehende Sonne und sagte: „Wisst ihr, wie mir das bisherige Ergebnis unserer Studien vorkommt? Wir entdecken fortwährend Dinge, die tief mit dem Menschsein zusammenhängen. Ich meine wirklich tief, so tief wie das ein Mensch oft gar nicht ahnt. Aber unser Blick ist noch nicht klar genug. Wir schauen wie durch eine matte Milchglasscheibe.“

Pico della Mirandola

Bei ihren Gesprächen waren die Freunde immer wieder auf unverhoffte Personen und Ereignisse gestoßen, und William sprach gern von klaren Konturen und überraschenden Ausblicken. Bei einem seiner Gedankenflüge unterbrach ihn Andreas und sagte: „Du siehst vielleicht wieder einmal das allerwünschenswerteste Bild eines Menschen, das man sich überhaupt vorstellen kann, einen Menschen, der so in der Realität gar nicht existiert, den es noch gar nicht gibt, der vielleicht unsichtbar und geheimnisvoll in uns lebt oder erst präformiert ist!" Da durchfuhr Roberto ein Gedankenblitz, und er erinnerte sich an ein Kolleg über die Renaissance im vorletzten Winter in Padua.

Ein ideales Menschenbild entsteht

In diesem Kolleg war das Bild eines bestimmten Menschen behandelt worden und zwar von einer absolut höheren Warte aus. Im Moment fiel ihm der Name nicht ein. Es sollte ein Graf gewesen sein. Roberto bekam den Auftrag, bis zum nächsten Mal etwas über den geheimnisvollen Grafen und dessen Menschenbild in Erfahrung zu bringen. Eine Woche hatte er dafür Zeit.

Am nächsten Dienstag trafen sich die Freunde etwas früher zum Gedankenaustausch, weil für den späten Nachmittag in der philosophischen Fakultät ein Sonderkolleg angekündigt war, zu dem alle vier hingehen wollten. Also standen sie bereits um 13 Uhr am Gartentor und beschlossen, ihr Gespräch wegen des schönen sonnigen Wetters wieder einmal in der so genannten Philosophenecke im Garten zu führen. „Was hast du über den geheimnisvollen Grafen gefunden und vor allem, wie hieß er?", bestürmten sie Roberto, der sich gut vorbereitet hatte.

„Der Graf", so begann er, „hieß Pico della Mirandola und lebte im 15. Jahrhundert in Florenz. Er gehörte zum Kreis des Gelehrten Marsilio Ficino, der mit Unterstützung des Hauses Medici zur Zeit der Renaissance in der neugegründeten neoPlatonnischen Akademie Philosophie lehrte. Berühmt ist vor allem Mirandolas Werk von 1486

'De dignitate hominis', das heißt: 'Von der Würde des Menschen'. Pico della Mirandola hatte es nicht leicht in seinem kurzen Leben, denn er stand rasch auf der Ketzerliste von Papst Innozenz VIII. Er wurde kaum dreißig Jahre alt, und manche munkeln, er sei vielleicht vergiftet worden."

William unterbrach Roberto und fragte: „Wenn er ein so vornehmer und gebildeter Mann war, warum wurde er dann verfolgt?" „Wegen seines von der Kirche abweichenden Menschenbildes", antwortete Roberto. Er lehnte sich zurück und zitierte ein Zwiegespräch zwischen Gott-Vater und Adam, das Mirandola verfasst hatte: *„In die Mitte der Welt habe ich dich gestellt, damit du von da aus leichter betrachten kannst, was in der Welt geschaffen ist. Weder himmlisch noch irdisch, weder sterblich noch unsterblich haben wir dich gemacht, damit du gleichsam mit eigenem Verständnis und eigener Ehre dein Schöpfer und Bildner seiest. In welcher Form du dich auch immer ausgestaltest. Du kannst zu den niedersten Geschöpfen der Tierwelt entarten, du kannst dich aber auch aus eigenem Willensentschluss in die höheren, das heißt die göttlichen, Regionen wiedergebären!"*

Dann erwähnte Roberto noch die Ermahnung eines anderen Gelehrten aus der neoPlatonnischen Akademie von Florenz, Marsilio Ficino, der über die Bedeutung des Menschseins gesagt hatte: *Der Körper ist ein Schatten Gottes. Aber die Seele ist sein unsterbliches Bild.* So sollte es zumindest sein. An dieser Realität müssen wir uns orientieren. Danach müssen wir streben und leben."

Nach diesen Worten waren alle in der Runde sehr schweigsam; sie fühlten sich innerlich angesprochen und gleichzeitig entlarvt. Andreas fand als erster die Sprache wieder. „Hier wird das Wesen wirklicher Freiheit und eines höheren Willens so unmittelbar ausgedrückt wie selten! Eigener Schöpfer und Bildner soll der Mensch werden, ein Wesen, das sich selbst wiedergebären kann, ganz und gar verwandelt durch eigenen Willensentschluss!

Vermutlich fehlten der offiziellen Kirche bei Mirandola Unterwürfigkeit und Abhängigkeit, also die bedingungslose Subordination des Gläubigen unter das Dach der kirchlichen Instanz. Hier stoßen wir in eine Dimension vor, in der die Freiheit immer neue Ausblicke eröffnet. Man denke sich nur: Wenn alle Menschen diese Würde in Demut und Unabhängigkeit entwickelten, würden die kirchlichen Einrichtungen gleichsam arbeitslos!"

„Es gab aber in dieser aufbruchfähigen Zeit der Renaissance noch andere Menschenbilder", ergänzte Roberto, „ihr kennt doch Macchiavelli, der auch in Florenz zu Hause war. Er verherrlichte den Egoismus der Fürsten und deren Machtstellung. Denn nur der Egoist sei im Leben erfolgreich und setze sich entsprechend durch, hat er behauptet. Aber davon wollen wir jetzt nicht sprechen, es gehört nicht zu unserer Seminararbeit. Letztlich ist es doch wohl so: Mirandolas Überzeugung, dem Menschen sei in seinem tiefsten Innersten ein subtiles Element von der göttlichen Vorsehung eingepflanzt worden, das ihn befähigt, zum Mitschöpfer heranzureifen, war der Kirche ein Dorn im Auge. Genau genommen kann man aus seinen Worten herauslesen: Der Mensch ist noch gar nicht fertig, er muss die Schöpfung bereichern, indem er sich selbst seiner göttlichen Veranlagung bewusst wird! Mit einem Wort: Eine solch autonome Stellung des Menschen war im scholastischen Lehrgebäude der Kirche nicht vorgesehen!" Andreas nickte zustimmend und fügte hinzu: „Mir war bei diesen Worten, als ob gleichsam zwei Schöpfungsfelder einander durchdringen, ein gegenwärtiges und ein zukünftiges, wie eine Verheißung. Es fragt sich nur, welche Prozesse oder Stationen bei einer solchen Entwicklung durchlaufen werden müssen? Jedenfalls war es vor meinem inneren Auge etwa so, als werde eine Milchglasscheibe mit ihren verwaschenen Konturen für einen Augenblick klarer. Die Konturen von etwas Vorläufigem verschwammen allmählich und machten einer neuen lichten Kontur Platz."

Die vier Freunde waren sich einig: Sie hatten an diesem Nachmittag gemeinsam gleich einem Adler einen ungeahnten Höhenflug unternommen, ganz ohne jede intellektuelle Kraftanstrengung. Ein geistiger - sagen wir - thermischer Aufwind hatte sie erfasst und spiralförmig immer höher getragen. Wozu die Seele des Menschen fähig ist, das hatten sie durch Pico della Mirandola tief begriffen.

Sprache und Gesellschaft - gibt es eine gerechte Staatsform?

Das war aber noch nicht alles an diesem Nachmittag, denn um 17 Uhr erwartete sie der Vortrag eines Schülers des berühmten Philosophen Ernesto Grassi. Grassi selbst konnte die Studenten in seinen Vorlesungen begeistern und verbreitete immer eine besondere Atmosphäre im Hörsaal. Er verstand es, Liebe für alles Erhabene und Schöne in den Zuhörern zu wecken. Und genau so war es auch bei der angekündigten Gastvorlesung seines Schülers, Dr. Fritz Hartmann.

Zum Glück hatten die vier Freunde schon eine Viertelstunde vor Beginn im Hörsaal Platz genommen. Denn im Nu waren alle Plätze besetzt, und es herrschte erwartungsvolle Stille. Die Ankündigung am Schwarzen Brett hatte gelautet: *Sprache und Gesellschaft - gibt es eine gerechte Staatsform?*

Dr. Hartmann begann mit einem Goethe-Zitat: „*Wenn wir uns von vergangenen Dingen eine rechte Vorstellung machen wollen, so haben wir die Zeit zu bedenken, in welcher etwas geschehen, und nicht die unsrige, in der wir die Sachen erfahren, an jene Stelle zu setzen.*"

William nahm einen Stift zur Hand und notierte auf seinem Blatt: Die recht erinnerte Zeit!

Da wurde der Vortrag kurz unterbrochen, weil einige Bilder mit dem Computer gezeigt werden sollten, das Programm aber gerade abgestürzt war.

Dr. Hartmann ließ sich nicht beirren und betonte, dass die Entwicklung der Sprache etwas Fortlaufendes sei und in Bewegung bleibe. „Sprache entwickelt sich entlang der Kulturen. Heute erleben wir eine Art Umschwung durch die Computersprache. Diese dient, wie man sagt, der Kommunikation. Da kann man erleben, womit sich die Menschen unserer Zeit beschäftigen oder beschäftigen müssen. Große intellektuelle Aufmerksamkeit und viel Konzentration müssen für die Computerarbeit aufgewendet werden."

Dann bekam das Auditorium etwas zu hören, was so manches Schmunzeln hervorrief. In Anlehnung an Goethes Werther sagte der Vortragende: „Wir erleben durch den Computer so manche Verflachung der Sprache. Das sind dann die Leiden der jungen Wörter."

Da flüsterte Andreas dem neben ihm sitzenden William ins Ohr: „Siehst Du, so ist das, wenn die Wörter gleichsam nicht mehr genügend beseelt sind. Ich meine, sie sind dann nur noch leere Formen ohne Inhalt. Auf dem Feld der Technik ist das natürlich verständlich." William nickte zustimmend. Dann brachte Dr. Hartmann genau das zur Sprache, was Wilhelm von Humboldt einmal gesagt hatte: *„Die eigentliche Sprache aber liegt in der Tiefe der Seele."* Wiederum machte sich William auf seinem Blatt eine Erinnerungsnotiz: Drohender Seelentod bei einseitiger technischer Kommunikation! Er setzte ein kräftiges Ausrufungszeichen dahinter.

Der Vortragende fuhr fort: „Wie reich und lebendig ist doch die altgriechische Sprache gewesen!" Zum Beweis beleuchtete er eine ganze Reihe von Begriffen, für die man heute in der Regel nur noch ein einziges Wort parat hat. Auf Williams Notizblock stand später: Liebe gleich Eros, Agape, Philia ..., allesamt Bezeichnungen für recht unterschiedliche Formen der Zuneigung.

Dr. Hartmann fragte: „Aber wie ist das heute? Für uns kommt es doch darauf an, dass wir zeitgemäße Möglichkeiten der Verständigung finden. Wir müssen konkret und zugleich empfindsam sein. Wichtig ist, unsere Ausdrucksmöglichkeiten immer mit Leben zu füllen. Wir sollten uns bemühen, eine genau passende Form für unsere Gedanken zu finden. Dann erliegen wir nicht der Versuchung, in toten intellektuellen Begriffen daherzureden."

Temperamentvoll meldete sich Jacques zu Wort. „Vergleichen wir doch einmal die damalige Zeit mit der unsrigen, und fühlen wir uns - so gut wir können - in Denk- und Empfindungsweise der Antike ein. Man muss berücksichtigen, dass die Menschen der Antike nur sehr wenig lasen, denn es gab noch keine Bücher oder Zeitungen. Auch das Schulsystem war ganz anders. Im Vordergrund stand der Privatunterricht für die Privilegierten. Dafür hatte das gesprochene Wort eine viel größere Bedeutung. In den Mythen erlebten und fühlten die Menschen gerade durch die Sprache oftmals ein Stück eigenes Dasein. Da traten Götter in Erscheinung und verbanden sich mit dem Schicksal der Sterblichen. Solche Bilder des Mythos waren dann quasi ein Geschenk höherer Mächte an die Menschen. Manche Dichter waren in der Lage, diese Bilder einer lebendigen Weisheit aufzufangen und weiterzugeben. Man kann auch sagen, sie erhoben sich in die erhabene Welt der lebendigen Ideen. So sah es ganz besonders Platon. Heute ist diese Zeit aber offenbar vorbei, und wir müssen auf neue Weise das Lebendige transformieren."

„Eine interessante Betrachtungsweise", sagte Dr. Hartmann, „wir werden sicher noch darauf zurückkommen."

Andreas kam es so vor, als ob sich bei Jacques Worten die Milchglasscheibe vor seinem inneren Auge aufhellte; die Sicht wurde klarer und ein Strahl weisheitsvollen Lichtes schien in seine Gedanken zu dringen. Leise sagte er zu seinen Freunden: „Jetzt weiß ich auch, warum der große Homer seine Dichtung über die Irrfahrten des Odysseus mit den Worten beginnt: *Nenne mir, Muse, den Mann, den viel gereisten ...* - gemeint war Odysseus. Also nicht der Dichter hat hier - ganz persönlich gesehen - eine gute Idee, nein, ein göttliches Wesen meldet sich zu Wort, das den Dichter inspiriert. Dieser fühlt das innerlich und bittet um eine klare Eingebung."

William wollte von dem Vortragenden wissen: „Ist es denn nun so, dass wir - um auf die Computerkommunikation zurückzukommen - heute einen Fortschritt oder einen Rückschritt der Ausdrucksfähigkeit erleben?"

Dr. Hartmann antwortete: „Wir können die Computersprache nicht von vornherein als Rückschritt ansehen. Das wäre nur dann der Fall, wenn wir zu höheren Gedanken gar nicht mehr fähig wären, wenn wir also keine höheren Bedürfnisse mehr hätten. Dann wären wir gleichsam lebend tot. Das muss aber durchaus nicht so sein. Der innere Tiefgang geht bei der Arbeit am Computer nicht zwangsläufig verloren. Mit einem Wort: *Das Was bedenke, mehr bedenke wie!* Auch dieser Satz ist übrigens von Goethe."

Die Freunde folgten dem Vortrag weiterhin aufmerksam, warteten aber gespannt auf die Betrachtung über den gerechten Staat. Denn davon war bisher noch nicht die Rede gewesen.

Platon

Mittlerweile funktionierte der Computer wieder und projizierte für die Zuhörer ein farbiges antikes Mosaik auf die Leinwand, und Dr. Hartmann erklärte: „Platon lehrt hier im Kreise seiner Schüler in seiner Akademie bei Eleusis in der Nähe von Athen. Platon gilt als der wichtigste Ausgangspunkt der abendländischen Philosophie. Er fokussierte alles Wissen der Vergangenheit und bahnte außerdem einen Weg aus dem mythischen Bewusstsein hin zum individuellen persönlichen Bewusstsein."

Sokrates und das Wesen der Gerechtigkeit

Der Vortragende versetzte sich nun in das Wesen des weisen Sokrates, das heißt er ließ Sokrates selbst sprechen. Er begleitete ihn und seinen Freund Glaukon auf einem Spazierweg von der Agora - dem Marktplatz in Athen - hinunter zum Hafen von Piräus ins Haus des Kephalos.

„Sokrates und Glaukon unterhalten sich über das Wesen der Gerechtigkeit. Dabei tritt ihre unterschiedliche Sicht der Dinge zu Tage. Glaukon ist der geborene Skeptiker und sucht Sokrates vehement davon zu überzeugen, dass es im alltäglichen Leben keine Gerechtigkeit gibt. Aber hören wir zu, wie das Platon in seiner ‚Politeia' beschreibt.

Glaukon sagt: ‚*Sokrates, ich meine, dass die Menschen nur gewaltsam und durch die Macht des Gesetzes davon abgehalten werden können, ihrer bloßen Gier und ihren Trieben zu folgen. Kennst du die Geschichte von Gyges dem Schafhirten? Er suchte bei starkem Sturm Schutz unter einem Baum. Da sah er plötzlich, wie die Erde erbebte und sich ein Spalt auftat. In der Höhle fand er unerwartet einen goldenen Ring und steckte diesen an seinen Finger.*'

Roberto stieß den neben ihm sitzenden William mit dem Ellbogen in die Seite und flüsterte: „Ich bin gespannt, was jetzt kommt."

Dr. Hartmann ließ Glaukon weiter erzählen: „*Als sich die Hirten wie gewöhnlich zusammenfanden, um ihrem König monatlich einen Bericht über ihre Herden zu geben, da kam auch Gyges. Während die anderen sprachen, drehte er den Stein des Ringes ins Handinnere und merkte, dass er damit unsichtbar wurde.* ,Glaukon sieht seinen Freund Sokrates geradezu triumphierend an: ,*Mit dieser Zauberkraft erreichte er sehr schnell alles, was er wollte. Er drang in die Burg des Königs Kandaules ein und verführte dessen Frau, verschwor sich mit ihr gegen den König, tötete ihn und ergriff selbst die Macht. Und was meinst du, Sokrates, würde ein gerechter Mensch machen, wenn er selbst einen solchen Ring fände, mit dem er sich alles verschaffen könnte, was er wollte. Er würde selbst bald zum ungerechten Menschen werden! Wenn einer eine günstige Gelegenheit verstreichen lässt und sich nicht an fremdem Gut vergreift, dann halten ihn alle Menschen insgeheim für den einfältigsten und dümmsten Menschen, oder? Aber voreinander würden sie den ehrlichen Finder natürlich loben. In dieser Welt kommt es nicht darauf an, gerecht zu sein, sondern zu scheinen. Schau doch den Ungerechten an, der im Ruf eines Gerechten steht. Im persönlichen und öffentlichen Leben ist er den Gerechten überlegen. Wir haben doch hinreichende Beispiele in der Polis, dem Stadtstaat. Das wirst du doch nicht abstreiten, Sokrates!*'''

Dr. Hartmann legte seine Aufzeichnungen aus der Hand und machte eine überraschend lange Pause. Dann fuhr er lächelnd fort; „Nach dieser Brandrede lässt auch Sokrates geschickt eine Denkpause verstreichen. Das ist so seine Art, wenn er einen tiefschürfenden Ansatz wählt oder sich zum Höhenflug bereit macht. Platon schlüpft wieder in die Rolle des Sokrates und antwortet schließlich: ,*Ich glaube, die Untersuchungen der Gerechtigkeit erfordern doch ein bisschen mehr Scharfsinn! Gerechtigkeit ist doch sowohl die Aufgabe des einzelnen Menschen wie auch des ganzen Staates. Vielleicht ist an einem größeren Gebilde leichter zu erkennen, was Gerechtigkeit in Wirklichkeit ist.*'

Sie erkennen natürlich alle das Problem, verehrte Zuhörer und Zuhörerinnen: Glaukon sprach soeben von der Alltagsrealität und zeigte auf, dass es Gerechtigkeit in seinen Augen dort nicht gibt. Aber jetzt bahnt Sokrates durch vollkommene Logik in ganz kleinen Schritten einen liebevollen Weg zu einem anderen höheren Verständnis der Gerechtigkeit. Er nimmt auf den ganzen Staat Bezug und schildert logisch Baustein für Baustein bestimmte Entwicklungen und Erfahrungen im Gemeinschaftsleben."

Platon entwirft seinen Ständestaat

Sokrates sagt: *‚Wenn wir einen Staat im Denkentwurf entstehen lassen, dann werden wir doch Gerechtigkeit und Ungerechtigkeit gleichzeitig entstehen sehen, Glaukon, oder?‘*

‚Ja, natürlich würden wir das!‘

Sokrates und Glaukon sind bei diesen Worten im Stadtteil Piräus in der Villa ihres angesehenen Freundes Kephalos angekommen. Auch Glaukons Bruder Adeimantos ist dort eingeladen. Rasch hat sich eine Gesprächsrunde gebildet. Und Sokrates führt seine Gedanken weiter aus: *‚Ich glaube, ein Staat entsteht, weil kein einziger von uns auf sich allein gestellt sein kann, sondern die vielen anderen zur Unterstützung im Leben braucht. So holt einer den anderen zur Hilfe, den einen da, den anderen dort. Und weil die Menschen vielerlei Bedürfnisse haben, lassen wir die Menschen in einer Siedlung zusammenwachsen, der wir den Namen Staat verleihen. Jeder gibt, was er zu geben hat und nimmt vom anderen, was er braucht!‘“*

Andreas flüsterte seinen gespannt zuhörenden Kommilitonen zu: „Das Prinzip einer für alle und alle für einen! Auch Aristoteles - ein Schüler Platons - hat die Bestimmung des Menschen als ‚zoon politikon‘ bezeichnet, also als ein Wesen, das für das gemeinschaftliche Leben bestimmt ist.“

Dr. Hartmann war mit seinem Vortrag an einem entscheidenden Punkt angekommen: „Hören Sie Sokrates Entwurf für einen Ständestaat mit drei besonderen Bevölkerungsschichten: erstens dem reinen Erwerbsstand, das sind die Bauern und Handwerker, zweitens dem Wächterstand, das ist die Gruppe, die dem Staat Schutz gewährt, und drittens den Herrschenden. Diese sind gleichzeitig Philosophen.“

William flüsterte: „Das hab‘ ich schon irgendwann gehört. *Die Weisen müssen Könige sein und die Könige Weise*. Aber wie ist das heute? Ansehen und Machtbestrebungen bestimmen doch meistens das Geschehen im Alltag des Staates und der Bürger. Korruption und Selbstbereicherung sind an der Tagesordnung!“

Andreas legte den Finger an die Lippen und antwortete leise: „Erinnert ihr euch an das Faust-Zitat: *Wenn sie*, die bloß Machtbesessenen, *den Stein des Weisen hätten, der Weise mangelte dem Stein!* So weit kann sich das allgemeine Leben vom Quellgrund des höheren Daseins entfernen, dass so gut wie niemand mehr eine Ahnung davon hat, was mit dem Stein der Weisen gemeint ist. Nun, zum Stein der Weisen hätte ich natürlich auch noch die eine oder andere Frage."

Dr. Hartmann betonte gerade, dass doch eine gewaltige Verwandlung in der Gesellschaftsspitze vonstatten gehen müsse. „Das ist, als ob aus einer erdorientierten Raupe durch Verwandlung über den geheimnisvollen Kokon ein licht- und luftfähiger Schmetterling entsteht! Undenkbar, nicht wahr? Man kann aber auch sagen: utopisch. Platon beschreibt in seiner ‚Politeia', dass nur den Besten die Führung des Staates übertragen werden darf. Alle Stände sollten innerlich zufrieden, glücklich und harmonisch zusammenleben. Niemals sollte der Arbeiterstand geknechtet sein. Aber was ist dazu notwendig? Ein hoher Grad an Sittlichkeit, damit alle drei Stände miteinander harmonieren. Platon stammte aus dem Hochadel, und deshalb ist es für die Antike so bemerkenswert, wie genau er sich als Aristokrat in die Lage der einfachen Leute versetzen konnte. Aber er war eben ein Schüler des Sokrates.

Dieser Sokrates stellt jetzt der Runde im Hause des Kephalos folgende Frage: ‚*Und wie sieht die Erziehung aus in diesem besondern Staatswesen?*' Aus der Mitte der Zuhörer tönt es zurück: ‚*Es gibt wohl nichts Besseres als Gymnastik für den Körper und die Kunst der Musen für die Seele!*' - ‚*Ganz recht*', spricht Sokrates, *deshalb müssen wir darauf achten, dass wir nur Dichtungen zulassen, die der Seele nicht schaden!*' "

Bei diesen Worten blitzte in Andreas Erinnerung eine Idee auf, die er im Neuen Testament gelesen hatte: *Was nützte es dem Menschen, wenn er die ganze Welt gewänne und nähme doch Schaden an seiner Seele!*

„Vor allem die Jugend", fuhr Dr. Hartmann fort, „die Zukunft des Staates, hatte Sokrates im Auge: *Der junge Mensch kann eben noch nicht beurteilen, was nur sinnbildlich gemeint ist und was real. Was an Eindrücken er in diesem Alter aufnimmt, bleibt unauslöschbar. Deshalb muss in der Dichtkunst Zucht und Anstand gewahrt werden!* So steht es im dritten Buch der ‚Politeia' geschrieben."

Wie muss der Musterstaat der Zukunft aussehen?

„In seinem zehnten Buch wählt Platon ein besonders plastisches Bild, um derartige Einflüsse aufzuzeigen. Platons Anliegen gilt allen sozialen Ständen gleichermaßen. Deshalb nimmt er auch die verschiedenen Einflüsse genau unter die Lupe. Die negativen Aspekte seiner Zeit werden einmal beispielhaft durch den Vergleich der Dichtung mit perverser Malerei illustriert. *Der das äußere Leben nachahmende Dichter gleicht einem Maler darin, dass er Wertloses schafft und sich nicht an den besten Teil der Seele wendet. Deshalb werden wir ihn nicht in den Musterstaat der Zukunft aufnehmen, weil er den schlechten Teil der Seele aufreizt und nährt und dadurch den wahren Vernunftteil vernichtet.*' Es geht also nicht um die Malkunst an sich, sondern die Art, wie sie hier zum Schaden der Seele ausgeübt wird."

William notierte auf seinem Block: Sittlichkeit! Aber sie muss einen inneren Nährboden finden. Dann richtete er seine Aufmerksamkeit wieder auf Dr. Hartmann, der gerade sagte:

„Die Wächter, also der zweite Stand, müssen vor allem eine gereinigte musische Bildung genießen, denn sie müssen den Staat wirksam beschützen. Dabei ist eine besondere Tapferkeit nötig. Das macht sie so wichtig!"

Wiederum schrieb William etwas auf sein Papier: Die Bewachung darf aber nicht in einen Spitzelstaat entarten, der Angst und Schrecken verbreitet und die Bürger nicht mehr frei atmen lässt!

„Jetzt kommen wir zu einem der Höhepunkte meines Vortrags", sagte Dr. Hartmann und erhob die Stimme: „Ein Idealstaat funktioniert erst dann, sagt Platon, wenn die vier Kardinaltugenden wie selbstverständlich funktionieren: Die Gabe der Herrschenden schafft Weitsicht und Weisheit; die Gabe des Wächterstandes umfasst die Tugend von Mut, Tapferkeit und Unerschrockenheit; die Tugend des Arbeiterstandes besteht im Maßhalten und der Zügelung der Begierden. Aber was ist mit der vierten Tugend?" Dr. Hartmann machte eine Pause und sah in die Runde. „Es ist eine Kraft, die alles beherrschend sein muss und zwar für alle Stände gleichermaßen. Wenn nämlich jeder Stand nicht von seiner ureigenen Tugend ablässt und seinen Beitrag zum Staat leistet, dann regiert innerlich und äußerlich die wahre Gerechtigkeit, sie ist die vierte Tugend."

William notierte mit einem Ausrufezeichen: Glaukon hatte keine Ahnung vom Leben und Wesen der echten Gerechtigkeit! Im Lateinischen gibt es das schöne Wort „virtus" für Tugend, das heißt genau übersetzt: das Grünende, das Blühende und beinhaltet alle Arten der Tugend und Tüchtigkeit.

Golden glänzt das Dreieck der Tugend

Dr. Hartmann las weiter: „Adaimantos, der Bruder des Glaukon fragt: ‚*Sokrates, du hast zu Beginn unseres Gesprächs gesagt, der Staat sei das größere Gebilde und deshalb können wir an ihm leichter erkennen, was Gerechtigkeit in Wirklichkeit ist. Jetzt wissen wir also, dass das dann der Fall ist, wenn jeder Stand das Seine zum Ganzen beiträgt. Wie steht es aber mit der Gerechtigkeit bei dir, Sokrates, bei Glaukon, bei mir, also bei jedem Einzelnen?*'

Sokrates antwortet nach einer Denkpause: ‚*Kennst du, Adaimantos, das Gefühl, wenn ein Teil von dir etwas will und sich der andere Teil dagegen sträubt?*' - ‚*Natürlich kenne ich das. Wenn ich zum Beispiel noch ein weiteres Glas von diesem besten thrakischen Wein trinke und doch weiß, dass ich davon morgen Kopfschmerzen habe!*'

‚*Kein schlechtes Beispiel, Adaimantos. Wir haben also zwei getrennte Teile der Seele. Den einen Teil, mit dem die Seele nachdenkt, den vernünftigen Teil, und den anderen Teil, mit dem sie liebt, hungert, dürstet, den rein begehrenden Teil. Also Vernunft und Weisheit auf der einen und Trieb, Begierde auf der anderen Seite.*"

William notierte rasch einige Stichpunkte nebeneinander: Drei Stände, das goldene Dreieck der drei Tugenden und im Mittelpunkt des Dreiecks die Gerechtigkeit!

Währendessen hörte er weiter Dr. Hartmann sprechen: „Adaimantos fragt: ‚*Sokrates, du willst darauf hinaus, dass unser Staat dasselbe ist wie unser Körper?*' Sokrates antwortet ruhig: ‚*Nicht dasselbe, wohl aber ein Abbild.*' Flugs steht auf Williams Notizblock: Ein Menschenbild ganz ähnlich wie bei Pico della Mirandola! Andreas sieht die Notiz und flüstert: „Jetzt weiß ich, warum die neue Akademie in Florenz im 15. Jahrhundert neoPlatonische Akademie genannt wird."

Beide konzentrieren sich wieder auf den Vortrag.

„Adaimantos fragt Sokrates: ‚*Aber wir haben im Staat drei fundamentale Eigenschaften: die regierende Vernunft, den Bereich der Triebe und den Mut. Wo gehört der hin in deinem System? Sokrates antwortet: ‚Das kommt auf die Erziehung an! Der Mut kann bei einem Zwist der Seele die Waffen zum Schutz der Vernunft erheben, er kann sich aber auch auf die Seite der Begierde schlagen. Seiner eigentlichen Bestimmung nach ist er aber ein Helfer der Vernunft, wenn er nicht durch schlechte Erziehung verdorben ist. Darum ist die Erziehung des Wächterstandes so wichtig.*'

Aber Sokrates lässt es nicht bei diesem Bild bewenden. Er präsentiert noch ein treffendes Beispiel aus der Physiologie. ‚*Gesundheit ist nichts anderes als das natürliche Verhältnis von Herrschen und Gehorchen im Körper.*'

Sokrates beziehungsweise Platon wollen, dass aus dem Wächterstand die späteren Regenten hervorgehen sollen. Ihre Loyalität dem Staat gegenüber ist das alles Entscheidende. Sie bilden das Herzstück, den Atem der Gesellschaft, und sorgen für den Umlauf der Lebenskräfte im ganzen System."

Der Ständekampf im alten Rom

Zum Schluss seines Vortrages kam Dr. Hartmann noch kurz auf den ersten Stand, die Regierenden, zu sprechen: „Nur wer als Regent über viele Jahre hingebungsvoll dem Ganzen dient, reift innerlich in Weisheit heran. Er hat so viele Erfahrungen gesammelt, dass er nicht mehr an der Macht, sondern nur noch an der Wahrheit interessiert ist. Denn er beherrscht vollkommen seine Triebe, beweist höhere Vernunft und kommt in jeder Situation zu wahrer Einsicht.

Platon lässt seinen Lehrer Sokrates zusammenfassend Folgendes sagen: ‚*Solange nicht die Könige Philosophen werden oder die Philosophen Könige, solange nicht die politische Macht und die Philosophie in einer Hand liegen, wird es kein Ende des Unglücks geben, nicht in Athen und nicht in allen anderen Städten.*' "

Lang anhaltender Beifall belohnte den Vortragenden.

Die Freunde verließen tief beeindruckt das Auditorium und besprachen sich noch eine Zeit lang angeregt in der Garderobe vor dem Hörsaal. Der rechte Atem der Gesellschaft, das war es doch, worauf das ganze Augenmerk gelegt werden musste!

In diesem Moment durchzuckte Andreas ein Erinnerungsblitz aus der Geschichte des antiken Rom. Aufgeregt erzählte er seinen Freunden: „Um 494 v. Chr. trat der dritte Stand in Rom in einen Generalstreik. Mehr noch, das niedere Volk verließ Rom, denn es fühlte sich schon lange von oben missachtet und ausgebeutet. Ein Kampf der Stände begann. In dem Augenblick, als die Proletarier Rom verlassen hatten, fehlten dem Staat die einfachen Arbeiter. Im Nu lag das Leben völlig danieder. Bald war das Gemeinwesen so ausgezehrt wie ein krebskranker Organismus. Da kam der Konsul Menenius Lanatus Agrippa auf eine Idee. Er verstand es, den niederen Stand wieder zur Arbeit zu bewegen und gleichzeitig mit den Patriziern in Rom zu versöhnen. Was machte er? Bei den Verhandlungen sprach er in Form einer Fabel und erzählte, wie im Körper plötzlich die Organe mit dem Magen stritten, der es sich ihrer Meinung nach auf ihre Kosten gut gehen ließ. Die Organe interessierten sich nur für ihre eigene Arbeit und sagten sich schließlich vom Ganzen los. Und was passierte? Gar bald kümmerte der gesamte Organismus ohne Verbindung zum Magen jämmerlich dahin.

Dieses Gleichnis überzeugte den dritten Stand. Aber der Konsul nahm auch das Patriziat scharf in die Pflicht. Diese Anekdote könnt ihr bei dem Geschichtsschreiber Livius nachlesen."

Das Todesurteil über Sokrates

Andreas kam noch einmal auf die „Politeia" zu sprechen: „Bei Platon ist die Demokratie keine Staatsform, die eine absolute, lebendige Sittlichkeit im Staat garantiert. Sie kann jederzeit in eine Tyrannis oder Oligarchie umschlagen. Dann dreht sich das Rad der Verfassung in eine negative Richtung."

Und Roberto führte weiter aus: „Deshalb kommt es darauf an, dass praxisnahe, weise Philosophen gefunden werden für die Leitung eines

Staatsorganismus. Das wird gar nicht so leicht sein! Ich finde, die Staatsutopie des Platon wirkt auch heute noch revolutionär, wenn wir unsere Verhältnisse einmal genau anschauen. Vor allem hatte Platon selbst erlebt, was bei einer radikalen Demokratie möglich ist. Ihm stand das Todesurteil über seinen Lehrer Sokrates noch vor Augen.

Dieser sollte die Jugend verdorben haben, hieß es. Die auf der Straße aufgehetzte Masse ließ sich beim Scherbengericht zum Todesurteil gegen Sokrates verleiten."

Jacques hörte sehr konzentriert zu und dachte: Platon ging es sowohl im Staat als auch beim Einzelnen immer um Bereinigung, um Befreiung von den dunklen Flecken im Leben. Das kann aber nur durch eine sorgsam in Gang gesetzte Umwälzung kommen. Das Bestehende muss zunächst genau durchschaut werden. Das ist der erste Schritt. Eine wilde, chaotische Umwälzung von unten wie bei der französischen Revolution ist da keine Lösung. Ohne innere Revolution im einzelnen Menschen wird es nicht gehen. Sonst bleibt alles beim Alten.

Der ungeliebte Blick in den eigenen Spiegel

Andreas meldete sich wieder zu Wort. Es war, als hätte er Jacques Gedanken gelesen:

„In der Zeit vor Sokrates gab es in Griechenland natürlich auch weise Männer. Einer von ihnen war Heraklit." Jacques erinnerte sich und sagte: „Ich denke da an eine Vorlesung aus der Geschichte der griechischen Philosophie über den weisen Heraklit aus Ephesos. Auch in jener Zeit war ein Weiser eine absolute Rarität. Heraklit stellte deshalb fest: Einer gilt mir für 10.000 Bürger, wenn er der Beste ist! Wenn also der Beste wirklich gefunden wird, kann sein Einfluss auf die vielen groß sein. Selbst gefragt, ob er eine solche Aufgabe in Ephesos übernehmen wolle, lehnte Heraklit ab. Die Verfassung war völlig heruntergekommen, aber die Epheser wollten sie offenbar nicht ändern. Auch hatten sie bereits einen ihrer besten Bürger aus der Stadt vertrieben, denn natürlich wirkt der Beste wie ein mahnender Spiegel für all die anderen. Und demaskiert werden wollten die Zeitgenossen durchaus nicht. Über sie sagt Heraklit: *Recht täten die Epheser, wenn sie den nicht Mannbaren, also der Jugend, ihre Stadt zur Regierung überließen. Sie, die den Hermodoros - ihren wertvollsten Mann - aus Ephesos hinausgeworfen haben mit den Worten: Von uns soll keiner der Beste sein und wenn schon, dann woanders!*"

William blätterte in seinen Notizen und bemerkte: „Das ist es doch, was auch der weise Platon meinte. Die Welt ist von Grund auf falsch besetzt, das heißt die Lüge regiert überall! Offenbar hatte Heraklit keine Hoffnung auf eine Besserung der eingefleischten Gesellschaft der Alten!"

Jacques fügte hinzu: „Heraklit hat seine Kräfte genau wie Sokrates vor allem für die veränderungsfähige Jugend eingesetzt. Er soll es vorgezogen haben, im geweihten Tempel der Artemis mit der Jugend sogar zu spielen. Und zu den Erwachsenen sagte er einmal: Ist dies nicht eine anständigere Beschäftigung als mit euch die Staatsgeschäfte zu führen? Er sah immer eine geheimnisvolle innere Ordnung der Dinge. Überliefert ist, dass ihn seine Zeitgenossen kaum verstanden. Er erhielt deshalb den Beinamen ‚der Dunkle'. Denn was sollte der Durchschnittsbürger denken, wenn er aus dem Munde Heraklits hörte: *‚Die nicht offensichtliche, das heißt die verborgene, Harmonie ist stärker als die Harmonie in der bloß äußeren Offenbarung.*' "

Es war sehr spät geworden und so beschlossen die Freunde bei der Verabschiedung, dass William aufgrund seiner Notizen in einer Woche weiteres Material zu Platon für den Gesprächskreis zusammentragen sollte.

Im August, in den Semesterferien, blieb das Wetter anhaltend warm und sonnig. Deshalb entschloss sich das Kleeblatt, wieder in der Philosophenecke zu konferieren. William zog aus seiner Mappe eine ganze Menge geordneter Blätter hervor. Ehe er auf Platon kam, machte er eine Vorbemerkung: „Wisst ihr, ich glaube, dass wir uns mit unseren Besprechungen auf einer Art inneren Reise befinden, zu einem geheimnisvollen Ort, der nach und nach immer klarere Konturen gewinnt. Andreas hatte das mit seinem Bild von der Milchglasscheibe ja auch schon gesagt. Begeben wir uns also wieder auf Fahrt, Freunde! Wir haben doch neulich festgestellt, dass das mythische Bewusstsein der antiken Menschen eine Art prähistorische Geschichtsschreibung gewesen sein muss. In gewisser Weise waren die Mythen vielleicht sogar realer und vollständiger als die sichtbaren Fakten. Denn sie bezogen auch die Welt des Geistes, die Götterwelt und ihren Einfluss auf die Erdenmenschen, mit ein.

Platon und seine Zeit wirken für mich fast wie ein Quantensprung. Platon konnte noch lebendig in die Bilderwelt der Mythen eintauchen und gleichzeitig seinen Zeitgenossen um Längen voraus sein, wenn er Alltagsbeobachtungen und Lehrstücke sachlich und modern formulierte. Die ‚Politeia' ist dafür das beste Beispiel. Er erlebte die großen Erschütterungen des Peloponnesischen Krieges und musste zusehen, wie dabei jede Form von Gerechtigkeit vor die Hunde ging."

Von der Urzivilisation

William blätterte in seinen Unterlagen und zog eine dicht beschriebene Seite hervor: „Hier habe ich etwas Fantastisches gefunden", sagte er, „Platon berichtet über den versunkenen Kontinent Atlantis mit seiner damaligen Urzivilisation, er tut das in Form von Lehrgesprächen, nämlich ‚Timaios' und ‚Kritias Dabei übernimmt er die Erzählung von Solon, der um 570 v. Chr. das alte Ägypten bereiste und in der damaligen Hauptstadt Sais von den ägyptischen Priesterweisen etwas über Atlantis und dessen Kultur erfahren hatte. Der Geschichtsschreiber Herodot hatte das alles niedergeschrieben. Also, Atlantis soll für lange Zeit eine Insel mit einem vollkommenen Gemeinwesen gewesen sein. Platon sehnte sich in dieses goldene Zeitalter zurück und erfand seinerseits einen Inselstaat namens Atlantis. Dieser lag im Westen jenseits der ‚Säulen des Herkules', da wo Afrika mit Europa bei Gibraltar in Berührung kommt. Dort gab es auch den paradiesischen ‚Garten der Hesperiden'. Dem Mythos nach trug ein Baum im Garten goldene Apfel. In der Lehrerzählung des Platon berichtet Kritias dem Sokrates: ‚*Von den Göttern wurde erzählt, dass sie die Erde in bald größere, bald kleinere Bereiche unter sich aufteilten und sich Tempel und Opfer darbringen ließen. So bevölkerte zum Beispiel der Gott Poseidon, dem die Insel Atlantis zufiel, diese mit seinen Nachkommen, die er mit Kleito, einem sterblichen Weibe, zeugte.*'

William erzählte weiter, wie Poseidon seine zehn Söhne als Führer bestimmte und die Insel in zehn Teile gliederte: „Den Erstgeborenen machte er zum König über alle und die anderen neun zu Statthaltern. Kritias sagt zu Sokrates: *‚Der erste König führte den Namen Atlas, weshalb die Insel auch Atlantis hieß.‘* Die göttlichen Kräfte des Poseidon formten und belebten auch den Pegasos, das geflügelte Pferd, das mit einem einzigen kräftigen Hufschlag auf dem heiligen Parnass die Quelle der Dichtkunst entspringen ließ. Viele Dichter konnten auf dem Rücken dieses Pferdes ihre poetischen Höhenflüge unternehmen. Wir würden heute vielleicht etwas nüchterner von Inspiration sprechen. In diesem Mythos lebt etwas von der reinen Herkunft der Menschheit. Leider ging diese goldene Zeit zu Ende. Viele der Inselvölker entarteten. Es kam zur Sittenverwilderung, der die Götter dieser Insel ein Ende bereiten mussten. Dazu hatte Friedrich von Schiller 1795 in Form eines Gedichtes einen geradezu genialen Einfall. Er sieht, wie der Pegasos aus Unkenntnis an einen einfachen Bauern verkauft wird. Dieser spannt ihn zusammen mit einem Ochsen vor das Joch, sodass der Pegasos seine höhere Bestimmung nicht mehr ausüben kann.“

„Das ist wirklich ein treffendes Sinnbild für den Untergang der Insel Atlantis“, meinte sofort Roberto, und alle nickten zustimmend.

William las noch einige seiner Stichworte vor: „In der atlantischen Urbevölkerung herrschte am Anfang absolute Vollkommenheit. Innerlich und äußerlich bestimmten lebendige Rhythmen, Maß und Ordnung das Zusammenleben der Menschen. Es heißt, der zentrale Tempel sei mit Hilfe eines geheimnisvollen Urstoffes erbaut worden. ‚Insel der Seeligen‘ nannten später die Griechen diesen geheimnisvollen Ort. Dorthin konnten all die Seelen entrückt werden, deren Lebenslinie absolut höheren Normen entsprochen hatte.

Platon wollte mit seiner Staatsidee an die nötige Vollkommenheit erinnern. Er suchte nach Menschen, die diese Insel bevölkern könnten, konnte sie aber offenbar in seiner Zeit nicht finden. Einen Schatten des höheren Daseins hinterließ er aber dennoch: die Platonischen Körper in Form der geometrischen Figuren. In der irdischen Wirklichkeit kommen sie praktisch nicht vor. Kreis und Kugel bilden aber im sichtbaren

Bereich eine äußerste Annäherung an die Perfektion. Deshalb war sein Atlantis rund und eine Insel. Der König der Atlantier, Atlas, trägt das All in Form einer Kugel. Er unterhält damit die Verbindung zum höheren Ursprung der Menschheit. Genau das wollten die Weisen der Antike durch das mythische Bild zum Ausdruck bringen."

Mittlerweile war es fast dunkel geworden. Jacques, angetan von dem Gehörten, sagte zum Schluss: „Ja, der Mythos hat doch eine enorme Kraft. Er dringt auch heute noch in die Tiefen der Seele ein. Ich schlage vor, wir bleiben das nächste Mal immer noch bei Platon. Da will ich euch vom Platonischen Höhlengleichnis erzählen!"

Zustimmend nickten die anderen und verabschiedeten sich am Gartentor in der Vorfreude auf ihr nächstes Treffen. Alle waren überzeugt, dass sie wiederum ein gutes Stück auf der Reise zu ihrer eigenen unsichtbaren Insel zurückgelegt hatten.

Das Höhlengleichnis des Platon

Am folgenden Mittwoch kamen die Freunde bei sommerlich warmem Wetter wieder zusammen und breiteten ihre Aufzeichnungen auf dem Tisch in der Philosophenecke aus. Jacques ergriff wie vereinbart das Wort. „Ehe ich von Platons Höhlengleichnis berichte, möchte ich noch ein paar Worte zu seinem Staatsentwurf sagen. Ich habe an verschiedenen Stellen nachgelesen und etwas gefunden, das sicher ganz wichtig ist."

Ungeduldig zog Roberto einen Zettel aus der Tasche, um sich einige Notizen zu machen.

„Ich bin gespannt, was ihr zum Thema Verfassung in Platons Staat sagt. War Platon nur ein Idealist oder war er aufgrund seiner Einsichten ein Realist besonderer Art?" Diese Frage stellte Jacques seiner Lesung voran und fuhr dann fort: „Er lässt Sokrates Folgendes sagen: ‚*Aber im Himmel ist dieser Staat vielleicht als Muster für den hingestellt, der ihn anschauen will und, wenn er ihn gesehen hat, sich auch dort ansiedeln möchte.*'"

Andreas kratzte sich nachdenklich hinter dem Ohr und unterbrach Jacques: „Bürger sein und werden in diesem himmlischen Staat setzt doch wirklich einen Quantensprung in der menschlichen Entwicklung voraus, oder meint ihr, das gilt erst für die Zeit nach dem Tode?" Jacques gab keine Antwort und schlug stattdessen vor, den Originaltext in der „Politeia" weitersprechen zu lassen. „Sokrates sagt: ‚*So verfechten wir voller Entschlossenheit den Grundsatz, dass die von uns beschriebene Verfassung bestanden hat, noch besteht und bestehen wird.*'"

An dieser Stelle redeten plötzlich alle auf einmal. Der gemeinsame Tenor war: Alles klingt so energisch und klar bei Platon, als ob es noch ein ganz anderes Menschengeschlecht geben müsse in einer viel höheren Realität. Jedenfalls wirken Platons Überlegungen aus dem Mund des Sokrates nicht wie spekulative Gedanken. Er scheint in eine ebenso reale wie ideale Welt zu blicken, in der ein besonderes Menschengeschlecht in Harmonie mit der reinen Sphäre göttlicher Wesen zusammenlebt. Aber wie kann überhaupt eine Verbindung aus unserem irdischen Dasein mit diesen geweihten Höhen zustande kommen?, dachte Jacques. Also Rätsel über Rätsel! Und er erinnerte sich plötzlich an eine andere Aussage von Platon, die er irgendwann einmal beim Studium in Paris gehört hatte. Da sprach Platon von der „gekreuzigten Weltseele".

In dem Moment sah Andreas wieder das Bild der Milchglasscheibe vor seinem inneren Auge. In der Mitte klarte sich das Blickfeld plötzlich auf, und er erkannte einen Kreis mit einer kreuzförmigen Windrose. Gleichzeitig ging von dieser Vision eine besondere Empfindung aus. Ein Geheimnis begann sich zu offenbaren: Von oben nach unten oder vielleicht auch von unten nach oben gibt es einen geheimnisvollen Weg, der die verschiedenen Ebenen menschlichen Daseins in bestimmten Momenten miteinander verknüpft. So oder ähnlich muss es wohl sein!

„Vielleicht werden uns die Zusammenhänge klarer, wenn wir jetzt auf das Höhlengleichnis kommen", sagte Jacques, „denn Platon führt in diesem berühmten Text etwa Folgendes aus: Wir Menschen befinden uns von Kindheit an in einer unterirdischen Höhle. Alle sind dort gefesselt und können nur auf die Rückwand der Höhle blicken. Niemand kann sich frei bewegen. Ein Lichtschein fällt auf die Höhlenwand, er stammt von einem Feuer, das hinter den Gefesselten vor dem Höhleneingang brennt. Zwischen dem Feuer und dem Innern der Höhle werden Gegenstände - die reinen Ideen - vorbeigeführt, und es entstehen Schattenprojektionen auf der Höhlenwand. Die Gefesselten halten diese Schattenbilder - oder Erscheinungen - für die Realität, weil sie ja nichts anderes kennen. Und dann macht Platon einen Quantensprung: Die Gefesselten können entfesselt werden, die bindenden Gesetzmäßigkeiten können aufgehoben werden!"

„Aber wie soll das gehen?", fragte William. Jacques antwortete: „Platon sieht, wie man zunächst einen der Gefesselten befreit und sagt dazu: *Wenn man ihn nun zwänge, seinen Blick auf das Licht selbst zu richten, so würden ihm doch seine Augen schmerzen. So stark blendet das direkte Licht. Er würde sich wieder abwenden und lieber jenen Dingen zustreben, die er, wie bisher, anschauen kann. Und diese Schatten würde er tatsächlich für attraktiver und realer halten als die Erscheinungen, die man ihm im Licht gezeigt hat.*"

„Ja, das ist es eben, die gefesselten Menschen können mit einer höheren Art von Freiheit nichts anfangen. Diese Freiheit muss innerlich erst mühsam erarbeitet werden, ehe sie sich auch nach außen durchsetzen kann. Man achte nur einmal auf die Begierden so mancher Menschen und wie sie dadurch gebunden sind - das sind die Fesseln, von denen Paton spricht! Auch jeder von uns hat bei genauerer Betrachtung etwas davon in sich", bekannte William.

Der Blick auf das Allein-Gute

Und Andreas ergänzte: „Es muss aber auch immer wieder Menschen geben, die, wie Goethe sagt, zwei Seelen in der Brust haben, eine Art Zwitterwesen also. Anfänglich sitzen auch sie in der Höhle, aber dann werden sie frei und zwar nicht durch Zwang, sondern durch wachsende Einsicht. Genau das ist es, was Platon sagen will. Er liefert sogar den rechten Schlüssel, die Methode zur Befreiung. Es ist der Blick auf das ‚*Allein-Gute*' wie er es nennt."

Jetzt hatte Andreas wieder das Gefühl, die Milchglasscheibe klare sich in ihm auf. Er wandte sich an die Freunde in der Runde und sagte: „Mit dem Guten scheint es eine spezielle Bewandtnis zu haben. Wenn man im Alltag etwas tut, was man für gut hält, heißt das doch noch lange nicht, sich umzudrehen, so wie es im Höhlengleichnis gemeint ist. Wir sehen dann an der Rückwand der Höhle vielleicht einen besonders reizvollen Schattenwurf, der sich von anderen hässlichen Schatten wohltuend abhebt. Aber Schatten bleibt Schatten, und von einem Quantensprung in der Entwicklung kann man da nicht reden! Das Allein-Gute sieht und empfindet man wohl nur, wenn man lernt, sich mit seinem ganzen Wesen umzuwenden. Es muss also zwei grundverschiedene Formen von gut geben."

Jacques suchte daraufhin eine bestimmte Stelle in Platons „Politeia". Mit dem Zeigefinger ging er Zeile für Zeile durch und hatte endlich die Sätze gefunden, in denen etwas Konkretes zur Befreiungsarbeit gesagt wird: „*Sie sollen sich primär der Betrachtung des Guten widmen und dabei jenen Aufstieg nach der Höhe vollziehen.*"

Jacques machte eine Pause und schaute vielsagend in die Runde: „Platons Schilderung bedeutet in jedem Fall eine Drehung oder Wendung. Im Höhlengleichnis finden wir noch folgende bedeutsame Ermahnung: *Und wenn sie sich nach gelungenem Aufstieg genügend mit dem Guten bekannt gemacht haben, dann darf man ihnen nicht erlauben, was ihnen bis jetzt erlaubt ist.*"

Die gespannt zuhörenden Freunde bestürmten Jacques mit Fragen: „Du sprichst in Rätseln, was ist los, was meint Platon?" „Seid doch nicht so ungeduldig und hört weiter: *Nicht erlaubt ist ihnen, nach dem Aufstieg dort oben dauernd zu verweilen und sich zu weigern, wieder zu den Gefesselten zurückzukehren und auf besondere Weise an ihren Mühsalen teilzunehmen.*"

Wieder sah Andreas einen Kreis mit einer kreuzförmigen Windrose vor seinem inneren Auge aufleuchten. Er sagte: „Aus Geretteten werden Retter, darin besteht also die Verbindung zwischen den so ungleichen Menschengeschlechtern. Deshalb kann man vielleicht auch sagen: Alle wirklichen Philosophen müssen erst selbst einmal von anderen entfesselt und gerettet worden sein."

Jacques nickte zustimmend und verwies auf die weiteren Erläuterungen im Text der „Politeia". „Der Quantensprung gelingt aber nur, sagt Platon, *wenn sie mit der ganzen Seele aus dem Bereich des andauernd Werdenden* - das ist die Vergänglichkeit - *nach der anderen Seite umkeh-*

ren. Bis die Seele fähig geworden ist, die Betrachtung des Seienden und des Hellsten unter allem Seienden auszuhalten. Dies aber ist, wie wir behaupten, das Gute.' Hier haben wir die neue Blickrichtung, von der gewaltige Veränderungen ausgehen. Auf diese Weise löst sich bis zu einem gewissen Grade das Rätsel."

Roberto betonte, Platon wolle ganz offensichtlich mit dem Wort „das Werdende" den Zyklus der Vergänglichkeit im irdischen Dasein verdeutlichen. „Das Seiende hingegen wäre demnach nur, was die Merkmale der absoluten Unvergänglichkeit besitzt. Und die Höhle selbst ist unser Lebensgebiet mit seinen vergänglichen Daseinsformen. Wenn man das alles so betrachtet, dann existiert das Gute allein im Göttlichen."

Andreas bat: „Lies doch noch mal weiter und schau, ob du noch etwas Praktisches zur Befreiungs- und Rettungsarbeit findest." Tatsächlich stand ein paar Zeilen tiefer geschrieben: *Es muss also abwechselnd ein jeder von euch hinabsteigen in die Wohnstätten - das heißt die Höhle - der anderen. Er muss sich daran gewöhnen, die Finsternis zu schauen. Aber einmal an die andere Entwicklung gewöhnt, werdet ihr tausendmal besser sehen als ebenjene da unten. Ihr werdet auch all jene Bilder erkennen und könnt beurteilen, was und wie diese sind und welchen Ursprung sie haben. Denn ihr habt ja, was das Schöne, Gerechte und Gute betrifft, die Wahrheit bewusst geschaut, die anderen aber nicht. Und so werdet ihr dann zu einer wirklichen Staatsverfassung kommen, keiner bloß traumhaften, wie sie bis jetzt die meisten Staaten haben.*

Mit diesen Ausführungen schloss der Gesprächskreis für heute, und die vier Freunde fühlten sich an diesem Spätnachmittag reich beschenkt, weil sie einen tiefen Blick in ein höheres Dasein werfen durften. Nach Platon bedeutet ein Leben, das über die bloße irdische Existenz nicht hinausreicht, nur ein Leben im Reich der Schatten. Gleichzeitig gibt es die Möglichkeit, sich mühsam von den Fesseln dieses Daseins zu befreien durch die Sehnsucht nach dem allein Guten. Deshalb schildert Platon so genau die Grundsätze der Erziehung, die sich schwerpunktmäßig in den Gesellschaftsschichten spiegeln sollen. Werden sie befolgt, dann gibt es für alle Menschen die Verheißung einer Staatsverfassung, in der Gerechtigkeit und Wahrheit unangetastet regieren werden.

Nach der Verabschiedung blieb Andreas versonnen am Gartentor stehen und überdachte noch einmal die verschiedenen Stationen des heutigen Gesprächs. Dann schlenderte er zu Fuß über die Steinerne Brücke an der Donau. Dabei sah er in die Tiefe auf die mächtigen Fundamente der Brückenpfeiler. Vor den spitzen Steinkielen der Pfeiler staute sich das Donauwasser auf, und es bildeten sich Wogen, die dann der Reihe nach zerschellten. Das ist ein schönes Sinnbild für das immer wiederkehrende Werdende in unserem Dasein, dachte er, das gesetzmäßig wieder zerstört wird. So ist das.

Dann entdeckte er hinter der Brücke noch ein anderes Gleichnis. Dort entstanden am Unterlauf des Wassers durch die Bremsung der Brückenpfeiler unaufhörlich Wirbel und Strudel. Obenauf sah er etwas im Wasser schwimmen. Es waren Ahornblätter und Schilfbüschel. Kaum hatten sie das Brückenjoch in rascher Fahrt passiert, so gerieten sie unweigerlich in den wirbelnden Sog des nächsten Strudels und verschwanden auf Nimmerwiedersehen in der Tiefe. Ja, so ähnlich muss das mit der Fesselung des einen Teils der Menschheit sein, dachte Andreas. Diese Gefangenen können sich ja im Strudel der irdischen Ereignisse allein gar nicht befreien. Wie in einem Karussell müssen sie sich in der einseitigen Sogrichtung des Zeitgeistes weiterdrehen. Es kann gar kein Entrinnen geben, es sei denn ... Und plötzlich sah er, wie eines der Blätter - aus welchen Gründen auch immer - dem Strudel doch nicht zu nahe kam. Haarscharf trieb es an seinem Sog vorbei in Richtung Ufer. Dort strömte alles langsam und bedächtig, das Fahrwasser wurde sanfter und ruhiger. So ähnlich muss es auch mit der Befreiung der in der Höhle Gefesselten sein, wenn ihnen Retter zu Hilfe kommen, dachte Andreas. Das ruhige Ufer entspricht der Erlösung aus der Höhle. Wie erstaunlich, dass man in der Natur solche tiefen Wahrheiten ablesen kann. Vielleicht war es das, was Goethe sagen ließ: *Alles Vergängliche ist nur ein Gleichnis*. Man könnte sogar behaupten: Alles Vergängliche ist ein vortreffliches Gleichnis!

Platon verkörpert den Beginn einer Achsenzeit

Beim nächsten Treffen hatten die Freunde noch immer das Bedürfnis, über Platon zu sprechen. Sie wollten ihre Notizen noch einmal durchgehen und jeder für sich ein abschließendes Fazit ziehen. Die Resultate glichen sich wie ein Ei dem anderen, und William fasste zusammen: „Platon ist für uns so etwas wie die Symbolfigur einer beginnenden neuen Achsenzeit. In ihm verbinden sich, oder bündeln sich, wie in einem Punkt Vergangenheit, Gegenwart und Zukunft. Alles ist bei ihm vorhanden. Da ist einmal die griechische Mythologie mit den Bildern des göttlichen Poseidon, der das atlantische Geschlecht ins Leben rief und seinen Sohn Atlas als königlichen Regenten über diese Epoche setzte. Gleichzeitig verwendet Platon in eindrucksvoller Weise Gleichnisse, um das innere Verständnis seiner Schüler zu wecken und zu schärfen. So war es in dem tiefgreifenden Höhlengleichnis.

Dann wieder gelingt es ihm, das übersinnlich Geschaute und das real Erlebte in konkrete, ganz moderne Gedankenformen zu gießen, wie es im Dialog zwischen Sokrates und Glaukon aufleuchtet.

Platon zeigt, dass der abendländische Mensch berufen ist, die rein mythische Epoche abzulösen und einen klaren Verstand zu entwickeln und zu entfalten. Das Alte ist nicht überholt, aber es wird zusätzlich etwas ganz Neues geschaffen."

„Dazu gehört unbedingt Platons ‚Ideenwelt', ließ sich Andreas vernehmen. „Sie besteht keineswegs nur aus Gedankenformen, so wie wir sie kennen. Denn das wären wirklich bloß Schatten.

Der Apostel Paulus hat einmal davon gesprochen, dass der bloße ‚Buchstabe tötet', wenn nicht der Geist zu Hilfe kommt und ‚lebendig macht'. Das ist eine spätere, in jeder Hinsicht zeitlose Anforderung an den Menschen, ganz in Platons Sinn, und sicher ein Teil der Platonischen Liebe, der Zustimmung zum höheren Leben.

Ich erinnere an unsere Diskussion über die ‚Computer-Sprache' oder an das Faust-Zitat unseres Seminarleiters. Ideen müssen lebendig bleiben und beseelt sein, um innerlich retten zu können, sonst verkommen sie zu bloßen Schatten." Mit diesem Resümee waren alle einverstanden.

Die Seele - ein Fabelwesen?

William faszinierte Platons Philosophie so sehr, dass er sich auch im Schlaf nicht davon lösen konnte.

Er sah sich im Traum zusammen mit seinen Freunden in einer Höhle gefesselt. Alle vier schauten wie gebannt auf die Rückwand der Höhle und beobachteten gar wunderliche Licht- und Schattenspiele, deren Lebendigkeit sie in Beschlag nahm. Plötzlich löste sich einer der Schatten, und William stand unerwartet im heimatlichen England am Ufer der Themse in London. Nebelschwaden trieben gespensterhaft über dem Wasser. Aus dem Nebeldunst heraus nahm er plötzlich ein ihm unbekanntes Ungeheuer wahr, das aus den Fluten auftauchte, sich reckte, dehnte und dabei eine Reihe von Verwandlungen durchlief. Irgendwie verschmolz der Dunst mit diesem faszinierenden Untier. Was hatte das zu bedeuten?

Plötzlich erblickte er mitten im wogenden Nebel etwas feurig Leuchtendes, das sich zum Antlitz Platons ausformte. Über seinem wallenden Haupthaar schwebte eine Girlande wie eine ausgerollte Papyrosrolle mit der Inschrift: „Mensch erkenne dich selbst!"

William bewegte sich träumend im Strom seiner Empfindungen fort. Jetzt nahm er eine riesenhafte Retorte wahr, in der das Ungeheuer plötzlich wieder eine ganze Reihe von Verwandlungen durchmachte. Sein Anblick wirkte schillernd und fremdartig. Bald hatte es den Anschein, als wüchsen polypenartig eine Anzahl von Köpfen aus dem plumpen Körper heraus. Dann trat eine geheimnisvolle Gestalt mit einem Turban aus dem Nebel und zündete unter der Retorte ein mächtiges Feuer an. Dadurch beschleunigten sich die Verwandlungen des Untiers. Feurige Blitze zuckten aus einzelnen Köpfen, während ganz dicht daneben andere Formationen in einem milden und sanften Licht erstrahlten. Dann wieder schien sich das Ganze mehr und mehr in eine menschliche Gestalt zu verwandeln.

William wusste später nicht, ob er wachte oder träumte. So deutlich erlebte er das magische Geschehen. Beim Erwachen durchschoss ihn nur ein Gedanke: Platon! Er griff in die Schublade seines Nachttisches und kramte die Übersetzung der „Politeia" heraus. Richtig, da hatte er doch nach einem der Gespräche in der Holunderecke etwas ganz Außergewöhnliches gelesen. Von einer Art Fabelwesen war da die Rede. Gleichnishaft hatte Platon über die Entwicklung und den Zustand der

Seele geschrieben. William fand die Stelle sofort. Er las: *Beschaffen sei die Seele nach Art jener Fabelwesen, von denen es heißt, dass sie sich in vielerlei Gestalten zeigen, die sich dann zu einer vereinigt hätten.*

Noch im Schlafanzug setzte sich William an den Tisch und unterstrich sorgfältig den eben gelesenen Satz. Davon hatte sein Traum gehandelt! Es konnte nicht anders sein!

Er las weiter, es solle einem Bildhauer gleich gearbeitet werden: *Bilde dir zunächst die Gestalt eines buntscheckigen und vielköpfigen Tieres, das ringsherum Köpfe zahmer und wilder Tiere hat. Die Gestalt ist imstande, sich in all diese Tiere zu verwandeln und sie gleichsam aus sich selbst zu erzeugen.*

William dachte: Es gibt also von Anfang an eine schöpferische Macht, einen Quell des Werdens, der fortwährend strömt, sich ins Irdische ergießt und dabei vielerlei Formen hervorbringt. Mal sehen, was Platon weiter zu sagen hat: *Ferner bilde dir noch die Gestalt eines Löwen und die eines Menschen.* Aber was sollte das bedeuten? Vielleicht hat ja die schöpferische Urgestalt etwas mit dem Wesen der kleinasiatischen Göttin Kybele, der Erdmutter, zu tun, ging es ihm durch den Kopf. Ununterbrochen schafft sie und bringt keimhaft etwas hervor. Aber die endgültige Ausformung ist vielleicht nicht ihre Sache.

Gebannt las er weiter. Denn da waren ja noch die beiden anderen Gestalten: der Löwe und der Mensch! Und wie war das mit dem Turban tragenden Magier aus seinem Traum?

In der weiteren Erzählung schärft Platon den Blick für die drei Gestalten, indem er auf ihre Proportionen und Größe hinweist: *Weitaus am größten aber soll das vielköpfige Tier sein!* Durch diesen Satz bekam William einen geheimen Fingerzeig zu seinem Turbanträger. Dieser erinnerte an die weisen Urlehrer der Menschheit, wie etwa die orientalische Gestalt des weisen Salomo. Ganz am Anfang konnten nur die Magier mit dem Feuer arbeiten, mit dem Feuer des Geistes. Platon lehrte dies so: *Nun füge die drei Gestalten zusammen, sodass sie zusammengewachsen sind.* So also wirken das Feuer und seine Bestimmung unter den Retorten. Etwas wird zusammengefügt und gleichzeitig verwandelt! Das Feuer!, das Feuer! dachte William. Nur der Kundige kann es entzünden und unterhalten. Dann muss es seine Arbeit im rechten Maß verrichten. Ohne Feuer keine Verschmelzung der drei zu einem. Aber damit ist das Geheimnis noch nicht gänzlich enthüllt, oder doch? Führt nicht der Weg vom Keimhaften über viele Stufen zur Vollkommenheit der Seele? So oder ähnlich muss es doch sein, dachte William.

Und was sagt Platon? *Nun forme von außen um die drei Gestalten herum das Bild eines Wesens, nämlich des Menschen, sodass dem, der das Innere nicht sehen kann, immer nur die eine äußere Hülle erscheint, wo nur ein einziges Wesen auftritt, der Mensch.* Das ist auch der Mensch von heute, ergänzte William bei sich. Der Magier wirkt also phasenweise als Verhüllungskünstler. Oder ist es der Mensch selber, der so manches verhüllt und sich gern von seiner besten Seite zeigt? Von Vollkommenheit jedenfalls kann man da sicher nicht sprechen. Das Feuer unter der Retorte muss wohl noch ganz andere Werke verrichten, bis etwas Vollkommenes in Erscheinung tritt. Die vielköpfige Gestalt deutet auf jeden Fall die Verwandlung der Seele an, so oder so.

Alles hängt vom Feuer ab

William kehrte noch einmal zu seinem Traum zurück. Er selbst befand sich jetzt wie im Feuer. Vieles glühte und verbrannte zu Asche, anderes keimte mitten im Feuer auf unerklärliche Weise auf. Dann wiederum stand er außerhalb der Retorte und sah in ihr ein zartes Wesen, eine ebenmäßige, herrliche Gestalt mit einer Krone auf dem Haupt. Und William begriff: Es liegt eine harte Arbeit vor uns, um wirklich Mensch zu werden.

Ein Schiller-Wort fiel ihm plötzlich ein: *Nicht fort, sondern hinauf sollt ihr euch pflanzen!*

Wie lange wird es wohl noch dauern, bis der innere Mensch Herr über den äußeren Menschen wird, dachte William? Und alles hängt vom Feuer ab, vom Feuer des Geistes!

Er blätterte in Platons „Politeia" eine Seite weiter. Dort fand er zu dem, was ihn innerlich so bewegt hatte, eine schöne Parabel: *Der Mensch soll sich um das vielköpfige Tier kümmern wie ein Landwirt, der das Zahme füttert und veredelt, das Wilde aber am Wachstum hindert.*

Und dann erhellt Platon auch noch auf andere Weise die Einsicht des Lesers, indem er die Fähigkeit des Löwen in die Mitte stellt. *Hierbei soll sich der Kundige der Macht des Löwen bedienen und so für alle sorgen.* Der Löwe ist also das Herzstück des Geschehens. Ohne Löwenkraft geht es nicht. Vielleicht ist der Löwe das Feuer! Ganz sicher ist das so, denn Platon spricht auch vom Harmonisieren, vom Befreunden, wie er das nennt. Die neu entstehenden Eigenschaften passen zueinander, fügen sich durch das Feuer ineinander, werden zum Ganzen, zum Schönen. Das ist der König in meiner Retorte. Deshalb schaut Platon so wohlgefällig auf das Resultat und stellt fest: *Das Schöne ist das, was das Tierische in unserer Natur dem eigentlichen Menschen oder besser gesagt dem Göttlichen untertan macht!*

Francis Bacon

Die Freunde staunten nicht wenig, als ihnen William einige Tage später von seinem Traum erzählte und das „Fabelwesen Seele", wie es von Platon überliefert wurde, darstellte.

Dann griff Roberto einen neuen Gedanken auf und sagte: „William, du wolltest uns doch heute etwas über den zweiten Lordkanzler aus dem Elisabethanischen England erzählen, den du auch für einen Utopisten einer ganz besonderen Gattung ansiehst." „Ja, das ist richtig. Ich habe euch einen Stahlstich mitgebracht, der ihn vortrefflich charakterisiert. Hier seht ihr ihn, Francis Bacon, mit seinem schwarzen zylinderförmigen Hut, breiter Hutkrempe und weißem Spitzenkragen. Er trägt ein schwarzes Samtgewand, das kunstvoll, reich bestickt und golddurchwirkt ist. Die Ärmel enden ebenfalls mit Spitzendekor. Seine linke Hand ruht auf dem Ledereinband eines ziemlich dicken Buches. Man erzählt, dass er oft ein rohrförmiges Lederetui mit sich trug. Daraus zog er dann und wann ein Fernrohr hervor und sah zum Himmel oder blickte interessiert und unverwandt zuerst nach Osten und dann nach Westen. Das war aber nur symbolisch. Der Westen war für ihn die Vergangenheit und der Osten die Zukunft. Man sieht, er hat ein ernstes diszipliniertes Antlitz und trägt einen Spitzbart. Seine dunklen Augen blicken uns durchdringend, gleichwohl offen, gütig und erwartungsvoll an."

„Aber wie ist das mit seiner Art von Utopie?", fragte Jacques. „Nun, er diente als Jurist dem englischen Parlament bereits unter Königin Elisabeth I. und später dann unter König Jakob I. Dieser war der Schwiegervater des unglücklichen deutschen Kurfürsten Friedrich V. von der Pfalz. Als pfälzischer Kurfürst trat Friedrich V. für die protestantische Seite ein und verlor 1623 nach der berühmten Schlacht am Weißen Berg in Böhmen sowohl seine Ländereien als auch den Kurhut und wurde von seinem königlichen Schwiegervater in England schmählich im Stich gelassen.

Francis Bacon hatte sich das ganz anders gewünscht. Aber er hatte keinerlei Macht, obwohl er 1618 von König Jakob I. geadelt worden war. Francis Bacon hieß fortan Lord Baco von Verulam."

Jacques erinnerte sich plötzlich an eine Lektion aus dem Geschichtsunterricht: „Ja richtig, Lord Baco von Verulam gilt doch bis heute vor allem als Mentor der modernen Naturwissenschaften."

Baco von Verulam und seine Utopie

„Mit dem Beginn der Industrialisierung ging ein gewaltiger Aufschwung der Naturwissenschaften einher. So etwas hätte sich Baco von Verulam schon zu seiner Zeit gewünscht. Er wollte doch Kunst und Wissenschaft auf allen Gebieten vereinen und fördern." „Mit dieser Feststellung hast du mitten ins Fadenkreuz getroffen" bestätigte William, „man muss nur einmal überlegen, wie es um 1600 in Sachen Naturwissenschaften bestellt war. In Mitteleuropa gab es seit circa zweihundert Jahren die ersten Universitäten. Ob in Montpellier, Paris, Bologna, London, Heidelberg oder Prag, überall orientierte man sich am Lehrgut des Aristoteles aus der Antike. Alles wurde auf diese Autorität zurückgeführt. Eigene empirische Forschung bestand noch nicht, wenn man einmal von Galileo Galilei, Kopernikus und Kepler absieht. Aber diese Wissenschaftler waren gefährdet, weil sie das geltende geozentrische Weltbild mit ihren geistigen Vorstellungen in Frage stellten. Umwälzende neue Gedanken können sehr gefährlich sein. Das empfand natürlich auch der Lordkanzler. Er kannte die konservative Gesinnung seines Königs sehr wohl und musste entsprechend vorsichtig taktieren. Trotzdem trat er entschlossen für die Wahrheit und die Zukunft ein."

„Viel Spielraum wird er dabei nicht gehabt haben", wandte Andreas ein.

„Doch, doch, das werdet ihr gleich sehen. Zum einen lebte in Baco von Verulam eine tief religiöse Gesinnung, aber seine Verstandeskraft bildete auf der anderen Waagschale ein ergänzendes Gegengewicht. Empfinden und Erfassen gingen bei ihm Hand in Hand. Sein geistiges Fernrohr war gleichermaßen in die Vergangenheit und in die Zukunft gerichtet. Baco sah die Menschen seiner Zeit so, wie sie dachten, empfanden und handelten. Ihm wurde bewusst, dass die Verstandeskraft bei ihrem schrittweisen Entstehen eigenartige Wege eingeschlagen hatte. Er lebte in der tiefen Überzeugung, der Mensch habe eine besondere Art von Sündenfall ausgelöst und deshalb die Herrschaft über die äußere Natur vollkommen verloren. Diese habe sich abartig entwickelt und sei mit der Zeit zu einem regelrechten Feind für den Menschen geworden."

„So ähnlich ist das auch von den Semiten überliefert. Moses hat es aufgeschrieben" meinte Jacques.

„Aber das Besondere bei Baco ist, dass er die Natur als ganz und gar feindlich angesehen hat und nach Wegen suchte, wie man sie wieder beherrschen könne", erwiderte William. „Deshalb war er von dem Gedanken beseelt, die Menschheit könne die Natur durch Pflege von Kunst, Technik und Wissenschaft wieder umwandeln. Er glaubte, eine absolut beherrschbare Kultur schaffen zu können."

„Aus unserer Sicht klingt das sehr utopisch", meinte Roberto. „Ja", antwortete William, „auch der Zufall war dem Lord von Verulam übrigens ein Dorn im Auge. Er suchte nach Mitteln und Wegen, wie man den ersehnten Fortschritt auf allen Wissensgebieten von jeder Form von Zufall unabhängig machen könnte. Alles sollte in jeder Richtung berechenbar werden."

„Novum Organum" - oder Wissen ist Macht

„Inwieweit ist der Mensch das Maß aller Dinge? Diese Frage kam in der Renaissance auf. Einerseits will das Wort aufzeigen, welche Möglichkeiten im Menschen stecken, andererseits wird an seine Verantwortung appelliert. Baco von Verulam dachte in etwa genauso."

„Aber jetzt sind wir geradezu in Siebenmeilenstiefeln durch sein Lebenswerk marschiert", stellte Roberto fest. „Also langsam, liebe Freunde! Vor allem schrieb er 1620 die ‚Restauratio Magna', ein Werk über die große Erneuerung der Wissenschaften. Der Lord erblickte kaum etwas von echter Wissenschaft. Über die Aristotelesgläubigkeit haben wir ja bereits gesprochen. Er konstatierte genau genommen so etwas wie ein vollkommenes Vakuum an Wissenschaft auf so gut wie allen Gebieten.

‚*Wissen ist Macht*' war eine seiner Grundüberzeugungen und deshalb richtete er sein geistiges Fernrohr nach Osten, wo er die Morgenröte einer neuen Zeit wahrnahm. Darüber steht allerhand in seiner Schrift ‚Novum Organum'. Er spricht dort von einer neuen Methode, wie Wissenschaft erlangt und die Herrschaft über die Natur auf rechte Weise zurückgewonnen werden kann.

So sehr er ‚Wissenschaftler einer neuen Zeit' sein wollte, so sehr spürt man gleichzeitig bei ihm etwas von einem moralischen Hintergrund. Für Baco von Verulam wäre es undenkbar gewesen, dass sich zum Beispiel ein großes Land wie die USA überhaupt nicht für die drängenden Umweltfragen interessiert und deshalb auch nicht das Kyotoprotokoll zum Umweltschutz unterzeichnet. Diese Art, der Natur zu begegnen und sich damit gegen die Zukunft zu versündigen, das hätte für ihn nur eine systematische Fortschreibung des Ursündenfalls bedeutet."

„Was aber die Ausschaltung des Zufalls angeht, da scheint so mancher moderner Wissenschafter mit Bacon auf den Spuren der unrealistischen Wunschträume zu wandeln", meinte Andreas. „Es ist doch so, dass die Bewertung des so genannten Zufalls immer etwas sehr Subjektives ist. Gerade hinter einem Ereignis, das als Zufall eingestuft wird, steckt ja vielleicht etwas Höheres und sehr Planvolles, das wir Menschen aus unserer Froschperspektive nicht erkennen können. Ich denke, gar manches wird der Menschheit schon zugefallen sein, das letztlich als Prüfung oder Hilfe eine große Bedeutung gewann. Deshalb erscheint mir Bacons Einstellung in diesem Punkt recht vermessen."

Für Roberto stellte sich noch eine andere Frage. „William, du hast vorhin angedeutet, dass der Lordkanzler bei Hofe irgendwie vorsichtig sein musste mit seinen Ideen. Warum?"

„Nun, das hängt vor allem damit zusammen, dass bei den meisten Menschen damals die Zeit gleichsam stehen geblieben war. Wissenschaftlich' gesehen lebten sie seit vielen Jahrhunderten wie in der Vergangenheit. Andererseits gab es auch eine nicht geringe Anzahl von Wundergläubigen. Viele davon entwickelten aus den unterbewussten Abgründen verhängnisvolle okkult-magische Praktiken. Alchemistenküchen brodelten da und dort, von Hexerei war die Rede. Deshalb gab es auch Hexenpogrome und Verbrennungen. Leider wurden viele Unschuldige Opfer dieser Hexenjagd.

Speziell König Jakob I. hatte eine namenlose Angst vor möglichen okkulten Umtrieben in seinem Land. Deshalb verfasste er 1597 eine Schrift unter dem Titel ‚Demonology'. Baco von Verulam wusste dies als Lordkanzler und wollte auf keinen Fall mit seinen Ideen in den Geruch der Hexerei geraten. Er veröffentlichte 1605 eine Schrift über den ‚Fortschritt der Wissenschaft', in der er zunächst einen nüchternen Überblick über all das gab, was seiner Meinung nach unberücksichtigt geblieben war und nicht dem wünschenswerten Erkenntnisstand eines neuen Zeitalters entsprach."

„Da hat er sehr diplomatisch und wahrheitsgemäß so manches vorbereitet. Aber wie ging es weiter?", fragte Andreas. „Nun, Baco von Verulam ermunterte ganz einfach - wir würden sagen - zu Forschung und Experiment, zum Einsatz nüchterner eigenständiger Überlegungen. Das war ein schmaler Grat, der zur damaligen Zeit haarscharf an den Retorten der Hexer vorbeiführte", antwortete William. „Das ‚Novum Organon' - man kann es unterschiedlich übersetzen, vielleicht am besten mit dem Begriff ‚der erneuerte Verstand' - wurde von ihm zum Maßstab aller Dinge erhoben. Aber natürlich war diese Gabe des Geistes bei seinen Zeitgenossen recht unterschiedlich entwickelt. Folgender Gedanke war dem Lordkanzler wichtig: Primär komme es darauf an, überhaupt eine richtige Frage zu stellen, ehe man die Wege zur Lösung des Rätsels beschreiten könne.

Da gab es im elisabethanischen Zeitalter die oft gestellte Frage: ‚Wie kann man Gold herstellen?' Aber welches Gold war gemeint? Für den Lordkanzler gab es nur ein Gold, das Gold des Geistes, der Erkenntnis."

Eine Pyramide aus Geist und Stoff

„Baco von Verulam strebte, wie wir sahen, nach einer immensen Wissensvermehrung. Gleichzeitig suchte er nach einer geeigneten Brücke zwischen Geist und Stoff. Deshalb verfeinerte er seine Fragen, so wie wir das von Sokrates her kennen. Baco von Verulam suchte den Beginn einer neuen Entwicklung, indem er besonders tief schürfte: *Worin liegen die Naturgesetze des Lichtes?* Das war seine Frage. Licht und Erkenntnis waren für ihn auf einer bestimmten Ebene gleichbedeutend. Wir müssen also dem Lordkanzler mit unserem geistigen Fernrohr folgen.

„Und was sehen wir dann?", warf Roberto ein.

„Nun, das Ebenmaß einer Pyramide. Alles, was bisher über die Natur bekannt war, gehört zur Basis der Pyramide. Das ist das bloß Sichtbare. Aber dem Sichtbaren liegen Gesetze zugrunde, die sich erst allmählich enthüllen, wenn sich der Mensch anstrengt. Dann tritt die nächste Schicht der Pyramide in Erscheinung. Dort herrscht die ‚Physik', das ist etwas, das mehr als den Lehrstoff der heutigen Physik umfasst. Denn Leben und Physik waren damals noch nicht so getrennt wie heute. Also waren auch die Gesetze der Natur etwas Quicklebendiges. Deshalb ist es richtig, wenn man von Naturphilosophie spricht. Leider ist das allmählich verloren gegangen. Uber der ‚Physik' aber thronte dann die ‚Metaphysik'."

„Und welche Phänomene oder Werte waren dort zu Hause?" fragte Jacques.

„Gar keine! Wenn man es wörtlich nimmt. Nichts war da, was sich mit irgendeiner äußeren Erscheinung unmittelbar beschreiben ließe. Platon hätte vielleicht gesagt: ‚das reine Sein'. Ganz bestimmte Menschen konnten etwas davon erfassen. Die so genannten ‚Weisen aus dem Morgenland' hatten offenbar Zugang zu dieser Sphäre, denn sie hatten den Stern der Weisheit von Ferne gesehen und folgten seiner Bahn: So konnte sich ihnen alles spirituelle Wissen früherer Kulturen mitteilen. Aber das ist noch nicht alles. Wir müssen noch über Bacons Pyramidenspitze sprechen."

„Ich kann mir nicht vorstellen, womit die Pyramide bekrönt war, gibt es denn etwas noch Höheres als das, was Platon das ‚reine Sein' genannt hat?", fragte Jacques.

„Für Bacon herrschte an der Spitze das absolut Hermetische, das göttlich-geistige Urprinzip in seiner reinsten Ausdrucksform. Offenbar fühlte er bei sich selbst eine gewisse Ohnmacht, wenn er auf die Spitze zu sprechen kam. Deshalb arbeitete er ehrlich und ernsthaft auf der Ebene des Wissenschaftlichen, also im zweiten Stockwerk der Pyramide, drang dabei aber immer wieder ins dritte Stockwerk vor, in das der Metaphysik.

Das sind die ‚Lichteindrücke', die er immer wieder empfing. Deshalb schrieb er ein großes Werk über den zukünftigen ‚Wert und Reichtum der Wissenschaften'. In ihm sind seine eigenen Erfahrungen und das eigene Bemühen nachdrücklich verankert. Nichts darf ungeprüft oder im Glauben an Autoritäten angenommen werden. Eigene Einsichten sollten aber zunächst auf allen Gebieten mit dem uralten Wissen verglichen werden."

„Das wirkte wohl geradezu revolutionär zu seiner Zeit. Aber schauen wir doch einmal in unsere Zeit. Wie ist das mit der anonymen Meinung? Ist das nicht nur eine andere Form von Autoritätsgläubigkeit?", fragte Andreas in die Runde.

Wann bedeutet Denken auch Fortschritt?

William ergriff das Wort: „Fortschrittsglaube und Fortschrittshoffnung gehören bei Baco von Verulam zusammen. Dazu gibt es von ihm noch ein eigenartiges - fast möchte ich sagen eigenwilliges - Werk mit dem Titel ‚De Sapientia Veterum'. In dieser Schrift befasste er sich mit dem Denken der Menschen seit der Antike, mit der Mythologie, den Fabeln usw. Dabei kam er zu dem Schluss: Es hat seit dieser Zeit einen Fortschritt gegeben."

„Und wie begründet er das?", fragten ihn sofort die Freunde. „Nun, der Faszination der antiken Fabeln konnte er sich nicht entziehen, aber er sah in diesem Bilderpanorama nur etwas Vorläufiges. Manchmal ließ er sogar anklingen, dass in den alten Zeiten ein Mangel existierte, ganz einfach deshalb, weil die Menschen noch nicht fähig waren, Wahrheiten in einer wirklichkeitsnahen, konkreten Sprache auszudrücken. Es fehlten die abstrakten Begriffe, die erst nach und nach im Denken entstanden und dann in der Sprache zum Ausdruck gebracht werden konnten. Bacon sagte in etwa: *So wie die Hieroglyphen älter sind als unsere Buchstaben, ebenso sind die Parabeln älter als klare Argumente.*"

„Hier sieht man doch deutlich, dass für den Lordkanzler das Denken nicht einfach so vom Himmel in den Schoß der Menschheit gefallen ist", unterstrich Jacques.

„Genauso ist es", bestätigte William. „Bacons Auffassung gipfelte letztlich in der Überzeugung, dass alle geistigen Fähigkeiten der Menschheit erst allmählich gewachsen sind und stets weiter entwickelt werden müssen. Vielleicht ist hier das Höhlengleichnis von Platon hilfreich. Bacon meinte, dass der Mensch aus dem früheren Dunkel schrittweise ins Licht der Verstandesklarheit geführt werden müsse. Deshalb gehörten für ihn die Dichtung und der Mythos in die ‚vorbegriffliche Zeit'." Andreas hob die Hand und sagte entschieden: „Jede Epoche hat ihren Auftrag, oder? Man muss alles in Form einer höheren Synthese sehen!" Damit waren seine Freunde einverstanden.

Vom Siegeszug der Wissenschaften

William fuhr fort: „Aber zurück zur Wissenschaft von Bacon. Es gab zwar die alte empirische Naturwissenschaft, aber die neue methodische, exakte Wissenschaft war noch nicht vorhanden. Also ging er daran, die ‚alte' Naturwissenschaft von falschen Vorstellungen zu säubern."

„Ja, aber welche Methode wandte er dabei an?", wollte Andreas wissen.

„Da gibt es eine geradezu sphinxhafte Bemerkung von ihm: *Man erkennt die Natur erst richtig, wenn man sich der Natur unterwirft!* Unterwerfen bedeutete für Bacon so viel wie mit der geistgeleiteten Vernunft in die eigene Natur hinunterzutauchen. Damit hat er alles gesagt, oder - für den Unkundigen - weiterhin alles hermetisch unter Verschluss gehalten. Natürlich wird er all die Menschen im Visier behalten haben, die schwellenfähig waren. So möchte ich das einmal ausdrücken", sagte William. „Auf einen kurzen Nenner gebracht war es für Bacon so: Statt Magie und Zufall sollte fortan streng wissenschaftlich vorgegangen werden, um eine endgültige Lösung zu finden."

„Ja, aber in Wirklichkeit musste er sich doch wohl mit seiner Fantasie begnügen", meinte Jacques.

William erwiderte: „Einem Essay eines Baconforschers habe ich Folgendes entnommen. Bacon habe so gut wie alle technischen Erfindungen vorausgesagt: Die Telekommunikation, das Flugwesen, die Raketentechnik, die Roboter, Sprach- und Übersetzungscomputer und auch die Entdeckung unerschöpflicher Energiequellen. Wir denken da natürlich an die Atomphysik. Außerdem wurde betont, dass Bacon den Siegeszug der europäisch-amerikanischen Technologie ausgelöst habe und zwar von der Mondlandung bis hin zur elektronischen Informationsgesellschaft."

Andreas sinnierte: „Wie sieht es eigentlich heute mit dem so genannten Fortschritt aus? Die Wissenschaft hat sich in eine unüberschaubare Vielfalt aufgefächert und dabei viele Probleme hervorgerufen. Überall wird in die Natur eingegriffen. Die natürlichen Lungen der Erde, die Tropenwälder, werden mit Maschinen rücksichtslos abgeholzt. Durch die Industrieabgase wird das Klima verändert, auch unsere Wälder sterben schon teilweise. Die Atomkraftwerke werden porös durch Materialermüdung. Überall versuchen wir einzugreifen, versuchen wir, Ordnung zu schaffen. Wir können Pflanzen, Tiere genetisch beeinflussen. Wir können das Leben im Durchschnitt erheblich verlängern. Aber der ‚reine' Fortschritt ist das alles nicht. Und warum?" Mit dieser Aufzählung hatte Andreas alles auf einen Punkt gebracht. Denn der Zauberlehrling Mensch ordnet zwar und schafft Forschritt, bewirkt aber leider gleichzeitig Chaos und Vernichtung.

Jacques knüpfte wieder an die Forderung des Lordkanzlers an. „Was hat er doch gesagt? *Wer sich vom geistigen Ursprung entfernt, ohne mit dem Ursprung in Verbindung zu bleiben, handelt eigenwillig und geht zwangsläufig die Wege des Irrtums und der schmerzlichen Erfahrung.*"

„Ehrgeiz, Forscherdrang und Anmaßung waren schon immer die schlechtesten Helfer, wenn es um eine geistige Entwicklung innerhalb der Menschheit geht", ergänzte Andreas.

William kam da plötzlich eine Erinnerung, die ihn direkt ins 12. Jahrhundert nach Spanien führte. „Wisst ihr, da gab es einen bedeutenden Mann in Cordoba mit Namen Averroes, arabisch heißt er Ibn Roschd. Er machte deutlich, dass die Wissenschaft nicht von Gott wegführen muss. Er hat dies in seiner Schrift ‚Harmonie von Wissenschaft und Religion' dargestellt. Dabei werden drei Dinge essentiell miteinander verbunden:

Eine Wissenschaft, die auf innerer Erfahrung und Logik beruht, um die wahren Ursachen zu entdecken.

Eine Weisheit, die über die Zwecke jeder Forschung genau nachsinnt, damit die Forschung das Leben wirklich sinnreicher gestaltet.

Eine Offenbarung, denn erst durch Offenbarung erfährt der Mensch vom Endziel des Lebens und der Geschichte.

Wenn wir das so betrachten, dann scheint es, als ob der Lordkanzler mit seiner Forderung, alles auf einen geistigen Ursprung zurückzuführen, mit den maurischen Weisen aus dem 12. Jahrhundert in geistiger Verbindung stand."

„Nova Atlantis" - das Herzstück von Francis Bacon

Sehr gespannt hatten die Freunde William zugehört, als er diese parallele Betrachtung aus seiner gedanklichen Schublade hervorkramte. Und William zog noch einen weiteren Schluss, um den Freunden etwas Besonderes bewusst zu machen: „Auffällig ist auch - das kam mir so bei unserem Gespräch -, dass es für den Einzelnen offenbar gar nicht so leicht ist, auf Anhieb die gesamte geistige Tiefe einer Entwicklung auszuloten. Wir helfen uns hier gegenseitig. Da klärt sich dann so manches im Gespräch, weil wir an einem Strang ziehen und geistesgegenwärtig bei der Sache sind. Bacon muss da im Alleingang ganz andere Erfahrungen gemacht haben. Denn als er im Jahre 1620 seinem König Jakob I. das ‚Novum Organon' vorlegte und auf die besonderen Möglichkeiten des noch brachliegenden Verstandes hindeutete, wies ihn der König brüsk ab. Er soll sogar geäußert haben, dieses Werk liege *jenseits aller Vernunft!* "

Jacques wollte noch einmal auf den Okkultismus und die Hexerei zu sprechen kommen: „William, du hast auf die für die damalige Zeit absurden Zukunftsvisionen des Lordkanzlers hingewiesen. Das muss doch für die Ohren bei Hofe und speziell für den König wie die gefährliche Verirrung eines Wahnsinnigen gewirkt haben, der im Umfeld der Magier und Hexer zu suchen ist. Wo blieb dann da die Vorsicht, die der Lordkanzler angeblich walten ließ?"

William machte eine Pause, lehnte sich zurück und antwortete: „Mit diesem Einwand berührst du das intimste Geheimnis des Lordkanzlers. Denn man fand 1626 nach seinem Tod ein unveröffentlichtes Manuskript, das erst 1627 im Druck erschien. Dort wird - populär gesprochen - die Katze aus dem Sack gelassen. Die Schrift nannte Bacon in Anlehnung an Platons Beschreibungen vom Inselstaat Atlantis genauso, besser gesagt, er nannte sie ‚Neu-Atlantis'. Dort steht all das, was er in seinem Herzen trug, was er aber nicht so offiziell zu Lebzeiten sagen konnte oder durfte. Eigentlich ist es dieses Werk, das Bacon einen besonderen Platz in der Reihe der Utopisten gesichert hat. Darüber müssen wir im Hinblick auf unsere Seminararbeit noch ausführlich sprechen. Unser - sagen wir - Vorgespräch hat den Weg zur weiteren Betrachtung schon geebnet.

Es ist offenbar so, dass er das undatierte Manuskript vielleicht in der zweiten Hälfte seines Lebens als eine Art Geheimschrift abfasste und unter Verschluss hielt. Jedenfalls hat er sich dort all seine Empfindungen und Eingebungen von der Seele geschrieben. Eine englische Forscherin, Frances A. Yates, hat die Zeitumstände des Elisabethanischen Zeitalters intensiv untersucht und ebenfalls die Einflüsse, die speziell aus Deutschland auf die englische Insel gelangten."

„Hat sich das auf Bacon ausgewirkt?" wollte Roberto wissen.„Natürlich, man kann vielleicht sogar sagen, dass Bacon zur Verschlüsselung seiner Überlegungen Bilder verwendete, die man in den klassischen Manifesten der so genannten Rosenkreuzer aus Deutschland wiederfinden kann. Am besten ich erzähle euch mal, was er geschrieben hat. Bacon beginnt mit einem Vergleich, einer Allegorie: Seeleute geraten in einen gewaltigen Sturm, werden vom bisherigen Kurs abgetrieben und landen auf einem unbekannten Eiland, einer Insel, die von einer besonderen Stadt - Bensalem genannt - beherrscht wird. Bensalem steht für ‚Ort des guten Friedens'."

„Du sagtest Allegorie", mischte sich Andreas ein. „Ja, Bacon wollte zeigen, wie wir Menschen mit vollen Segeln im Leben unterwegs sind, bestimmte Ziele verfolgen und dass diese Richtung manchmal auf geheimnisvolle Weise durchkreuzt wird. Diese Insel ist ein Traum, ein höherer Traum, weil dort eine Gemeinschaft zusammenlebt, die wir so weit auch das Auge oder Fernrohr reicht, nirgendwo finden. Platon hat das ja in ‚Atlantis' genauso gemacht."

„Was hält die Gemeinschaft zusammen?“ fragte Jacques.

„Nun, es ist eine Gemeinschaft, in der religiöse, wissenschaftliche und künstlerische Ideale zu einem harmonischen Ganzen zusammenwirken. Schon sehr früh war das Christentum zu den Bewohnern von Neu-Atlantis gelangt. Aber dieses Christentum trug keinen konfessionellen Stempel. Man kann das Gefühl gewinnen, wenn es überhaupt geprägt war, dann eher protestantisch.“

„Das leuchtet ein, war doch das Elisabethanische England seit Heinrich VIII. dem Katholizismus abtrünnig geworden. Damit hängt auch das tragische Schicksal des Thomas Morus zusammen. Wir haben ja ausführlich darüber gesprochen, wisst ihr noch?“ warf Jacques dazwischen.

William fuhr mit der Erzählung fort: „Es stellt sich heraus, dass die Schiffbrüchigen zu ihrem eigenen Heil auf die bewusste Insel verschlagen werden. An Land begegnen sie sofort einem Wächter. Dieser trägt eine schöne Schriftrolle und kommt den Gestrandeten damit entgegen. Er rollt sein Dokument aus und zeigt auf einen längeren Text, der am Ende ein Siegel trägt. In der Mitte des Siegels ist ein Kreuz eingeprägt, das durch die Flügel eines Cherubs beschirmt wird. Diese Prägung versinnbildlicht die brüderliche Liebe, auf die in Neu-Atlantis so viel Wert gelegt wird. Alle Besucher müssen sich an das Gesetz der Liebe halten.“

„Sicher wollte der Lordkanzler mit dieser Symbolik zum Ausdruck bringen, dass nur eine tiefe Verbindung zu den wirklich christlichen Grundwerten den Weg in ein zukünftiges goldenes Zeitalter bahnen kann“, betonte Roberto.

„Konnten auch Außenstehende Bewohner der Insel werden?“ wollte Jacques wissen.

„So einfach ging das allem Anschein nach nicht. Man kann das der nächsten Szene entnehmen. Sie werden freundlich empfangen, als Gäste sorgfältig betreut und in einem separaten Gästehaus untergebracht. Dort geschieht etwas Unerwartetes: Man stellt fest, dass sie allerlei Krankheiten auf die Insel mitgebracht haben und davon erst einmal kuriert werden müssen. Und das geschieht auch“, erläuterte William.

„Aber welche Krankheiten sollen sie schon mitgebracht haben, vielleicht waren sie nur von der strapaziösen Fahrt ermüdet!“ wandte Andreas ein.

„Nein, ich meine, diese Parabel zielt tiefer. Denkt an das Siegel. Alles, was von Wohlwollen, brüderlichem Einvernehmen und Toleranz auch im feineren Sinn noch fehlt, sehen die Bewohner von Neu-Atlantis als psychischen Defekt, eben als Krankheit an. Denn dadurch fehlen die Grundkräfte der Harmonie als lebendes Element. Ich glaube nicht, dass die Schiffbrüchigen in dieser Hinsicht als perfekt angesehen werden können. Wir leiden doch auch an allerhand unerwünschten Eigenschaften und Eigenheiten. Manches bedarf da sicher der Therapie, oder?"

Die Freunde waren einsichtig genug, um diese Feststellung nicht in Frage zu stellen. „Bacon erklärt sehr genau den Unterschied zwischen Gast und Bewohner der Insel. Auch wundern sich die Gestrandeten, dass die Krankenbetreuung nichts kostet. Ich denke, hier deutet der Lordkanzler an, dass es offenbar um eine Gesundung grundlegender Art geht, die Aufhebung des Ursündenfalles, wie er es immer genannt hat. Man spürt hier die pythagoräische Lebensweise, die auf eine absolute Harmonie in allen Lebensbereichen hinzielt. Die Grundlinien von Religion und Wissenschaften laufen bei Pythagoras exakt in einem Punkt zusammen", unterstrich Andreas. „Die Seeleute sind also zu ihrem eigenen Heil vom Kurs abgekommen und müssen nun einen völlig neuen Kurs einschlagen. So beginnt die Therapie. Wie lange die Behandlung dauert, darüber wird nichts gesagt. Auf jeden Fall dürfen sie vorerst bleiben.

Bleiben auch wir auf der Insel Neu-Atlantis. Denn die Entwicklung geht weiter. Nach einiger Zeit kommt ein Bevollmächtigter des Inselstaates, um nach dem Rechten zu sehen und einen Besuch abzustatten."

Wir müssen lernen, richtig zu fragen

„Woran ist der Repräsentant zu erkennen?" fragten die Freunde. „Als auffälligstes Merkmal trägt er einen großen weißen Turban. Er gleicht seinem Aussehen nach einem Weisen aus dem Morgenland. Aber etwas ist ungewöhnlich. Nicht zum Turban passt das kleine rote Kreuz an der Spitze. Oder passt es vielleicht doch? Der Würdenträger ähnelt dem weisen Salomo."

Andreas fühlte sich plötzlich inspiriert und erweiterte die Erzählung durch eine Parabel. „Ich sehe den weisen Salomo vor mir als Bauherren des Salomonischen Tempels. Er braucht einige Zeit, bis er sich zu dem gewaltigen Bauwerk entschließt. Und dann sehe ich in der Wüste am Horizont eine lange Karawane. Es ist die Königin von Saba, die nach Weisheit und Erkenntnis Ausschau hält, mit ihrem Gefolge. Sie sucht und findet endlich den weisen Salomo, von dem die Kunde bis zu ihr nach Saba gedrungen war."

„Ich möchte da noch etwas ergänzen", sagte Roberto. „Offenbar galt ihre Sehnsucht aber nicht wirklich dem König Salomo, sondern dessen kundigem Baumeister aus Tyros. Hiram hieß er, glaube ich."

„Aber ich wollte etwas ganz Spezielles damit sagen", entgegnete Andreas. „Der Lordkanzler hatte immer die Idee, dass wir Menschen bei unserem Streben nie stagnieren dürfen. Vielmehr soll jede Entwicklung zu einer Erhebung führen. Die Begegnung der Königin von Saba mit dem König Salomo wäre in dieser Hinsicht nur eine - wenn auch sehr wichtige - Station im Leben und Streben. Letztlich geht es nicht nur um den Bauherrn, man muss vor allem den kundigen Baumeister finden, der den Grundstein und den Schlussstein beim Tempelbau zu setzen vermag."

Die Freunde waren für diese Erklärung sehr dankbar. Roberto dachte noch einmal über den Zug der Karawane durch die Wüste nach und erinnerte sich plötzlich an eine andere dazu passende Parabel der schwedischen Erzählerin Selma Lagerlöf.

Das kostbare Wasser des Lebens

„Wisst ihr, da gab es mitten in der Wüste eine Oase, einen Quell der Weisheit, der randvoll gefüllt war mit den Wassern des Lebens. Irgendwie geriet er aber in Vergessenheit bei den Menschen und trocknete mit der Zeit fast aus. Die Dürre setzte sich als Totengerippe auf den verlassenen Brunnenrand und wartete gierig auf den Tod des Quells. Aber da geschah ein Wunder. Ganz unerwartet wanderte eine riesige Karawane, angeführt von weisen Männern in prächtigen Gewändern durch die Wüste, direkt auf die verlassene Oase zu und füllte den Quell mit dem Inhalt einer nicht zu zählenden Menge von Ledersäcken. Sie enthielten das fehlende Wasser des Lebens. Der hohnlachenden Dürre verging der Spaß. Sie musste sich vom Brunnen und schließlich von der ganzen Oase zurückziehen. Und wiederum kehrte Leben ein, Menschen kamen und tranken vom Wasser der weisen Männer, erquickten sich und brachten die Kunde vom Quell der Weisheit in viele Lande."

„Das könnte auch Baco von Verulam erzählt haben. Denn ihm ging es doch darum, die dürren und gleichsam toten Wissenschaften mit Weisheit neu zu beleben", sagte William dankbar. „Der Lordkanzler hatte ja schon in früherer Zeit immer wieder eine ‚Gemeinschaft der Wissenden' gefordert. Er hat sicher gewusst, dass die Grundlagen vieler Wissenschaften zunächst im Orient gelegt worden waren. Das ist bis in unsere Zeit im Sprachgut erhalten geblieben: Die Schreibweise unserer Zahlen ist arabisch, die Wissenschaften ‚Algebra', ‚Chemie' oder auch ‚Botanik' verdanken wir der orientalischen Weisheit und vieles andere mehr.

Aber wie gesagt, Baco von Verulam wollte bekannte Bereiche weiterentwickeln und zusätzlich neue Wissenszweige erschließen, die harmonisch aufeinander abgestimmt sein sollten. Turban und Kreuz vertreten vielleicht diese Synthese! Forschen also im Zeichen des Kreuzes. Verderbliche und schädliche Wissenszweige sollten keinesfalls entstehen. Vielleicht wollte er auch andeuten, dass die christliche Weltanschauung einmal alle anderen religiösen Richtungen in sich vereinigen könnte. Seiner Meinung nach sind ohne eine grundlegend religiöse Gesinnung nur Irrwege möglich. In einem Aufsatz schrieb er einmal: *Wer die Existenz Gottes leugnet, vernichtet den Adel der Menschheit. Der körperliche Mensch ist mit dem Tier verwandt, er ist wahrlich nicht das Ebenbild des Geistes Gottes. So bleibt er ein gewöhnliches und unedles Geschöpf.* "

„William, was für ein schönes, klares Bekenntnis zum Menschsein! Es ist, als wenn wir zwei verschiedene Naturen vor uns sehen. Um welche Art der Entwicklung es dabei gehen muss, ist eindeutig." „Ich bin zwar gespannt, was die Schiffbrüchigen auf der Insel Neu-Atlantis noch erfahren, aber es ist spät geworden, und wir vertagen uns am besten auf nächste Woche", sagte Jacques.

So packten die Freunde wieder ihre Sachen und machten sich reich beschenkt auf den Heimweg. Es hatte sich in den letzten Monaten bei ihren Treffen in Stadtamhof eine gegenseitige herzliche Zuneigung entwickelt. Jeder verstand den anderen schon am Blick, an den Gesten, auch wenn einmal nicht gesprochen wurde.

Jede Münze hat zwei Seiten

Der Wunsch, das absolut Gute als bleibenden Faktor auf Erden zu verankern, ist uralt. Es wurde bisher aber nie erreicht. Dieses Thema spielte auf dem Nachhauseweg der Freunde eine große Rolle. Roberto, Andreas und Jacques schlenderten, nachdem sie sich von William verabschiedet hatten, langsam an blumengeschmückten Vorgärten vorbei in Richtung Donau. Ab und zu blieben sie stehen. Da zeigte Andreas auf die mächtigen Domtürme mit dem gewaltigen neugotischen Helmabschluss. „Roberto und Jacques, was seht ihr dort?"

„Natürlich die herausragenden Türme im Altstadtpanorama, der eine ist eingerüstet wegen verschiedener Schäden, der andere ist offenbar in Ordnung", antworteten beide.

„Mir kam da so ein Gedanke zum Forscherdrang des Lordkanzlers Bacon. Er wollte doch eine Wissenschaft, die - egal auf welchem Gebiet - immer nur dem Wohl der Menschheit dienen sollte. Wir leben aber in einer Ordnung, von der kein Mensch sagen kann, wie lange die Schokoladenseite sichtbar bleibt und wann sich der Pferdefuß zu erkennen gibt. Vor dem Zweiten Weltkrieg wurde zum Beispiel das Prinzip der Antibiotika entdeckt, und man konnte mit einem Schlag durch das Penicillin gefährliche Infektionserreger bekämpfen. Aber bald mussten die Forscher erkennen, dass die Natur Gegenmaßnahmen traf. Die Mikroorganismen entwickelten Resistenzmechanismen, wandelten sich also in ihrem Verhalten und wurden oft noch viel gefährlicher. Aus der neuen Ordnung entstand wieder Unordnung. Alles geht fortwährend von vorne los. Ordnung und Unordnung sind siamesische Zwillinge, wie etwa die beiden Türme des Domes. Da steht der intakte Turm neben dem Turm mit den diversen Schäden. Man kann darauf warten, bis auch der intakte Turm baufällig wird und eingerüstet werden muss. Gut und schlecht sind Zwillinge. Wahrscheinlich hat der Lordkanzler gedacht, man könne alles ein für allemal in Ordnung bringen, oder?" „Ein sehr anschauliches Beispiel! Das prägt sich ein", antworteten Roberto und Jacques.

Wahre Toleranz herrscht nur im Kern der Religionen

Beim nächsten Treffen herrschte angenehmes spätsommerliches Wetter. Der Wind säuselte leise und bewegte die silbern und matt grünlich schillernden Blätter der hohen Pappeln an der Donau. Besonders einladend wirkte die Ecke unter den Holunderbüschen. Frau Kammermeier hatte für ihre „Philosophen" vier Teller mit Zwetschgenkuchen bereitgestellt und eine Kanne guten Kaffees.

„So lässt es sich aushalten", meinte William, bevor er das Gespräch über den Lordkanzler und dessen utopischen Staat wieder aufnahm. „Da war doch die Sache mit dem weißen Turban des Magiers und dem kleinen Kreuz auf der Spitze. Wir haben in dieser Symbolik eine Verknüpfung zwischen Orient und Okzident gesehen, religiös und wissenschaftlich. Das möchte ich mit euch noch etwas ausführlicher beleuchten. In ‚Neu-Atlantis' berichtet Bacon von einem jüdischen Kaufmann, der zum festen Bestandteil der Einwohnerschaft von Bensalem gehörte. Er war Jude und beschnitten, aber er durfte seine Religion und Kultur in Neu-Atlantis pflegen und bewahren." „Aber wie ist das mit dem Siegel und den Vorschriften?", fragte Roberto. William antwortete: „Es scheint, dass die Bewohner ungemein tolerant waren. Die Vergangenheit eines Menschen spielte bei ihnen offenbar keine Rolle. Eines musste allerdings für jedermann bestimmend sein: Die Atmosphäre von Bensalem durfte nicht beeinträchtigt werden. Ihr seht das gleich bei Bacons Ausführungen bestätigt. Denn die Vergünstigung, die man dem jüdischen Kaufmann gewährte, erklärt sich dadurch, dass sich dieser Jude sehr vom Verhalten mancher anderen Juden unterscheidet. Bacon wählt einen sehr krassen Kontrast, wenn er sagt: *Denn während die anderen Juden den Namen Christi hassen und gegen das Volk, bei dem sie wohnen, im Stillen eine tief eingewurzelte Abneigung hegen, haben die Juden von Bensalem volles Verständnis für die meisten göttlichen Eigenschaften unseres Heilands und sind dem Volke Bensalems mit großer Liebe zugetan.* "

Andreas war sehr berührt, als William diese Gedanken äußerte. „Wisst ihr, vielleicht wollte Bacon hier darlegen, dass kein Mensch innerhalb der Regularien und Dogmen einer bestimmten Religion festgelegt bleiben muss. Wer den geistigen Regeln folgt, die keiner Beschränkung irgendwelcher äußeren Religionsform unterliegen, entwickelt allmählich ein allumfassendes Verständnis und bewegt sich auf das rein geistige Zentrum zu."

William bestätigte diese Worte und ergänzte: „Judentum, Islam und Christentum können einander sehr wohl auf einer höheren Ebene ohne Widerspruch begegnen und finden dort in einem gemeinsamen Punkt zusammen. Was dann rückblickend an Unterschieden bestehen bleibt, hat mit der Zeitepoche zu tun, in der die jeweilige Philosophie als Kulturreligion entstand. Der verborgene Kern jeder einzelnen weist aber immer dieselbe Signatur auf."

„Man darf das Kreuz auf dem Turban nicht mit einem Hinweis auf eine äußere Religionszugehörigkeit verwechseln, was aber immer wieder geschieht. Das innere Auge sieht etwas ganz anderes, nämlich ein lichtvolles Kreuz, das aus vielen geistigen Einflüssen besteht, die in einem Punkt zusammenlaufen."

Dieser Gedanke senkte sich tief in das Verständnis der Freunde ein. William sprach weiter: „Jetzt kommt ein besonderer Würdenträger zu den Gestrandeten. Er weiß, dass sie das Siegel und die Verfassung gelesen haben und akzeptieren, wie Kranke behandelt zu werden - oder soll ich sagen: weiterhin behandelt zu werden? Der Würdenträger sieht ihnen sehr genau ins Gesicht und erforscht, welche Wirkungen der bisherige Aufenthalt auf Bensalem schon gezeitigt hat."

Das Kollegium im Haus des Salomo

„Die Weisheit des Salomo ist sprichwörtlich. In der Erzählung von Neu-Atlantis greift Baco von Verulam dieses auf, denn er vergleicht den Würdenträger mit Salomo. Dessen geschulter Blick verleiht ihm tiefe Einblicke. Deshalb führt er die Gestrandeten in dieser oder jener Hinsicht noch viel tiefer in das Streben des Volkes von Bensalem ein. Er geht dabei nur schrittweise und sehr vorsichtig vor, es handelt sich um eine Art innerer Schulung."

Jacques fragte, woran man das merke. „Das ist es eben, es sind vor allem die Fragen der Gestrandeten, die den weiteren Gang des Geschehens bestimmen. Zunächst fragten sie, warum die Bewohner ausnahmslos alle Sprachen Europas auf Neu-Atlantis sprechen und zum Zweiten, warum sie so gut über alle Verhältnisse in der Welt informiert seien, obwohl merkwürdigerweise von ihnen niemand Kenntnis habe. Der Würdenträger lächelte freudig und verständnisvoll: Es sei gut, dass sie das gefragt hätten! Im gleichen Atemzug betonten die Gestrandeten, die Einwohner von Bensalem wirkten auf sie so, als strömten sie fortwährend ein geheimnisvolles Licht aus, das von göttlichen Mächten herrühren müsse. Wieder lächelte der Würdenträger vielsagend und bemerkte wie im Scherz, dass die Fremden sehr wohl imstande seien zu erkennen, dass etwas Ungewöhnliches in diesem Lande herrsche, aber dass sie das Geschehen nicht als magisch-okkult, sondern vielmehr als dem Reich der Engel angehörig betrachten müssten. Genau so hat es Bacon ausgedrückt."

Roberto unterbrach William an dieser Stelle. „Seht ihr, hier fühlt man wieder die absichernde Reißlinie bei Bacon. Keinesfalls möchte er in den Geruch der negativen Magier, Hexer oder Alchemisten kommen." William nickte zustimmend und erzählte noch etwas über das Kollegium, das im „Haus des Salomo" arbeitete. Es bestand aus einem größeren Stab von Gelehrten, die gleichzeitig auch das Priesteramt ausübten. Manchmal gingen einige von ihnen gemeinsam mit einem besonderen Auftrag in fremde Länder. Dort waren sie dann unsichtbar in dem Sinn, dass sie sich in Kleidung und Erscheinung den fremden Ländern genau anpassten. Ihre Arbeit stand immer im Dienst von *Gottes erster Schöpfung, die das Licht ist, um Erleuchtung über die Entwicklung aller Teile der Welt zu bringen.*"

Andreas sagte: „Ich habe das Gefühl, als sei die Insel Neu-Atlantis eine rein geistige Oase, die man weniger geographisch als vor allem durch eigene innere Erhebung finden muss. Sie ist überall und doch nirgends, so kommt es mir jedenfalls vor. Jeder kann dort die Sprache sprechen, die für den jeweiligen Augenblick nötig ist. Vor allem imponieren mir das innere Einvernehmen und die vorbehaltlose Zusammenarbeit der Gelehrten und Priester. Das ist doch wohl das Anliegen oder der Auftrag, den der Lordkanzler in seiner Parabel zum Ausdruck bringen wollte. Vieles ist möglich und vieles ist nötig, damit diese Erhebung innerhalb der Menschheit zustande kommen und sich eine solche Gemeinschaft bilden kann."

Eine bunte Vielfalt von Freidenkern

Bei der letzten Zusammenkunft hatten die Freunde vereinbart, dass sie gemeinsam dem geheimnisvollen geistigen Netzwerk zu Beginn des 17. Jahrhunderts auf die Spur kommen wollten. Alle vier beschäftigten sich intensiv mit der Literatur dieser Zeit.

Andreas machte dazu eine Bemerkung, welche die anderen aufhorchen ließ. Er hatte nämlich per Zufall - was man eben so Zufall nennt - einen holländischen Autor der Gegenwart ausfindig gemacht, der in seinem Titel: „Die Netzwerke der Rosenkreuzer" ja genau diesen Begriff gebraucht hatte. „Wie heißt er und was hat er geschrieben?", wollten sofort die Freunde wissen.

„Er heißt Harrie Salman und bereiste ganz Europa, um den Geschichten vom heiligen Gral und vom Rosenkreuzertum auf die Spur zu kommen. Bemerkenswert ist dabei, dass er sowohl in Moskau als auch in Prag als Lehrbeauftragter zum Thema ‚Die geistige Signatur Europas' Vorlesungen hält." Jacques räusperte sich und meinte vielsagend: „Ich glaube, da wird so manches Interessante zu unserem Seminarthema abfallen." „Richtig", bestätigte Andreas, „denn je länger Salman unterwegs war und in den Bibliotheken studierte, desto mehr kam es ihm so vor, als speise sich das geistige Gedankengut des 16. und 17. Jahrhunderts gleichsam aus drei Quellen, von drei Ebenen aus." Jacques hatte bei dieser kurzen Schilderung seine Antennen sofort am weitesten ausgefahren und wollte genau wissen, welche drei Ebenen gemeint wären. Doch Andreas antwortete ihm, die Gesprächsrunde solle sich anhand von Quellenangaben selbst ein Urteil darüber bilden. „Aber wie kommt Harrie Salman zu seiner Einschätzung?", fragte William.

„Er sieht drei verschlungene Kreise in einem Netzwerk quer durch die damalige Gesellschaft und auch quer durch die herrschenden religiösen Bekenntnisse. Es handelte sich um Freidenker, die den unterschiedlichsten Schichten und Berufen angehörten. Salman meint, der entscheidende verbindende Faktor sei eine Art innerer Religiosität."

„Aber irgendwelche Gruppierungen müssen doch eine Rolle gespielt haben", sagte Roberto. „Fest steht, dass vor allem die Herrschenden, zum Beispiel die Fürsten, eine für die geistige Entwicklung begünstigende Rolle gespielt haben, quasi als Mentoren oder Tutoren", befand Andreas. „Aber auch bestimmte Reichsstädte und Gelehrte an Universitäten waren in unterschiedlichen Graden an diesem Geschehen beteiligt. Zudem gab es gute Einflussmöglichkeiten über die Erzieher an den Fürstenhöfen, über bestimmte Leibärzte der Fürsten und natürlich auch über manche Künstler und Theologen. Letztere hatten es wohl am schwersten, sich zu dem neuen Gedankengut zu bekennen und es zu verbreiten, da sie durch ihr Amt der äußeren Religionsform besonders verpflichtet waren."

Das geistige Netzwerk des Rosenkreuzertums

Andreas breitete seine Neuigkeiten zum spirituellen Freidenkertum weiter aus und sagte: „Alle dazugehörigen Vertreter bildeten ein großes spirituelles Netz. Ob sie sich nun im Einzelfall Rosenkreuzer nannten - analog zu den Schriften des Württemberger Theologen Johann Valentin Andreae - oder nicht, spielt dabei sicher keine wesentliche Rolle. Entscheidend sollte allein die besondere Art des Geistesgutes sein, die sie untereinander verband. Es ist möglich, dass es eine erste Ebene gab, deren Vertreter in der Öffentlichkeit nie bekannt waren, die aber gewisse geistige Impulse in eine Schar Empfänglicher, also einen zweiten Kreis, leiteten. Das würde bedeuten, dass der anonyme innere Kreis den zweiten Kreis sozusagen ‚erwählte', damit dieser das Gedankengut in der Öffentlichkeit verbreitete. Der innere Kreis wären dann ‚die Rosenkreuzer im engeren Sinn', der zweite Kreis Menschen, die rosenkreuzerisch beeinflusst waren; und dann gab es den weiten dritten Kreis, der die geistigen Impulse des zweiten Kreises auf unterschiedliche Weise popularisierte. So könnte es gewesen sein. Damit kommen wir wieder auf Johann Valentin Andreae zurück." Aufgrund dieser Mitteilungen sahen sich die Freunde veranlasst, die verschiedenen Schriften über das klassische Rosenkreuzertum genauer unter die Lupe zu nehmen.

Wer war Johann Valentin Andreae?

Literarisch ist das Rosenkreuzertum vor allem mit dem Autorennamen Johann Valentin Andreae verknüpft, was die Freunde ja bereits den Mitteilungen von Harrie Salman entnommen hatten. „Wer war Andreae wirklich und was hat er geleistet?" fragte Andreas, „das ist doch die entscheidende Frage, die wir uns stellen müssen. Und ob er eine echte Utopie verfasst hat. Was die Geschichtsschreibung angeht und die greifbare äußere Biographie, so ist vieles über ihn bekannt." „Ich habe zum Beispiel zwei umfangreiche Kataloge aus dem Jahre 1986 in die Hände bekommen", sagte William. „Damals hatten sich aus Anlass des 400. Geburtstages von Andreae verschiedene Städte, in denen er gewirkt hatte, mit der evangelisch-lutherischen Kirche Württemberg zusammengetan, um sein Lebenswerk zu würdigen. Man nannte ihn - und das kam in einer ganzen Reihe von Vorträgen heraus -, einen universellen Geist des 17. Jahrhunderts und zwar aus internationaler Sicht. Hier zeige ich euch einmal das Deckblatt des Katalogs. Man sieht Andreae im fortgeschrittenen Alter, sehr ernst dreinschauend und Respekt gebietend, mit hoher etwas gefurchter Stirn, schütterem Haar und einem gepflegten Backenbart, der am Kinn lang und spitz ausläuft. Außerdem trägt er eine Spitzenhalskrause und einen dunklen Talar, wie er bei den protestantischen Theologen seiner Zeit gebräuchlich war. Ich denke, dieser Stich stammt wohl aus der Zeit, als Andreae schon bestallter Konsistorialrat und Hofprediger in Stuttgart war."

„Aber das ist sicher nur die eine Seite dieses Mannes", wandte Roberto ein. „Wie sieht es mit seiner Utopie aus?"

„Langsam, langsam, mein Lieber, du galoppierst wie ein Füllen drauflos und läufst Gefahr, über Kopf zu gehen", antwortete Andreas lachend. „Man muss sehr verschiedene Epochen in Andreaes Leben unter die Lupe nehmen. Das ist jedenfalls meine Meinung.

Da sind zunächst die Schriften, die als Manifeste des Rosenkreuzes in die Literatur Eingang fanden. Andreae war kaum siebzehn Jahre alt, als er sie verfasste, also konnte von großer Lebenserfahrung noch nicht die Rede sein. Den Dreißigjährigen Krieg mit all den Verwüstungen, der Plünderung und Brandschatzung von Calw im Jahr 1634 durch die kaiserlichen Truppen, hatte er noch gar nicht erlebt. Da musste er sich dann bewähren, und er hat sich auch bewährt. Die kaiserlichen Söldner ermordeten viele Bürger in der kleinen Stadt, setzten Häuser in Brand und verschlossen von außen die Stadttore, damit niemand entkommen konnte.

Auf Schleichwegen gelang es Andreae dennoch, gemeinsam mit vielen anderen Bürgern zu fliehen."

Während Andreas dies alles schilderte, kam Roberto zu der Überzeugung, die Rosenkreuzer-Manifeste müssten inspirierte Schriften sein. Denn vom Alter her war Andreae noch sehr jung gewesen, als er sie schrieb: Sein Leben lag noch vor ihm, ein Leben, das viele Prüfungen für ihn bereit halten sollte. Deshalb sagte Roberto zu den Freunden: „Eine persönliche Note, die bei einem Autor im fortgeschrittenen Alter entsprechend seiner Lebenserfahrung zu Tage tritt, ist in den Manifesten an keiner Stelle zu spüren. Auch wenn wir über Stil und Inhalt noch nicht gesprochen haben, darf man wohl sagen: Wir haben hier mehrere zunächst rätselhafte und gleichwohl tief inspirierte Schriften vor uns. Andreae und sein Tübinger Kreis - mit den älteren Freunden wie etwa Tobias Hess und Christoph Besold - gehörten demnach wohl zum Kreis der Empfänglichen, also zum zweiten Kreis des rosenkreuzerischen Netzwerkes. Was meint ihr?" „So kann man es sehen", antwortete Andreas. „Dass die Schriften dann im Jahre 1614 in Kassel gedruckt werden konnten, führt uns vielleicht zum dritten Kreis. In Kassel herrschte damals der Landgraf Moritz von Hessen-Kassel, ein liberaler Mann, der für Erneuerungsimpulse geistiger Art viel übrig hatte. Er war sehr tolerant und aufgeschlossen und trug allein durch diese Einstellung viel zur Popularisierung derartigen Gedankengutes bei", ergänzte William. „Interessant ist natürlich, dass Andreae beziehungsweise der Tübinger Kreis in späteren Zeiten nie mehr etwas Ähnliches schriftlich thematisiert hat."

Die Manifeste des Rosenkreuzertums

Die Freunde versetzten sich nun so gut es ging in die Zeit des Dreißigjährigen Krieges. Dabei spielte der merkwürdige Umstand eine Rolle, dass der Tübinger Kreis sehr rasch verstummte. „Das kann natürlich an den Wirren des ausbrechenden Krieges gelegen haben oder auch ganz einfach daran, dass der vierteilige Kanon der Manifeste mit den Themen der so genannten Rosenkreuzerbruderschaft - Der Ruf der Rosenkreuzerbruderschaft, 1614; Die Confessio der Rosenkreuzerbruderschaft,

1615; Die Chymische Hochzeit des C.R.C., 1616; Christianopolis, 1619 - ein abgeschlossenes Ganzes bildet", meinte Roberto.

„Man kann es zunächst als eine Art Geheimschrift sehen, die entschlüsselt werden muss. Das wird aber nicht ganz einfach sein. Wir könnten es philologisch-philosophisch versuchen. Aber ob das ausreicht, um dem Inhalt gerecht zu werden, ist doch sehr fraglich", überlegte Andreas. „Als Erstes müssen wir den roten Faden der Lehre, um die es geht, herausfinden. Doch auch hier braucht man zur Umsetzung zunächst einen philosophischen Zugang. Vielleicht kann man die Manifeste als Symbol für einen inneren Weg betrachten wie etwa die ‚Divina Commedia' des Dante."

Darauf einigten sich die Freunde, sie sahen in Gedanken die Manifeste wie einen Fels in der Brandung des damaligen Zeitgeschehens: Viele Wogen zerschellen an diesem Felsen, wollen ihn gleichsam unterhöhlen und vernichten.

Und so war es tatsächlich: Viele offizielle Stellen rieben sich an Form und Inhalt, lehnten beide mit einem achselzuckenden Lächeln ab und verwarfen sie. Man kann aber auch Merkmale der Verfolgung finden, nämlich dann, wenn einzelne Menschen die Texte als wahr und realisierbar erkannten und sie in der Öffentlichkeit vertraten.

Man muss bedenken, Andreae lebte noch in der Zeit der Gegenreformation. Sein Leben vollzog sich in einem eigenartigen Spannungsfeld. Da war sein Großvater, der ehemalige Kanzler der Universität Tübingen, Jakob Andreae. Er war ein Vertrauter Luthers und bemühte sich um einen allgemein verbindlichen Zuschnitt des Luthertums in Württemberg. Ihm fühlte sich Andreae persönlich verpflichtet. Auf der anderen Seite floss durch Andreaes Feder der Auftrag einer viel weiter reichenden Weltreform in Gestalt der Rosenkreuzer-Manifeste. Andreas hatte im Jubiläumskatalog der Stadt Calw ein bemerkenswertes Zitat aus dem Mund von Johann Gottfried Herder gefunden, der hundert Jahre nach Andreae dessen Schreiben und Tun auf besondere Weise würdigte: „Zunächst spricht Herder vom Bilderreichtum der inspirierten Schriften als einer sinnreichen Einkleidung, man kann auch sagen Verhüllung. Herder sind beim Lesen offensichtlich viele Lichter aufgegangen."

„Jetzt musst du dich aber deutlicher ausdrücken, das ist mir alles zu allgemein gesagt", bemerkte William.

Andreas lachte: „Ich wollte euch auf subtile Art auf das Kommende einstimmen. Herder äußerte wortwörtlich: *Andreae sagt die Wahrheit mit so viel Liebe und Redlichkeit, Kürze und Scharfsinn, sodass er in seinem streitenden, verketzerten Jahrhundert wie eine Rose unter Dornen noch jetzt neu und frisch dasteht und in zartem Wohlgeruch blühet.* Johann Gottfried Herder war protestantischer Amtsbruder und sah sehr deutlich die Realität seiner Zeit und die Folgen nach dem schrecklichen Dreißigjährigen Krieg. Denn was hatte sich gebessert? Voll Bewunderung sprach er über Andreae: *Er sagt es in Wahrheiten, die wir uns jetzt kaum, nachdem wir ein Jahrhundert weitergerückt sind, zu sagen trauen!*"

„Mir scheint, dass es eine ungeheure geistige Kraft war, die Andreae als geeignetes Werkzeug auswählte und gebrauchte. Damit soll sein Wirken in keiner Weise geschmälert werden", stellte William fest. „Ich glaube einfach, dass bei vielen tiefgründigen Schriften höhere Kräfte im Spiel sind, die einem geeigneten Menschen die Hand führen. Die Person Andreae und der Tübinger Kreis sind wohl nur in zweiter Linie von Bedeutung."

„Die inspirierenden Kräfte der Rosenkreuzer-Manifeste, die durch Johann Valentin Andreae sprachen, stellten die Heilige Schrift als lebendige Macht an vorderste Stelle. So steht im zehnten Kapitel der Confessio geschrieben, *dass den Menschen kein großartigeres, bewunderungswürdigeres und heilsameres Werk als die Bibel geschenkt wurde: Gesegnet, wer sie besitzt, gesegneter, wer sie liest, am gesegnetesten, wer sie gründlich kennt. Während Gott am ähnlichsten ist, wer sie sowohl begreift als auch befolgt.*"

Andreas hatte genau diese Stelle in der „Confessio" gefunden. „Da könnt ihr sehen, welch ungeheure Vertiefung hier angesprochen wird. Das ist ein Programm für ein ganz neues Leben. Vorhin haben wir das noch nicht in seinem ganzen Umfang erkennen können. Gewaltige Stufen der Veränderung sind wohl nötig, um dem obersten Gesetz der Bibel zu entsprechen."

„Hier begegnet man der Wahrheit nicht in Form eines Regelkatalogs, sondern einer inneren Signatur nach, so kommt es mir zumindest vor", pflichtete Jacques seinem Freund bei. „Auf jeden Fall ist dies eine Form positiver Utopie. Die Welt oder das Dasein muss von Grund auf neu gestaltet werden. Sonst bleibt alles beim Alten. Es muss Raum geschaffen werden für eine ganz neue innerliche Entwicklung."

Auf den Spuren des Johannes Arndt

Andreas griff den Gedanken noch einmal auf: „Johann Valentin Andreae hat doch all das, was den Menschen verändern kann, bereits bei einem ‚Vorgänger' studiert, der in Lüneburg beziehungsweise Celle als Theologe tätig war, ich meine Johannes Arndt. Er arbeitete als Prediger und verfasste in den Jahren bis etwa 1610 die bekannten ‚Vier Bücher vom wahren Christentum'. Im Nu waren damals diese Schriften weit verbreitet und zeigten eine überraschend große Wirkung." „Siehst du da auch eine Beziehung zu Andreaes Manifesten?", wurde Andreas sofort bestürmt. „Bedenkt doch mal, wie pragmatisch Johannes Arndt seine stufenförmigen Einsichten schon in den Titeln benannt hat, ganz ähnlich wie es auch in der ‚Confessio' ist", antwortete Andreas. „Das erste Buch nennt er ‚Das Buch des Gewissens'. Dort wird eine tiefe Selbsteinsicht gefordert. Dafür verlangt er konkrete Beweise. Es müsse etwas ganz Neues zum Tragen kommen. Deshalb heißt das zweite Buch ‚Das Buch des Lebens'. Der Mensch soll auf den Spuren eines dienenden Lebens wandeln. Dadurch verändert er sich ständig. Er muss ein Diener des inneren Christus werden.

Man erkennt, dass der Mensch durch innere Einsicht allmählich zum Prototyp eines Wegbereiters heranwächst. Dann steht er wie Johannes in der Lebenswüste, er dient und arbeitet. Deshalb nennt Arndt das folgende dritte Buch - gleichsam als Beweis - ‚Das Buch des inneren Menschen'. Dieser innerlich erwachte Mensch steht inmitten der üblichen Lebensumstände, aber auf eine völlig neue Weise."

„Und du willst sagen, er selbst ist auch von den üblichen Lebensumständen unabhängig geworden? Gleichzeitig bleibt er aber mit den anderen Menschen in enger Verbindung? Er bleibt ihnen treu, weil er ihre Lage durchschaut und innerlich versteht?" fragte Jacques, den dieses Thema sehr bewegte.

„Ja, in etwa so hat Arndt das ausgedrückt“ antwortete ihm Andreas. „Deshalb nannte Arndt sein letztes Buch wiederum von der praktischen Seite her ‚Das Buch der Natur‘. Diese Natur ist jedoch nur zum Teil identisch mit der äußeren uns umgebenden Natur. Genau genommen ist inmitten der alten Lebensumstände zusätzlich eine neue innerliche Natur entstanden. Ihr seht, hier finden wir deutliche Übereinstimmungen bei Andreae und Arndt, wobei die Texte von Arndt zuerst erschienen; aber beide Schriften dienen gleichermaßen dem spirituellen Netzwerk, wenn ich das so ausdrücken darf.“

Das löste bei Roberto ein spontanes Echo aus. „Wenn ich über all das nachsinne, dann kommt mir nur ein einziger Gedanke: Bewegung, Bewegung, Bewegung! Was ich damit sagen will: Es kommt nicht darauf an, was wir als Menschen sagen, sondern allein auf das, was wir innerlich sind und konkret im Leben bewegen. Wir müssen uns ins Stammbuch schreiben: Philosophie allein befreit nicht, sondern nur das reine Tun! Das wollte Arndt offenbar sagen. Deshalb sprach er nicht einfach vom Christentum, sondern vom wahren Christentum. Das falsche oder selbstgefällige kannte er - wie es scheint - aus ureigener Beobachtung.“ Dem stimmten die Freunde zu, aber Roberto war mit seiner Betrachtung noch nicht zu Ende. „Die Frage heißt doch: Muss man sich nicht vielleicht zu einer größeren Gruppe zusammenschließen, um eine solche Entwicklung gemeinsam zu bewerkstelligen? Jedenfalls muss die Trägheit des Herzens überwunden werden. Und das drückt Johannes Arndt so aus: *Wer Gott dienen will, muss zuerst dem Mitmenschen dienen. Wer dem Mitmenschen tatsächlich zu dienen beginnt, wird auch in jedem Fall der Wahrheit dienen. Denn diese wird sich als tiefe Einsicht bemerkbar machen. Dadurch wiederum wird vielleicht die Möglichkeit geschaffen, die Wahrheit auch in anderen Menschen zu entzünden.*“

Karl von Eckartshausen

Der kulturbeflissenste der Freunde war Jacques. Er pilgerte immer wieder - auch allein - durch die Regensburger Altstadt und entdeckte dabei so allerlei. Auch schlenderte er gern die Gesandtenstraße entlang, die ihren Namen wegen einer ganzen Reihe von Gesandtschaften trägt, die in der Zeit des immerwährenden Reichstages die Interessen ihrer Fürsten bis zum Ende des Heiligen Römischen Reiches Deutscher Nation dort wahrnehmen mussten. In der Gesandtenstraße gibt es auch eine Buchhandlung, die eine große Anziehungskraft auf das Publikum ausübt. Sie heißt nach ihrem Gründer Pustet.

Jacques blieb oft vor den Schaufenstern stehen und interessierte sich speziell für das reichhaltige Angebot antiquarischer Bücher. Aber auch die Fülle der Sachtitel über Regensburg, Altbayern und die Zeit der alten Römer, die an der Donau bereits 179 n. Chr. unter Kaiser Marc Aurel ein großes Kastell zur Abwehr gegen die Germanen bauten, weckte sein Interesse.

Die Karriere

Er liebte die Atmosphäre der Buchhandlung. Und da er ohnehin für sich und seine Freunde nach etwas Neuem für die Seminararbeit suchen wollte, betrat er den Laden und ging hinauf in den ersten Stock. Dort blieb er vor einer großen Bücherwand mit Titeln über New Age, Esoterik und Religionsphilosophie stehen. Das bemerkte ein älterer Buchhändler, der die Abteilung betreute. „Kann ich etwas für Sie tun?", fragte er.

„Ich habe an Sie als Fachmann eine ganz spezielle Frage. Gibt es vielleicht aus der Kurbayerischen Zeit einen Autor, der sich auf religionsphilosophischem Gebiet besonders hervorgetan hat? Vor allem mit eher unkonfessionellen Gedanken?"

„Da muss man freilich wie nach einer Stecknadel im Heuhaufen suchen", meinte der Buchhändler. „Aber es gab tatsächlich einen, den könnte man sogar zu den so genannten Utopisten zählen. Sie haben Glück. Neulich erst habe ich in seiner Biographie gelesen und kann Ihnen deshalb etwas Genaueres sagen.

Er war ein Adeliger, der als geheimer Hofrat und Sekretär am Kurbayerischen Hof in München tätig war zur Zeit des Kurfürsten Karl Theodor, etwa ab 1776. Sein Lebensweg war in mehrfacher Hinsicht denkwürdig, denn er kam 1752 als uneheliches Kind der Maria Anna Eckart zur Welt. Das Delikate daran war, dass er der leibliche Sohn des Grafen Karl von Heimhausen war, aber von der adeligen Familie nicht anerkannt wurde. Schon in jungen Jahren zeigte er sich außergewöhnlich begabt. Ab seinem achzehnten Lebensjahr studierte er an der neu geschaffenen Jesuiten-Universität in Ingolstadt Jura und Philosophie. Auch bestach er durch seine außergewöhnliche Auffassungsgabe und sein gewinnendes Wesen. Für alles Neue zeigte er sich aufgeschlossen. Es war ja schließlich die Zeit der Aufklärung."

„Darf ich Sie unterbrechen?", fragte Jacques höflich. „Sie haben seinen Namen noch nicht genannt. War er nun adelig oder nicht?"

Der Buchhändler nahm umständlich die Brille von der Nase und sagte nachdenklich: „Das ist eine gute und berechtigte Frage. Zunächst ist es einmal so, dass er von der Mutter den Vornamen seines leiblichen Vaters erhielt, nämlich Karl. Und jetzt sage ich Ihnen etwas Besonderes: Karl Eckart wurde bei Hofe in München bereits 1776 geadelt. Dabei wurde der Familienname seiner Mutter Eckart in ‚von Eckartshausen' umgewandelt. Den Ruf an den Hof in München hatte er seiner Studienleistung in Ingolstadt zu verdanken. Hinzu kam seine außergewöhnlich liebenswürdige Art im Umgang mit den Menschen. Deshalb ist sein Name von Eckartshausen in den bayerischen Adelsmatrikeln eingetragen. Bereits ein Jahr später, 1777, wurde er Mitglied der Akademie der Wissenschaft. Auch hatte er bald bei Hofe Einblick in viele Dinge, die nicht öffentlich gemacht wurden. 1784 wurde er geheimer Archivar und heiratete in diesem Jahr die Tochter des Leibarztes des Kurfürsten. Er konnte seine Gedanken auf allen Gebieten klar und eindeutig zu Papier bringen. Aus seiner Feder stammten viele Reden, die der Kurfürst halten musste. In der Zeit der Aufklärung zählte von Eckartshausen in Bayern zweifellos zu den feinsinnigsten Freidenkern. Eine Klippe musste er dabei allerdings mit Glück und Geschick umschiffen. Sein angeborener Gerechtigkeitssinn half ihm dabei. Denn 1776 gründete

Adam Weißhaupt in Ingolstadt den so genannten Illuminatenorden, eine Freimaurerloge. In dieser Gesellschaft gab es verschiedene innere Grade. Vierundzwanzigjährig trat von Eckartshausen dem Orden bei. Aber es entwickelten sich dort bald Umtriebe und Spaltungstendenzen. Die geistige und sittliche Orientierung geriet dadurch ins Hintertreffen. Machtgierige Mitglieder neigten zu politischer Verschwörung. Man wollte sogar den Kurfürsten stürzen, die traditionelle Religion abschaffen und eine Religion der intellektuellen Vernunft auf den Thron setzen. Das konnte von Eckartshausen nicht mit seinem Gewissen vereinbaren. Deshalb warnte er den Kurfürsten, zumal er feststellen musste, dass im Kurfürstlichen Archiv plötzlich wichtige Dokumente fehlten." „Da hätte er selbst leicht in ein schiefes Licht geraten können", unterbrach Jacques die Rede des Buchhändlers.

„Ganz sicher, denn man muss natürlich auch sehen, dass seine Haltung als billiger Opportunismus und Anbiederung bei Hofe missdeutet werden konnte, zumal der Orden wenig später vom Kurfürsten verboten wurde. Aber betrachten wir einmal die Lebenseinstellung des geheimen Hofrats genauer. Er verfasste zum Beispiel bedeutsame Schriften über die Moral seiner Zeit und kümmerte sich um die Sittlichkeit der Jugend. Schon in jungen Jahren interessierte er sich für die Geheimnisse der Stoffumwandlung. Dabei maß er der Alchemie geistige Grundlagen bei. Zwischen 1788 bis 1792 schrieb er ein Buch mit dem Titel: ‚Aufschlüsse zur Magie'. Er entdeckte das theosophische Gedankengut Jakob Böhmes und war davon sehr berührt. Für notleidende Menschen hatte er immer einen mitfühlenden Blick, kümmerte sich um Kriegsgefangene und Verwundete und zog mitten im Winter einmal seine warme Kleidung aus, um damit französische Soldaten zu versorgen, die nach Ungarn abkommandiert wurden.

Sein Hauptwerk trägt einen wunderbaren Titel. Es sind eigentlich sechs Briefe, die er als geistiges Vermächtnis seines Lebens zu einem Ganzen zusammengefasst hat. Dabei hält er den verblendeten Aufklärern seiner Zeit den Spiegel der Wahrheit vors Gesicht. Der Untertitel lautet nämlich: ‚Etwas, wovon sich die stolze Philosophie unseres Jahrhunderts nichts träumen lässt!'. Dieses Buch von 1802 ist unter dem

Haupttitel ‚Die Wolke über dem Heiligtum' bekannt geworden. Dort schilderte er eine Menschengemeinschaft, die allein von Christus, dem Geist der Güte, Weisheit und Wahrheit, geleitet wird. Betrachtet man die Zeitumstände, dann wirken diese Briefe sehr bewegend, zugleich aber auch irgendwie utopisch. Sie müssen das einmal lesen, wenn Sie sich für Utopien interessieren." Das war doch genau das, was Jacques suchte. Er dankte dem Buchhändler für das lange Gespräch und kaufte das Buch.

„Die Wolke über dem Heiligtum"

Manchmal findet der Mensch unerwartet einen Schatz oder eine Perle. So erging es Jacques mit „Die Wolke über dem Heiligtum". Er ließ sich eine Woche Zeit und studierte nächtelang die Gedanken des Karl von Eckartshausen. Beim nächsten gemeinsamen Mittagessen in der Mensa berichtete er seinen Freunden von dem Gespräch mit dem Buchhändler und über den geheimen Hofrat beim Kurbayerischen Hof in München. Rasch war man sich einig und beschloss, Karl von Eckartshausens Briefe gemeinsam zu beleuchten. Das herrliche Septemberwetter lud zu einer Sitzung in der Philosophenecke ein, und Jacques las den Freunden die ersten Zeilen des ersten Briefes vor: *„Für den stillen und ruhigen Beobachter ist kein Jahrhundert merkwürdiger als das unsrige. Überall Fermentation und Gärung, im Geiste der Menschen wie im Herzen. Überall Kampf des Lichts mit der Finsternis, Kampf der toten Ideen mit den lebendigen, des toten ohnmächtigen Willens mit der lebendigen, tätigen Kraft, Krieg des Tiermenschen gegen den kommenden Geistmenschen."*

Sofort bemerkte Andreas: „Das könnte der Hofrat auch für unsere Zeit geschrieben haben. Fragt sich nur, was der heutige Leser mit dem Begriff ‚kommender Geistmensch' assoziieren würde."

Im anschließenden Gespräch ging es vor allem immer wieder um die Frage, wie man den Menschen sieht oder sehen will. Auch dazu hatte der Hofrat so manches geschrieben. Zum Beispiel notierte er in das Stammbuch eines Zeitgenossen: *Wir leben in den Zeiten der Vernunftidole; wir setzen eine Pechfackel auf den Altar und schreien laut, es wäre nun Son-*

nenaufgang, es würde nun wirklich durch uns Tag, in dem die Welt durch Künste und Wissenschaften, verfeinerten Geschmack und selbst durch reine Erkenntnis in der Religion sich immer mehr aus der Dunkelheit zum Licht und zur Vollkommenheit emporhöbe. Arme Menschen! Wie weit habt ihr es denn mit der Menschen Glückseligkeit gebracht? Betörte Menschen mit einer eingebildeten Naturvernunft! Woher habt ihr denn das Licht, womit ihr so hell den anderen leuchten wollt? Sind eure Ideen alle nicht von der Sinnlichkeit erborgt, die euch keine Wahrheit, sondern nur Erscheinung gibt?

Jacques griff noch ein anderes Zitat auf, um zu zeigen, wie sehr sich der Hofrat nach einem inneren, geistigen Menschen sehnte: „*Da also der Geist, oder unser innerer Mensch, einen ganz anderen Sinn und eine andere Objektivität als der Naturmensch hat, so ist es nicht im geringsten zu verwundern, dass er ein Rätsel für die Gelehrten unseres Jahrhunderts bleibt, die diesen Sinn nicht kennen und nie eine Objektivität der transzendentalen und Geisterwelt gehabt haben.*"

Diese schlichte Klarheit begeisterte die Freunde. Andreas sagte: „Sicher muss man sich fragen, ob die Allgemeinheit der Menschen überhaupt in der Lage ist, ihre Existenz so klar zu differenzieren? Ich merke nämlich immer wieder - so wie eben jetzt -, dass ich die Hilfe solcher Worte oder auch einer Gesprächsrunde wie der unsrigen unbedingt brauche, um zur nötigen Erkenntnis durchzudringen. Auf mich allein gestellt wäre ich dazu nicht fähig."

Den anderen Freunden ging es nicht anders, auch wenn sie es nicht direkt sagten. Allen wurde in diesem Augenblick bewusst, welche Bedeutung und Kraft der Zusammenschluss von Menschen haben kann, die gemeinsam nach Wahrheit und Tiefe suchen. Jacques verwies in dem Zusammenhang auf etwas, das dem Hofrat sehr am Herzen lag. „Da spricht Eckartshausen von einer inneren Kirche und einer besonderen Lichtgemeinde." William stutzte: „Was haben denn die Leute bei Hofe im katholischen Bayern und vor allem die ‚Wächter von Ingolstadt' - ich meine die Jesuiten - dazu gesagt?"

„Nun, der besagte Text erschien ein Jahr vor Eckartshausens Tod, 1802. Bis er dann in Umlauf war, war es für mögliche Verfolgungen zu spät“, antwortete Jacques. „Aber hört euch mal das nächste Zitat an, da spricht er wieder über die Lichtgemeinde: *Von jener Lichtgemeinde Gottes, die in der ganzen Welt zerstreut, nur durch eine Wahrheit regiert wird und durch einen Geist verbunden ist. Diese Lichtgemeinde besitzt eine Schule, in der der Geist der Wahrheit selbst die nach Licht Dürstenden unterrichtet. Alle Geheimnisse Gottes und der Natur sind in dieser Schule für die Kinder des Lichtes aufbewahrt. Vollkommene Gotteskenntnis, vollkommene Naturkenntnis, vollkommene Menschheitskenntnis sind die Gegenstände des Unterrichts dieser Schule.*“

Daraufhin sagte Roberto: „Das ist wieder so eigenartig. Ich weiß zwar nicht, wie das Erwähltsein dieser Menschen zustande kommt, das heißt ich habe nicht alles bis in jede Faser verstanden, aber beim Vorlesen hatte ich das intensive Empfinden, das Gehörte sei zutiefst wahr! Ich war erstaunt und betroffen und gleichzeitig ganz konzentriert bei der Sache.“

Jacques nickte: „Mir erging es bei meiner nächtelangen Lektüre genauso. Ich grübelte über den einen oder anderen Satz nach und wurde manchmal ganz müde davon. Mir war, als ob mich etwas berührt hätte und sich dann wieder zurückzog. Ich konnte es nicht festhalten; es war schon wieder verschwunden.

Aber hört euch auch noch den anderen Gedanken an. Da spricht der Hofrat von einem Tempelbau: *Die innere Kirche ist also eine Gesellschaft, deren Mitglieder in der ganzen Welt verstreut sind, die aber im Innern nur ein Geist der Liebe und Wahrheit verbindet und die von jeher an dem großen Tempel bauten, an der Regeneration der Menschheit, durch die das Reich Gottes offenbar werden wird. Sie besteht in der Gemeinschaft der Lichtfähigen oder Erwählten.* Aber er hat auch sehr deutlich auf Irrwege und Gefahren beim religiösen Streben hingewiesen: *Der unheilige Gedanke, alles Christliche zu zivilisieren und alles Politische christianisieren zu wollen, veränderte das äußere Gebäude und überzog mit Finsternis und Tod, was im Inneren Licht und Leben war.*“

„Aber wie gestaltete sich das Zusammenleben dieser Lichtgemeinde?“ fragte Andreas.

„Auch dazu hat der Hofrat sehr pragmatisch Stellung genommen. Er betonte ausdrücklich: *Diese Gemeinde kennt keinen Vorrang. Wer zum*

Wirken für Gott gebraucht wird, ist der Erste. Er zeigt sich den anderen ohne Hochmut und wird ohne Neid von den anderen aufgenommen. Müssen wahre Mitglieder zusammenkommen, so finden sie sich und kennen sie sich sicher. Keine Verstellung kann Platz haben, keine Larve der Heuchelei, keine Heimtücke verdecken die Charakterzüge dieser Gemeinde."

Ein Spannungsfeld zwischen Tier- und Geistmensch

William wollte noch einmal auf das Eingangszitat vom Geistmenschen und Tiermenschen zu sprechen kommen. „Recht verstanden ist es doch so, dass es wohl keinen Menschen gibt, der nicht unter der Last seines Tiermenschen-Aspekts ächzt und stöhnt, wenn er sich auch im Leben noch so sehr bemüht, oder?" Jacques blätterte in seinem Text, da er sich an etwas Bestimmtes erinnerte. „Das Geistige ist seiner Veranlagung nach zunächst wie gefesselt durch das Animalische", sagte er, „aber es kann eine heilsame Bewegung in Kraft treten, wenn der betreffende Mensch etwas davon bemerkt. Im Spannungsfeld werden dann allmählich die Gewichte verschoben. Der Hofrat spricht von Wiedergeburt, wenn sich diese Gewichte tatsächlich verschieben lassen: *Wiedergeboren werden heißt, in eine Welt zurückkehren, in der der Geist der Weisheit und Liebe herrscht und der Tiermensch gehorcht.* "

Roberto sagte nachdenklich: „Da sieht man wieder, wie total anders der Begriff von der Wiedergeburt im Allgemeinen verstanden wird. Bei Eckartshausen jedenfalls bedeutet Auferstehung ganz offensichtlich, dass ein neues Bewusstsein in Erscheinung tritt. Mir ist, als ob das Leben des Geistes sogar durch die toten Buchstaben hindurchschimmert. So muss es doch gewesen sein, als die Schreiber der Evangelien ihre Empfindungen einst in heilige Bilder und Gleichnisse transformierten. Ich bin sicher, dass es noch immer ein unausgesprochenes heiliges Evangelium gibt, das in der Gemeinde der Lichtfähigen lebt und arbeitet."

Bei diesen Worten schlug Jacques vor: „Weil Roberto eben das schöne Wort vom lebenden Evangelium ausgesprochen hat, lese ich euch zum Abschluss vor, wie sich der Hofrat auch diesem Geheimnis genähert hat. Er schreibt: *Wenn unser Herz durch den lebendigen Glauben Christus in sich aufgenommen hat, wird dieses Licht der Welt in unserm Herzen gleichsam wie in einem armseligen Stall geboren. Alles in uns ist unrein, mit Spinnengeweben der Eitelkeit umgeben, mit Kot der Sinnlichkeit bedeckt. Unser Wille ist der an das Joch der Leidenschaften gespannte Zugochse. Unsere Vernunft ist der Esel, der an der Halsstarrigkeit seiner Meinungen hängt und an seinen Vorurteilen und Torheiten.*

In dieser elenden, zusammengefallenen Hütte, in der Wohnstätte tierischer Leidenschaften wird Christus durch den Glauben in uns geboren. Die Einfalt unserer Seele ist der Hirtenstand, der ihm die ersten Opfer bringt. Bis endlich die drei Hauptkräfte unserer Königswürde: unsere Vernunft, unser Wille und unsere Tätigkeit sich vor ihm niederwerfen und ihm die Gaben der Wahrheit, Weisheit und Liebe opfern.

Nach und nach verwandelt sich der Stall unseres Herzens in einen äußeren Tempel. Christus lehrt in demselben. Allein, dieser Tempel ist noch voll von Schriftgelehrten und Pharisäern. Die Taubenhändler und Makler befinden sich noch darin, und diese müssen hinausgetrieben und der Tempel in ein Bethaus verwandelt werden. Nach und nach wählt sich Christus alle tauglichen Kräfte in uns zu seiner Verkündigung. Er heilt unsere Blindheit, reinigt unseren Aussatz, macht das Tote in uns lebendig, das Böse tot in uns, ist gekreuzigt in uns. Er stirbt und steht glorreich als Sieger in uns auf.

Und dann ist noch anzumerken, dass der Hofrat natürlich auch noch einzelnen ihm sehr vertrauten Menschen das eine oder andere persönliche Geheimnis preisgab, wenn er es für richtig hielt. So schrieb er 1798 einmal etwas über seinen so genannten inneren Lehrmeister an seinen Freund Conrad Schmid: *Neulich sah ich es vor mir. Ein kleiner Knabe belehrte mich über Folgendes: Im Innersten unseres Herzens liegt das Göttliche wie unter einer rohen Rinde verborgen. Dann kommt der Glaube, das einzige Mittel, das uns in unserer Unwissenheit übrig bleibt, und bringt diesen göttlichen Funken in Bewegung. Mit ihm wächst die Liebe. Dieser aufsteigenden Liebe kommt der Geist von oben entgegen und bildet das Wasser der Gnade mit der Liebe in dieser Gnade. Dieses Auflösen ist das Ausziehen des Alten Menschen. Dann fängt der Geist des Lichtes an zu wirken, Gestalt in uns anzunehmen. So verwandeln wir uns in ein reines Wesen. Dies ist das Gesetz der Regeneration.*“

Es war spät geworden an diesem Dienstag Ende September, und das Abendrot leuchtete nur noch ganz kurz. Dann wurde es rasch dämmrig. Aber im Verständnis und Empfinden der vier Freunde war es hell. Beim Gehen nahmen sie die Sicherheit mit, heute eine Utopie besonderer Art kennengelernt zu haben, eine Utopie, deren Ziel es ist, zu einer dauerhaften Realität zu werden - zum Nutzen aller Menschen. Doch dafür wäre ein innerer Durchbruch nötig; das war den Freunden klar geworden.

Paolo Sarpi

Bei der Verabschiedung sagte Roberto: „Gerade im Hinblick auf das Freidenkertum ist es doch sehr reizvoll, einmal zu untersuchen, ab wann man spürbar von Freidenkern im Sinne der Aufklärung sprechen kann."

„Interessante Anregung", erwiderte Andreas spontan. „Du hast sicher etwas in petto und könntest uns beim nächsten Treffen einen entsprechenden Einstieg ermöglichen, stimmt's?" Roberto war mit dem Vorschlag einverstanden.

Auf dem Heimweg dachte er zunächst an seinen Landsmann Dante Alighieri. Der gehörte sicher dazu, aber die Zeit für einen allgemeinen Aufbruch war zu Dantes Lebzeiten noch nicht reif gewesen. Da kam Roberto sein Gymnasiallehrer Umberto aus Padua in den Sinn. Der Unterricht dieses Lehrers war immer von feinsinniger, freidenkerischer Art gewesen. Deshalb hatten seine Lektionen in Geschichte und italienischer Literatur so ungemein lebendig gewirkt. Und wenn man sehr konzentriert bei der Sache war, konnte man zusätzlich noch manches zwischen den Zeilen heraushören.

Richtig, da gab es doch im 16. Jahrhundert Paolo Sarpi aus Venedig. Er war ein Mann des Aufbruchs gewesen und wehrte sich als Geistlicher vehement gegen geistige Bevormundung, ganz gleich von welcher Seite sie ausgeübt wurde.

Ein mutiger Freidenker aus Venedig

Beim nächsten Treffen der Freunde begann Roberto sofort von Paolo Sarpi und der Stadtrepublik Venedig zu erzählen, aber Andreas unterbrach ihn und fragte: „Was hat Sarpi eigentlich berühmt gemacht? Bei uns in Deutschland ist sein Name so gut wie unbekannt."

William erwiderte spontan: „Dafür war er in England eine ganze Zeit lang in aller Munde." „Ja", sagte Roberto, „Sarpi hat vor allem heftige innerkirchliche Kritik am Verlauf des Konzils von Trient geübt. Seine diesbezügliche Schrift wurde dann in England unter dem Titel ‚History of the Council of Trient' erstmals gedruckt. Er warf der Kurie vor, das Konzil zwar mit dem Anspruch einer ehrlichen Reform angesetzt zu haben, tatsächlich sei dann aber alles darauf hinausgelaufen, die Kirchenspaltung zu zementieren und die Macht der Kurie in Rom zu stärken. Denn es wurden weder die Vertreter der Reformierten noch der Lutheraner eingeladen, auch wurden die Ratschläge der gemäßigten französischen Katholiken nur ansatzweise zur Kenntnis genommen."

„Aber das war doch nur eine kurze Episode in der Kirchengeschichte und sicher rasch vorbei", bemerkte Jacques.

„Nicht ganz. Die Republik Venedig ging immer ihre eigenen Wege, besonders in der Politik, aber im Falle Sarpi auch in der Kirchenpolitik. Die liberale und freidenkerische Ader dieser Stadt war dem Papst ein Dorn im Auge. Ihr werdet das gleich sehen. Sarpi geriet in den Ruf einer unangebrachten Protestantenfreundlichkeit, und Venedig unterstützte seine freidenkerische Art. Mehr noch: 1607 wurde er von der Republik Venedig zum Staatstheologen ernannt. Man wollte als Gegengewicht zum Machtanspruch der Kurie eine Art venezianische Staatskirche aufbauen. Der damalige Papst Paul V. war außer sich und exkommunizierte Sarpi umgehend. Aber damit nicht genug: Er sprach auch über die gesamte Republik Venedig den Kirchenbann aus! Hinzu kommt, dass sich Sarpi öffentlich als Anhänger von Galilei präsentierte. Das war ein besonderes Sakrileg. Denn die allgemeine naturwissenschaftlich-philosophische Betrachtung lief eindeutig darauf hinaus, die Sonne in den Mittelpunkt des Geschehens zu stellen, um die sich gefälligst die Erde zu drehen hätte."

William sagte: „Wisst ihr, die englische Krone hatte damals einen Botschafter in der Stadtrepublik Venedig, Sir Henry Wotton. Der beobachtete vor Ort alles sehr genau und berichtete wohl das eine oder andere etwas übersteigert nach London. Man sah dort Parallelen zur Entwicklung im eigenen Land, was die Gründung der anglikanischen Staatskirche betraf. Sir Henry Wotton ermutigte bei jeder Gelegenheit den Dogen in Venedig zum Widerstand gegen den Papst, um auch die Venezianer zur Unabhängigkeit von Rom zu bewegen. Er ging so weit, dass er das anglikanische Gebetsbuch ins Italienische übersetzen und in der Botschaft sogar anglikanische Gottesdienste abhalten ließ. Für

kurze Zeit gab es also eine englisch-venezianische Annäherung. Nach dem Tod von Sarpi 1623 beruhigte sich die Situation wieder, doch das Ansehen des englischen Botschafters beim Dogen hatte sehr gelitten."
„Gibt es da bestimmte Gründe?", fragte Jacques.

„Und ob, überlegt doch mal, was da nördlich der Alpen passierte: Die böhmischen protestantischen Stände hatten sich aus der Pfalz den liberalen reformierten Kurfürsten Friedrich V. als König nach Böhmen geholt. Kaum auf dem Thron unterlag er in der Schlacht am Weißen Berge gegen die katholischen Habsburger. Er musste fliehen und lebte bis an sein Lebensende im Exil in Holland. In Deutschland tobte der Dreißigjährige Krieg, und die protestantische Seite geriet in große Nöte. Für den Dogen von Venedig war damals ein bestimmtes politisches Kalkül von größter Bedeutung: Wie verhält sich England in der kurpfälzisch-böhmischen Sache? Ihr werdet jetzt fragen: warum? Bei einer anderen Gelegenheit haben wir darüber schon gesprochen. Es war doch mehr als delikat, dass die Tochter und der Schwiegersohn des englischen Königs Jakob I. Hals über Kopf fliehen mussten und dabei alles verloren. Der Lordkanzler Baco von Verulam wollte in London seinen König zum Eingreifen veranlassen. Doch vergebens, der rührte nicht einen Finger für seine Kinder. Der Doge zog sich daraufhin diskret aus dem Bündnis mit England zurück und bemerkte ein wenig süffisant: Wenn der König von England nicht einmal seiner eigenen Tochter helfen könne, dann hätten andere von ihm bestimmt erst recht nichts zu erwarten!"

Ja, so ist der Lauf der Welt, dachten alle in der Runde, jeder ist sich selbst der Nächste. Roberto war mit seinen Betrachtungen zum freigeistigen Denken aber noch nicht am Ende. Wieder erinnerte er sich an den Geschichtsunterricht im Gymnasium in Padua.

Klagen am Hof des Sonnengottes Apollon

Unbequeme oder gefährliche Wahrheiten lassen sich am besten in tiefsinnigen Parabeln verstecken, ging es Roberto durch den Kopf, als ihm ein weiterer Weggenosse Sarpis einfiel. Und er sagte zu seinen Freunden: „Es gab da noch einen engen Freund von Sarpi mit dem Namen Boccalini. Boccalini war ein habsburgfeindlicher italienischer

Freidenker. Er machte aus seinem Herzen keine Mördergrube und gab eine Schrift mit dem Titel ‚Neuigkeiten vom Parnass' heraus."

Andreas schaltete sich ein: „Parnass habe ich doch auch schon einmal gehört. Ist das nicht ein Ort in Griechenland?" „Genauso ist es", nickte Roberto. „Es war ein geweihter Ort im Gebirge nahe der alten Kultstätte von Delphi. Dort wurde in der Antike der Musen- und Sonnengott Apollo verehrt. Boccalini knüpft in seinem Text an diese antike Spur an und lässt den Sonnengott Apollo Hof halten. Viele berühmte Menschen kommen zu ihm, fragen ihn um Rat und beklagen so manches, was in der Welt verkehrt läuft. Boccalini ist für Toleranz, obwohl er keineswegs Protestant sein möchte. Sein Apollo geht so weit, dass er sagt, die Mohammedaner seien im Allgemeinen viel toleranter als die Katholiken.

Dann lässt Boccalini auch den enthaupteten Lordkanzler Thomas Morus auftreten. Dieser beschwert sich wegen der ungezügelten Ausbreitung der Ketzerei in allen Landen. Apollo weiß Rat und sagt: ‚Alle Ketzereien sind dann ausgestanden, wenn die Macht der katholischen Habsburger gebrochen ist, denn deren Vorgehen treibt die Menschen zur Revolte und zur Schwarmgeisterei'.

Boccalinis Schrift ist also ein Werk, das mit großem diplomatischen Geschick geschrieben wurde und doch der Wahrheit innerlich treu blieb. Es kommen dort auch Dichter und Gelehrte zu Wort, die die spanische Herrschaft in Italien beklagen. Die Unterjochung Italiens durch fremde Tyrannen wird klar aufgedeckt. Wir haben das ja bereits beim Lebensschicksal des Tommaso Campanella betrachten können." Andreas bemerkte: „Es ist eigenartig, wie die Lebenslinien bestimmter Menschen - meist wohl ohne deren Wissen - auf geheimnisvolle Weise zu einer Art Netzwerk zusammenlaufen. Da scheinen wohl unsichtbare geistige Kräfte am Werk zu sein."

„Das glaube ich auch", entgegnete Roberto nachdenklich. „Wisst ihr, das Wort vom geheimnisvollen Netzwerk ist in mehr als einer Hinsicht berechtigt. Wie viele Freidenker seiner Zeit war auch Boccalini der Meinung, die Reformation sei vorläufig ins Stocken geraten oder habe sogar schwärmerische und falsche Züge angenommen. Es kommt eben immer darauf an, welche Kräfte sich einer hoffnungsvollen Strömung bemächtigen. Sagen wir es so: Auf einem Volksfest findet man oft so genannte Vexierspiegel. Sie verzerren ein Abbild bis zur Unkenntlichkeit. Dicke Personen erscheinen da ins Übermaß verlängert und spindeldürr, und ihre Gesichter wirken schief und verzerrt. Mit einem Wort: Wer vor einen solchen Spiegel tritt, sieht sich nicht mehr ähnlich. Genauso ist es manchmal mit hoffnungsvollen geistigen Strömungen, wenn sich Übereifrige oder Fälscher einschleichen. Boccalini zeigt in seiner Satire diese schlimme Entwicklung auf. Es kommt also nicht zu einer allgemeinen, alles durchdringenden geistigen Reformation. Boccalini sieht vielmehr sein Zeitalter weiterhin im Elend verharren: Alles bleibt beim Alten, bleibt durch und durch krank. Und doch ist da das geheimnisvolle Netzwerk, das Hoffnung schenkt.

Haben wir nicht bei dem Lordkanzler Baco von Verulam die Überzeugung gefunden, dass es jederzeit eine geheimnisvolle geistige Entwicklung geben kann, wenn das Höhere im Menschen zu Wort kommt? Seine Insel, das neue Atlantis, findet eine Entsprechung in den Schilderungen des protestantischen Theologen Johann Valentin Andreae. Dieser gehörte ganz sicher zum geheimnisvollen Netzwerk der geistigen Bemühungen um die Menschheit. Darüber hatten wir ja schon gesprochen."

„Kannte Andreae Boccalini?", wollte Jacques wissen.

„Man darf das schon annehmen; denn ist es nicht mehr als erstaunlich, dass der Autor der Rosenkreuzer-Manifeste zusammen mit seinem ersten Text ausgerechnet einen Auszug aus Boccalinis Werk veröffentlichte? Andreaes Erstlingswerk wird übrigens auch kurz als ‚Fama' bezeichnet. ‚Fama' heißt hier nicht etwa Gerücht, sondern bedeutet konkret und eindeutig: Ruf. Es ist ein Ruf zum Aufbruch zu neuen geistigen Ufern, die es zu entdecken gilt."

Ein neuer Zeitgeist hält Einzug

Die Freunde hatten Roberto sehr aufmerksam zugehört und waren zu der Erkenntnis gekommen, dass die Schriften Andreaes nicht ohne Grund zunächst anonym, also ohne Nennung des Autors, im Druck erschienen. „Das wird wohl eine bestimmte Bedeutung haben", sinnierte William.

„Natürlich, einerseits öffnete sich manches in der festgefügten Gesellschaft, und andererseits versuchten die reaktionären Kräfte der Orthodoxie, Andersartiges zu unterdrücken. Zu diesen Kräften gehörten weite Kreise des Adels und des Katholizismus. Aber auch orthodoxe Kreise der Lutheraner und Calvinisten beeinträchtigten das freiheitliche Denken mehr und mehr. Denkt einmal über eine bestimmte Situation nach, die mehr als revolutionär war! "

Die Freunde errieten nicht, worauf Roberto hinaus wollte. „Habt ihr schon mal überlegt, wie gewöhnungsbedürftig der neue Zeitgeist bereits im Äußeren für die herrschenden Stände sein musste? Da hatte doch Johannes Gutenberg erst kürzlich die Kunst des Druckens erfunden. Fortan konnten über die so genannten Flugblätter in Kürze allerlei Nachrichten auch in die entlegensten Winkel gelangen. Wisst ihr, wer da oft die Boten waren?" Auch das wussten die Freunde nicht. Roberto erläuterte, die Flugblätter hätten häufig den Namen „Hinkender Bote" getragen.

„Das waren Kriegsversehrte und Krüppel, die sich mühsam über Land schleppten, um sich durch den Verkauf der Flugblätter ein Zubrot zu verdienen. Die Herrschenden gingen mit ihnen nicht gerade zimperlich um, wenn sie sie aufgreifen konnten. Das Mindeste war, dass sie zunächst ihre Nachrichten-Kiepe ausschütten mussten. Dann wurde der aufgerollte Text studiert. Das ist der Beginn der Zensur." „Manch einer wurde aber sicher auch ohne viel Federlesen um die Ecke gebracht oder zumindest eingekerkert. So ist es doch sicher gewesen", mutmaßte Andreas und ergänzte: „Wisst ihr, dass es die größte Flugblätter-Sammlung der Welt auf der Veste Coburg gibt mit etwa 400.000 Nachrichten aus der Frühzeit des Drucks?"

Die Freunde staunten. Gleichzeitig waren sie überrascht, mit welcher Schnelligkeit die neue Erfindung des Druckens Einzug in die Lande hielt. Um sich als Schreiber zu schützen, musste man aber oft den Weg der Anonymität wählen. Diese Art der Verbreitung von lesbaren Gedanken gehörte auf jeden Fall auch zum Netzwerk der neuen Zeit.

Das Lebenswerk des Giordano Bruno

„Gegen 1600 wanderte ein besonderer geistiger Freidenker durch Europa, den wir unter dem Namen Giordano Bruno kennen", führte Roberto die Unterhaltung weiter, und Jacques betonte: „Ja, sein Lebensweg, sein Engagement und schließlich auch sein tragischer Tod erschüttern uns heute noch. Gut, dass du gerade auf ihn zu sprechen kommst, denn soviel ich weiß hast du dich mit seinem Lebenswerk näher befasst. Das interessiert uns alle."

Roberto freute sich über diese Zustimmung und erzählte: „Giordano Bruno war Mönch in einem Dominikanerorden. 1548 wurde er in der Nähe von Neapel geboren. Sein Leben ist aus mehr als einer Sicht ein Spiegelbild des sich wandelnden Zeitgeistes. Auf jeden Fall gehört er zu den ganz großen Naturphilosophen der Renaissance. Religiös gesehen tendierte er zu einem vollkommnen monistischen Standpunkt, was Gott und die Welt angeht." Jacques wollte etwas Näheres zum monistischen Standpunkt wissen.

Roberto antwortete: „Giordano Bruno hegte großen Zweifel an der Lehre von der so genannten Trinität. Offenbar empfand er intensiv, dass die dreifältigen Prinzipien Vater, Sohn und Heiliger Geist zu seiner Zeit nahezu vermenschlicht, also viel zu persönlich gefärbt waren. Bruno wollte hingegen das eine geistige Urprinzip - die göttliche Urmonade, von der alles ausgeht - ohne jede Vermenschlichung als Einheit in den Mittelpunkt rücken." „Das ist doch auch berechtigt", ergänzte Andreas. „Ja, aber es wurde der Anfang von Giordano Brunos Verwicklung in die Machtstrukturen der innerkirchlichen Dogmatik. Des Weiteren war das Universum in seinen Augen unendlich und ganz erfüllt von zahllosen beseelten Welten. Er war überzeugt von der Wanderung und Wandlung der Seelen. Der römisch-katholische Heiligenkult war für ihn etwas Grauenhaftes, einfach unannehmbar und starr. Zudem fand er keinerlei Begründung für die Auffassung der unbefleckten Empfängnis Marias. Mit einem Wort, er sah in der offiziellen Lehrmeinung der Kurie statt lichtvoller Erkenntnis nur einkapselnde Dunkelheit für die Gläubigen." „Das ist natürlich ein hartes Kontrastprogramm", meinte Jacques.

„Nun, 1584 schrieb er aus tiefster Überzeugung - keineswegs aus Hass - ein Werk über die notwendige ‚Austreibung der Bestie' aus der Kirche. Denn die Zeitumstände mussten sich seiner Meinung nach von Grund auf ändern. Wer mit all dem gemeint war, ist nicht schwer zu erraten." „Als diese Schrift dann im Druck erschien, war sicher auch in Italien das Fass voll, wie man so schön sagt", unterstrich Andreas. „Genauso war es", bestätigte Roberto, „zumal Giordano Bruno wiederholt sehr anerkennende Worte über die so genannten Ketzer seiner Zeit fand. Und dann war da auch noch die neue Entdeckung des Kopernikus, dass sich die Erde um die Sonne dreht und nicht umgekehrt. Das bestärkte Bruno in seiner geistigen Gesamtüberzeugung. So war es ihm ein Herzensanliegen, die Geheimnisse der altägyptischen Spiritualität in eine allgemeine kommende Reformation mit einzubeziehen. Nicht wenige sind heute der Meinung, dass er mit seinen großartigen Gedanken auch seine Zeitgenossen Boccalini und sogar Andreae und seinen Tübinger Kreis nachhaltig beeinflusst hat."

„Das ist im Hinblick auf das geistige Netzwerk in Europa ja mehr als interessant", meinte Jacques. „Als Naturphilosoph, der das Geistige und das Natürliche immer in einem innigen Zusammenhang sah, sagte Bruno mit Blick auf die großartige Entdeckung des Kopernikus: *Die Menschen verdanken es Kopernikus, dass sie sich wieder erheben und aufrichten können.* Er sah in diesem Ereignis vor allem eine Art geistiger Auferstehung beziehungsweise den Ruf zu geistiger Mündigkeit."

Den Freunden fiel es nicht schwer, eine tiefe Dankbarkeit für diesen großartigen Seelenmenschen zu empfinden. Giordano Bruno hatte sich auf seinen Reisen durch Europa, nach Prag, Deutschland, Frankreich und England zu einem Mann der inneren Freiheit und Weite entwickelt. Er suchte dort Hilfe für seine Ideen, stieß auch bei Gleichgesinnten auf viel Zustimmung, wurde aber von den Orthodoxen beider Konfessionen oft hart abgelehnt.

Andreas erinnerte sich plötzlich an einen Besuch bei einem Freund in Braunschweig. Dieser zeigte ihm vor drei Jahren die Stadt Helmstedt mit ihrer altehrwürdigen ehemaligen Universität. Diese bestand lange vor Göttingen und wurde vom regierenden Herzog Julius von Braunschweig ins Leben gerufen. Andreas erzählte: „Mit meinem Freund Karsten konnte ich das schöne alte Universitätsmuseum im Stil der Hochrenaissance in der ‚Academia Julia' besuchen. Besonders eindrucksvoll wirkt am Eingang der Renaissance-Aula das ehemalige Wappen der Helmstedter Universität mit dem Motiv ‚Samson und der Löwe'. Darunter steht geschrieben: Süßigkeit geht von dem starken Samson aus. Das bedeutet, dass der, der die Stärke der Wissenschaft besitzt, auch die Süße der Erkenntnis gewinnt. An dieser Universität lehrte Giordano Bruno im Jahre 1590 auf Einladung des Herzogs."

Giordano Bruno erleidet den Flammentod

„Die Wahrheit findet nur selten offene Türen im öffentlichen Leben. Denn sie deckt die Falschheit auf und greift dadurch bestehende Machtstrukturen an", sagte Andreas. „Wenige Meter von der Universität entfernt standen wir dann vor dem bunten fachwerkverzierten Giordano-Bruno-Haus im Professorenviertel mit einer Gedenktafel, die auf den Flammentod um 1600 in Rom aufmerksam macht. Ohne Robertos Erzählung hätte ich diesen eindrucksvollen Besuch in Helmstadt fast vergessen."

„Wisst ihr", sprach Roberto weiter, „auch Giordano Bruno kannte die Angst, aber es gelang ihm, sich davon frei zu machen. Kurz vor seiner Hinrichtung sagte er zum Inquisitionstribunal: ‚Mit größerer Furcht verkündet ihr vielleicht das Urteil, als ich es entgegennehme!' Er war immer voller Hoffnung und geistiger Zuversicht gewesen, sein ganzes Leben lang. Vor allem auch, als 1598 König Heinrich IV. von Frankreich im Edikt von Nantes eine allgemeine Religionsfreiheit für Frankreich verkündete. Der König wollte den Menschen in seinem Lande nach den blutigen Hugenottenvertreibungen wieder Frieden bringen. Giordano Bruno war zu dieser Zeit voller Vertrauen wieder nach Italien heimgekehrt. Aber er wurde dort rasch aufgegriffen, ins Gefängnis geworfen und um 1600 in Rom auf dem Scheiterhaufen verbrannt" „Ja, das ist ein typisches Beispiel, wie es einem geistig tief veranlagten Freidenker gehen kann", meinte Andreas.

Roberto fuhr fort: „Eines möchte ich zum Thema Netzwerk noch anmerken. Johann Valentin Andreae hatte in Tübingen zwei Freunde mit Namen Wense und Adami. Diese fuhren bis nach Neapel, um Tommaso Campanella im Gefängnis zu besuchen, und nahmen dessen unveröffentlichtes Manuskript über den ‚Sonnenstaat' mit nach Deutschland. Man sieht, der unsichtbare Geist führt und weht, wo er will und wo es nötig ist. Das geschieht zumeist im Stillen und wird nicht an die große Glocke gehängt. Aber mit dem Thema ‚Netzwerk' sind wir noch lange nicht zu Ende. Das scheint eine unendliche Geschichte zu sein."

Mit diesem Gedanken verabschiedeten sich die Freunde von ihrem Gastgeber William.

Galileo Galilei

Der Begriff „Netzwerk“ hatte bei den vier Studenten die unterschiedlichsten Assoziationen ausgelöst. Alle sahen eine besondere Zeit des Aufbruchs vor ihrem inneren Auge, eine Zeit des Umbruchs und der Neugestaltung, welche die eine oder andere Utopie ans Tageslicht befördern konnte. Beim nächsten Treffen war Roberto der Erste, der das Wort ergriff und vorschlug, wieder einmal das geistige Fernrohr zur Hand zu nehmen, um wichtige Knotenpunkte im Netzwerk der neuen Zeit ausfindig zu machen.

Die Erfindung des Fernrohrs und seine weit reichenden Folgen

Eine der bedeutendsten Erfindungen der Neuzeit war die des Fernrohrs. Denn dadurch veränderte sich das Weltbild mit einem Schlag. Als Roberto daran dachte, kam ihm eine zündende Idee. „Gehen wir mal gemeinsam nach Padua ins Jahr 1609. Ich sehe da auf dem Dach unserer alten, ehrwürdigen Universität einen nachdenklichen Mann mit einem großen wallenden Bart, der gespannt durch ein Fernrohr zum Himmel schaut. Neben ihm steht ein kleines Schreibpult, auf dem er sich immer wieder Notizen macht. Mitunter scheint er seinen Augen nicht zu trauen, dann setzt er das Fernrohr ab, streicht sich durch den Bart und schreibt etwas nieder.“

„Du machst uns richtig neugierig, wer soll denn das sein?“, ereiferte sich Andreas. „Ich will es kurz machen, es ist der Gelehrte Galileo Galilei. Er lehrte mit größtem Erfolg in Padua Physik und Astronomie. Sein Unterricht war ungemein lebendig und anschaulich. Seine Studenten waren begeistert, zumal er auch viel Humor hatte und mit seiner feinsinnigen Art, seinem persönlichen Charme und seiner Unbefangenheit bei seinen Mitmenschen große Resonanz fand.“

„Nicht bei allen“, gab William zu bedenken. „Ihr wisst doch, wie das war. Aufgrund seiner kühnen Ideen strengte das sogenannte Heilige Officium in Rom einen Prozess gegen ihn an, der ihn fast das Leben gekostet hätte. Er hatte ja noch den Flammentod von Giordano Bruno in Rom vor Augen. Aber wir sind jetzt ein bisschen weit vom Netzwerk abgekommen." „Das glaube ich nicht", entgegnete Roberto. „Denn wir wollen doch, zumindest im übertragenen Sinn, das Fernrohr von Galileo Galilei benutzen. Es war nämlich so, dass sich damals das gesamte Weltbild änderte. Genau genommen hat es viele kleine Galileis gegeben, auf diversen Gebieten, sowohl in der Philosophie als auch in der aufkommenden Naturwissenschaft. 1609 kam jedenfalls aus Holland die Nachricht von einer Röhre mit eingebauten geschliffenen Linsen. Man konnte damit eine auf einem Baum sitzende Krähe in greifbarer Nähe sehen. Galilei entwickelte daraufhin das erste astronomische Fernrohr, betrachtete den Mond am Himmel und wunderte sich über dessen ausgetrocknete Meere und öden Krater. Er sah als Erster den Ring des Saturn und die Sonnenflecken und entdeckte Wunder über Wunder im Weltall. Für die Physik erkannte er die Gesetze des Falls, die Pendelbewegung und vieles andere."

Die verstimmte Orgel der Philosophie

„In den Tagebüchern des Galileo Galilei fand man dann folgenden Satz: *Ich hoffe, dass diese neuen Entdeckungen mir trefflich dazu dienen sollen, eine Pfeife an der großen verstimmten Orgel der Philosophie zu stimmen.*" „Ist das nicht eine großartige Allegorie, wenn man die überkommenen Vorstellungen von Wissenschaft und Philosophie betrachtet? Sicher hat er nicht Orgel der Philosophie gesagt, sondern Orgel der Astronomie, ganz im Sinne von Kepler, der genau zur gleichen Zeit bei Kaiser Rudolf II. in Prag wirkte. Dieser hatte doch auch in Anlehnung an Kopernikus mit Hilfe der Daten seines Lehrers Tycho Brahe aus Dänemark das bisher gültige Weltbild umgestoßen. Fortan war nicht mehr die Erde der absolute Mittelpunkt des ganzen Universums", betonte Jacques. Aber Roberto war mit dem Zitat von Galilei noch nicht fertig. „Nein, nein, Galilei sagte bewusst Orgel der Philosophie, weil er wohl spürte, wie festgefahren und dissonant alles war. Auf sämtlichen Gebieten fühlte er einen neuen Zeitgeist kommen, also nicht nur im naturwissenschaftlichen Bereich. Hört mal, was er seinem Tagebuch noch anvertraut hat. Dort steht: *Ganz umsonst scheinen sich mir viele Organisten abzumühen, der Orgel die rechte Stimmung zu geben, weil sie drei oder vier Hauptpfeifen dauernd verstimmt lassen, wodurch dann die anderen unmöglich zur Harmonie zu bringen sind.*"

„Das Heilige Officium hat ihm ja dann auch den Marsch geblasen", erinnerte Andreas mit schwarzem Humor. „Ja, leider. Aber die wirklich fortschrittlichen Geister waren doch nicht mehr aufzuhalten. Die reaktionären und die weltoffenen Kräfte prallten vehement und unversöhnlich aufeinander. Atmosphärisch gesehen war der Dreißigjährige Krieg eine Ausdrucksform der Entladung. Dieser Krieg wird gern etwas plakativ und verkürzt als Religionskrieg gesehen. Das ist meiner Meinung nach nicht gerechtfertigt", bekräftigte Roberto. „Obwohl er von der naturwissenschaftlichen Seite kam, verfolgte Galilei letztlich doch auch einen neuen philosophischen Standpunkt. Rechte Erkenntnis sollte nicht auf Autoritätsgläubigkeit, sondern ausschließlich auf nüchterner Wahrnehmung und eigener Erfahrung beruhen. Das galt natürlich auch für die Art, wie fortan der Mensch im Leben zu stehen hatte: eigenverantwortlich und aufbruchbereit. Es ging um wirkliche Erfahrung, um im höheren Sinn sicher zu sein. Das wollten die ‚vielen Galileis' dieser Zeit. Sie bildeten zusammen gleichsam einen Lichtschein, die geistige Morgenröte einer sich anbahnenden neuen Zeit. Exemplarisch verhalf Galilei durch seine konsequent fragende Art, man kann sagen durch seine unbestechliche Betrachtung, einem neuen Selbstwertgefühl zum Leben. Das ist wohl einer der entscheidenden Hintergründe gewissenhafter Forschung. Aber man muss dabei unbedingt bescheiden sein und bleiben. Wer statt Demut Stolz entwickelt, geht einen Irrweg. Autoritätsgläubigkeit war Galilei übrigens zeitlebens fremd. Wisst ihr", fuhr Roberto fort, „der Geist der Morgenröte führte Galilei auch mit Tommaso Campanella zusammen. Der Verfasser des utopischen ‚Sonnenstaates' und der Gelehrte der neuen Himmelskunde begegneten sich nach einem von Gott eingesetzten Plan. Wie mir scheint, war der geistige Mittelpunkt bei beiden absolut deckungsgleich."

Die Freunde sahen sich nachdenklich an. Zweifellos hatten sie in diesem Moment einen Knotenpunkt im Netzwerk eines neuen Werdens aufgespürt.

Als sie sich von William verabschiedeten, gab er ihnen noch einen Gedanken mit auf den Weg. „Wisst ihr, welche Empfindung ich jetzt nach unserem Gespräch habe? Mir ist, als ob die Naturwissenschaft und die Geisteswissenschaft, um das Wort Religion einmal nicht zu gebrauchen, im Kern gar nicht so fundamental getrennt sind. Die heutige Kluft ist vielleicht nur auf Fehlentwicklungen nach einem hoffnungsvollen Anfang zurückzuführen. Stolz zum Beispiel führt bei wissenschaftlichen Entdeckungen zu einer völlig falschen Einstellung. Wie leicht entwickeln sich da Abgötter. Letztlich ist alles Ansichtssache und zwar aus dem Innersten heraus. Wer innerlich richtig gestimmt ist, wird zwischen innen und außen, was jetzt so unvereinbar und getrennt erscheint, so manche Übereinstimmung auf einer höheren Spirale entdecken. Auch die Idee von Utopia bekommt dann einen großartigen neuen Sinn, Utopia gewinnt einen festen, greifbaren Platz im Dasein der Menschen."

Roberto fühlte sich von diesen Gedanken besonders angesprochen und hatte das Bedürfnis, etwas dazu zu sagen. „Wir haben gemeinsam immer wieder festgestellt, dass wir ausdauernd und hingebungsvoll dem verborgenen Kern in uns dienen müssen. Wenn das gelingt, scheint etwas von der Wahrheit auf, kann sich ein Fünkchen der Wahrheit offenbaren. Dann kann es sein, dass sich die Wahrheit auch im Herzen anderer Menschen bemerkbar macht, weil wir ihnen in völlig neuer Weise begegnen. Es kommt Bewegung ins Dasein. Das gehört auch zum Netzwerk, es ist sogar die entscheidende Kettenreaktion." Das war allen aus dem Herzen gesprochen.

Der Geist weht, wo er kann

Als sich die Freunde Ende Oktober wiedersahen, wurde das Thema vertieft und weitergeführt. Andreas stellte die Frage: „Glaubt ihr, dass das klassische Rosenkreuzertum zu Beginn des 17. Jahrhunderts organisiert war?" „Schwer zu sagen", antwortete Jacques. „Ich habe schon in Geschichtsbüchern danach geforscht. Im deutschen ‚Plötz' findet man nicht den geringsten Hinweis unter dem Stichwort Rosenkreuzer. Eine gemeinschaftsbildende Einrichtung mit spürbarem Einfluss auf die Geschicke in Staat und Gesellschaft wird dort an keiner Stelle vermerkt."

„Das sollte vielleicht auch gar nicht sein", gab Andreas zu bedenken. „Vielleicht konnte sich die tiefere Wirkung im Verborgenen am ungestörtesten entfalten." „Im Calwer Jubiläums-Katalog ist aber doch die Rede davon, dass auf die Manifeste hin eine Art Aufruhr zustande gekommen sei. Fragt sich nur, wo und wie und in welchen Kreisen!“, warf Roberto ein.

Darauf entgegnete Jacques: „Ich bin der Sache nachgegangen.“ Er hatte sich im Katalog einige Stellen angestrichen, schlug die entsprechenden Seiten auf und referierte: „Ein Vortragender beim Calwer Andreae-Jubiläum von 1986, Gerhard Wehr, hat über das Rosenkreuzertum viele Quellen studiert. Er ist ein moderner Autor, der so manches über theosophische Literatur veröffentlicht hat. Er kam in seinem Vortrag zu folgendem Schluss: Damals gab es gewisse Kreise, die auf eine derartige Entwicklung geradezu gewartet hatten. Für diese Menschen wirkte die Ankündigung der Rosenkreuzer-Manifeste wie eine Erlösung. Ich denke, das müssen Menschen gewesen sein, die eine tiefe Sehnsucht nach grundlegenden Veränderungen im Zeitgeschehen verspürten und vielleicht auch im eigenen Wesen. Von einzelnen ist bekannt, dass sie versuchten, sich bei der vorerst unbekannten Bruderschaft zu melden. Es heißt aber auch, sie hätten keine Antwort bekommen. Das Ganze war also eine rätselhafte Geschichte. Verfolgt man die Spur weiter, stößt man immer nur auf das konkrete Faktum des Tübinger Freundeskreises, eines Kreises geistvoller Menschen um Johann Valentin Andreae.

Gerhard Wehr wie auch andere kommen zu dem Ergebnis: Der junge Andreae wurde gewollt oder ungewollt zum Kristallisationspunkt eines bedeutsamen Geschehens.“

William stellte fest: „Aber ein Hinweis auf eine organisierte Gemeinschaft der Rosenkreuzer findet man trotzdem nicht.“

„Waren das schon alle Reaktionen auf die Verbreitung der anonymen Schriften?“ entfuhr es Roberto. Jacques antwortete: „Nein, nein, es meldeten sich auch offensichtliche Gegner und einige abgehobene Schwärmer zu Wort. Letztere vernebelten das Ganze zusätzlich. Sie versuchten es zumindest. Das ist der berühmte Beifall aus der falschen Ecke. Letztlich wirkte das wie eine Verwässerung und Trübung des Anliegens. Andreaes großes Vorbild, Johannes Arndt, würde vielleicht gesagt haben, das seien die Feinde des wahren Christentums. Mit einem Wort: Es traten Begeisterte und Gegner auf den Plan. Beim Vorgehen der Gegner gab es die verschiedensten Nuancen.“

Wenn die Wahrheit verfälscht und unterlaufen wird

Das Thema Vernebelungstaktik traf bei Jacques einen empfindlichen Nerv. Er verwies spontan auf ein aktuelles Geschehen aus jüngster Zeit: „Man beobachtet bei vielen Menschen ein ehrliches Bemühen, einen höheren Lebensweg zu erschließen. Allerdings gibt es auch Richtungen, die - wie man so sagt - im Trüben fischen. Gerade im 20. Jahrhundert sind einige bedenkliche Strömungen auf den Plan getreten. Sie werden zu Recht von Gesellschaft und Staat gefürchtet, weil sie interessierte Menschen unter falscher Flagge anlocken und dann regelrecht abhängig und hörig machen. Gleichzeitig werden oft auch wirtschaftliche Interessen verfolgt. Hörigkeit ist für mich die schlimmste Form von Fremdbestimmung, die man sich denken kann. In Frankreich, aber auch in der Schweiz, haben wir vor gar nicht langer Zeit ein trauriges Beispiel erlebt, das weltweit Schlagzeilen machte. Ihr wisst schon, die Sache mit den Sonnentemplern. In den achtziger Jahren traten zwei selbst ernannte Führer mit dem Anspruch auf, eine Wiedergeburt von Moses und Osiris zu sein. Sie übernahmen die Macht im Orden der Sonnentempler und sollen sich neben esoterischen Themen auch mit einem schwunghaften Immobilienhandel beschäftigt haben. Jedenfalls gerieten sogar Personen aus anerkannten Kreisen wie Ärzte, Techniker und Künstler in ihren Bann. Die verhängnisvolle Utopie dieses Ordens bestand darin, dass ihre Anhänger zu einem bestimmten Zeitpunkt die Erde verlassen sollten, um auf dem Sternensystem Sirius eine völlig neue Kolonie von so genannten reinen Menschen zu gründen. In den neunziger Jahren wurden drei Wellen von Gruppenselbstmord und Tötung auf Verlangen bekannt. Daraufhin hat das französische Parlament strenge Untersuchungen eingeleitet und nimmt seitdem alle kleinen religiösen Gruppen unter die Lupe. Das ist ja verständlich. Denn was man beobachtete, war ein regelrechtes Sektenmassaker. Und die Folge war, dass dadurch die gesetzlich geschützte Religionsfreiheit in Frage gestellt wurde. Man fürchtete eine mögliche geistige Destabilisierung im Lande, wenn falsche Propheten und Dunkelmänner ihr Unwesen treiben und frei herumlaufen können."

„Das ist natürlich tragisch, was du da erzählst, Jacques!", sagte Andreas. „Aber da kommt mir noch ein weiterer Gedanke: Wenn Menschen wie beim Rattenfänger von Hameln in diese Hörigkeit geführt werden, passiert doch noch etwas ganz anderes. Zweifellos gibt es manche kleinen Gruppen, die sich in vollkommen ehrlichem Bemühen zusammenschließen und sehr aktiv mit Energie und Liebe die Spur zur Wahrheit und zu einem höheren Leben suchen. Diese gehören natürlich nicht zu den Rattenfängern. Das Problem ist aber, dass sie in der Gesellschaft meistens nur wenig oder gar nicht bekannt sind. Sie haben dann oft zu leiden durch die Praktiken der Rattenfänger, werden verkannt und einfach mit jenen in einen Topf geworfen. Auszuschließen ist auch nicht, dass sie gleichermaßen als gefährliche Sekten eingestuft werden."

„Ja, genau so ist es bei uns in Frankreich gewesen. Und mir fällt dazu ein drastisches Bild ein, das ich euch vor Augen führen möchte. Ein Sprichwort sagt: „Eine dreckige Kuh im Stall schlägt so lange mit dem Schwanz nach einer sauberen Kuh, bis diese auch dreckig aussieht." Ich will nur sagen, dass die meisten Leute das Erscheinungsbild der ‚dreckigen Kuh' ohne nähere Prüfung einfach auf saubere Richtungen übertragen, die sie gar nicht kennen. Sie machen sich einfach nicht die Mühe, das Geschehen selbst zu prüfen. Übernahme von Gerüchten, Verleumdungen und bloßen Vermutungen sind eine beliebte Methode, um die Dreckschleuder in Bewegung zu setzen. Oft wird auch mit Halbwahrheiten gearbeitet, wenn man zum Beispiel etwas in böswilliger Weise aus dem Zusammenhang reißt und dann isoliert zitiert. Denn wer prüft das schon nach? Die Mehrheit der Menschen ist einfach zu träge und zu desinteressiert." „Vielleicht ist es den Manifesten damals auch so ergangen!", sagte Andreas. „Vielleicht ist das sogar der Grund dafür, dass sich Andreae vom Rosenkreuzertum zurückzog. Denn über einige schillernde Gewänder des Pseudo-Rosenkreuzertums wird Andreae wohl sehr erschrocken gewesen sein, und der Dreißigjährige Krieg tat noch ein Übriges. Jeder musste sehen, wie er in dieser schwierigen Zeit überlebte und zurecht kam."

Herzog August der Jüngere von Braunschweig-Wolfenbüttel

„Andreae unterhielt im 17. Jahrhundert auch Verbindungen zum Herzogtum in Wolfenbüttel. Genauer gesagt zu Herzog August dem Jüngeren von Braunschweig-Wolfenbüttel, der mitten im Dreißigjährigen Krieg sein Erbe antreten wollte. Obwohl rechtmäßiger Erbe, konnte er 1634 zunächst nicht in sein Schloss einziehen. Denn zu dieser Zeit lagen die Kaiserlichen Truppen des Generals von Pappenheim noch in Wolfenbüttel, und die Bevölkerung hatte durch die marodierenden Truppen in dieser Zeit viel zu leiden.

Der Herzog war ein belesener und feinsinniger Mann. Er hatte bereits in ganz jungen Jahren mit dem Sammeln wertvoller Manuskripte begonnen. In Hitzacker an der Unterelbe entstand der Grundstock zu seiner späteren großartigen Sammlung, die bis auf den heutigen Tag einen außerordentlich guten internationalen Ruf besitzt.

Unter anderem beschäftigte sich der Herzog auch mit einer Art Geheimschrift, der Kryptographie. So konnte er geheime Botschaften chiffriert an verschiedene Stellen in Europa versenden. Er und die Empfänger entwickelten sehr originelle Dechiffrierschlüssel. Der deutsche Jesuit in Rom, Athanasius Kircher, korrespondierte in wichtigsten Angelegenheiten so mit dem Herzog."

Der „Bücherfürst" und seine Bibliothek

Andreas hatte bei einem seiner Besuche in Norddeutschland herausgefunden, dass August der Jüngere ab 1630 als regierender Herzog mit Johann Valentin Andreae in engem Briefwechsel stand. Diese Beziehung war im

Hinblick auf das Seminarthema sehr aufschlussreich. Die Freunde wollten natürlich wissen, wie es dazu gekommen war. Also erzählte Andreas: „Der Herzog gilt als der bedeutendste Büchersammler des 17. Jahrhunderts und wird deshalb in wissenschaftlichen Kreisen auch gern als ‚Bücherfürst' bezeichnet. Den Grundstock zu seiner heute noch bekannten Bibliothek legte er 1604 in Hitzacker an der Elbe. Mit einer unvergleichlichen Beharrlichkeit und Sachkenntnis baute er eine der größten Bibliotheken in Europa auf. Die viel älteren Bibliotheken in Rom und beim österreichischen Kaiser in Wien hatten zusammen höchstens so viele Bücher wie der Herzog allein, wobei die Bücherverzeichnisse in Rom und Wien nicht annähernd so gut angelegt waren wie seine." „Sicher willst du uns etwas über die geistige Kapazität dieses Mannes erzählen und seine speziellen Verbindungen?", warf Jacques ein. „Genau. Da ist zum Beispiel Johann Valentin Andreae. Dieser hörte zu seiner Zeit vom Anliegen und Engagement des ‚Bücherfürsten'. Und bald bahnte sich zwischen ihnen eine Beziehung an. Der Herzog hatte so genannte ‚Bücheragenten' in ganz Europa verstreut. Er selbst schrieb an manchen Tagen eigenhändig bis zu achtzig Briefe, sogar in den Wirren des Dreißigjährigen Krieges! Er interessierte sich für Schul- und Kirchenpolitik, für Bildung und Wissenschaft, war selbst Autor und griff sogar in Sachen Schachspiel zur Feder. Auch äußerte er sich zu Geheimschriften und philosophischen Themen und untersuchte Übereinstimmungen in den Evangelien. Johann Valentin Andreae wiederum hatte auch eine kleine wertvolle Privatbibliothek, die er 1634 durch den Brand von Calw verlor. Das war für ihn ein mehr als schmerzlicher Verlust. Andreae war noch ein Knabe, als der Herzog 1595 vorübergehend in Tübingen studierte, dort wegen seiner Gelehrsamkeit auffiel und ehrenhalber zum Rektor der Universität Tübingen gewählt wurde. 1597 wechselte er an die Akademie in Straßburg und unternahm von dort aus eine große Bildungsreise nach Italien. In Rom wurde er von Papst Clemens VIII. empfangen und durfte die ‚Bibliotheca Vaticana' besichtigen. Schon daraus könnt ihr ersehen, dass es dem Herzog und Andreae bei ihrer Korrespondenz nicht an Stoff fehlte. Es war Andreae offenbar ein Herzensbedürfnis, nach dem schmerzlichen Verlust der eigenen Bücher ‚seinem' Herzog einen liebevollen Brief über dessen vorzügliche Bibliothek in Wolfenbüttel zu schreiben. Bei meinem Besuch dort habe ich ein lateinisches Lobgedicht aus der Feder von Andreae gefunden, aus dem Jahr 1636, das ganz im Stil einer Benutzerordnung für diese Bibliothek abgefasst war. Dem Herzog gefiel der Text so gut, dass er ihn auf einer Tafel in der Bibliothek aufhängen ließ. Ich möchte euch das einmal vorlesen. Der Text zeigt, dass beide Männer auf sehr vertrautem Fuße standen.

Mit großen Kosten und viel Eifer schmückt mich mein Herr aus, auf dass ich eine mit guten Büchern ausgestattete Bibliothek sei. Der zu ihrer Besichtigung Zugelassene wahre die Pflichten des Anstands, dass er nichts verunstalte und mir nichts heimlich entwende. Er stelle alles entsprechend der Ordnung, in der er es aufgestellt sieht, zurück, damit man es später nicht aus den verschiedenen Ecken zurückholen muss. Willst du, wer du auch seiest, diese Regeln nicht beachten, so halte dich von der Bibliothek eines anderen fern und benutze deine eigene.“

„Gab es außer dem Bücher-Sammeltrieb sonst noch Übereinstimmungen zwischen beiden?“ Das war die Kernfrage in der Gesprächsrunde. Beide Männer waren protestantisch, aber in vieler Hinsicht unabhängige Freidenker.

Dazu erzählte Andreas: „Der Herzog korrespondierte bis zu seinem Lebensende intensiv mit dem Jesuitenpater Athanasius Kircher aus Rom, unterstützte diesen ab und zu finanziell beim Druck seiner Manuskripte und war sehr aufgeschlossen überkonfessionellen Meinungen gegenüber. Die äußere Konfession war also bei seinen Kontakten kein Hindernis. Auch bei Andreae war das so ähnlich. Ab 1640 wurde der Briefwechsel zwischen ihm und dem Herzog immer intensiver. 1643 erreichte Andreae gar ein Angebot des Herzogs, in Wolfenbüttel die Hofpredigerstelle zu übernehmen. Denn dem weitblickenden Herzog war sicher nicht verborgen geblieben, dass sich Andreae immer wieder mit dem verdeckten Vorwurf des so genannten Synkretismus in der lutherischen Kirche auseinander zu setzen hatte. Letztlich ging es darum, dass sich Andreae mit seinem geistigen Weitblick auch für vorchristliches Weisheitsgut interessierte. Wer diese Gedanken mit der christlich-orthodoxen Überlieferung vermischte, galt als Synkretist. Ein Theologe konnte sich das offiziell nicht leisten.“

Johann Amos Comenius

Ein weiterer Lichtblick ergab sich, als Andreas die denkwürdige Beziehung zwischen Johann Valentin Andreae und einem anderen bedeutenden Mann herstellte: „Seit 1628 stand Andreae mit einem Geistlichen der Bömisch-Mährischen Brüder, Johann Arnos Comenius, in Briefkontakt. Comenius schrieb an Andreae: *Mein Ziel war, Christus wieder an den rechten Ort zu stellen, nachdem ich die alten literarischen Götzenbilder zerbrach. Die gute Sache lässt alle Völker als Genossen zu, besonders diejenigen, welche das christliche Exil mit uns vereinigt.* Andreae begegnet hier einem Weisen aus dem europäischen Osten, der die rosenkreuzerisch-pansophische Idee Andreaes hervorhebt und anerkennt. Er hofft auf eine neue revolutionäre Gemeinschaftsbildung einer weltumspannenden Christlichkeit.

„Und wie reagierte Andreae darauf?", fragte William.

„Andreae muss auf dieses Anliegen sehr positiv reagiert haben. Schließlich galt er schon zu seiner Studienzeit als Freidenker und stand im Verdacht der mangelnden Rechtgläubigkeit: Der Stuttgarter Kirchenleitung war er nicht orthodox genug. Er wandelte gleichsam auf einem sehr schmalen Grad. Da gibt es zum Beispiel seine Schrift ‚Theophilus', die einen schonungslosen Blick auf die aktuellen innerkirchlichen Zustände im lutherischen Württemberg bietet.

Das war im Jahre 1622. Alles, was Andreae dort aufzeigt, bezieht sich sowohl auf die Gläubigen als auch auf die Würdenträger im geistlichen Amt. Er sagt: *Vom Scheitel bis zur Sohle krankt der christliche Körper wie einst der jüdische Staat vor seinem Untergang, der nun auch für uns zu befürchten ist.* Die Zensurbehörde verweigerte die Drucklegung. Andreae ist die praktische Verwirklichung des Christentums immer wichtiger gewesen als das enge Korsett der Orthodoxie, das sich in seiner Zeit ausgeformt hatte."

„Gerade das beweist doch, dass der Schreiber der Rosenkreuzer-Manifeste seine Hoffnungen und Visionen niemals verraten hat", wandte Jacques ein.

„Wenn man einmal die Manifeste mit dem ‚Theophilus' vergleicht, kommt man zu einer bestimmten Feststellung."

„Wie meinst du das, Roberto", fragte Jacques.

„Ach, weißt du, die Manifeste sind für mich vollkommen inspirierte Texte, während sich der Autor im ‚'Theophilus' nur ganz persönlich als kritischer Beobachter, der viele Erfahrungen im Kirchenleben gemacht hat, zu Wort meldet. ‚Theophilus', also ‚Gottliebender', heißt der Text auch deshalb, weil hier ein Mensch seine ganze Trauer und seinen Schmerz über das, was er wahrnimmt, ausdrückt. Er sehnt sich innerlich nach einem gottgefälligen Leben in einer anderen Gesellschaft." Jacques meldete sich zu Wort: „Was die Erfahrung anbelangt, so kam mir bei deiner Erklärung auch ein Gedanke zu den Werken des Comenius. Comenius gilt ja vielen zu Recht als Urheber und Erneuerer der Pädagogik. Er hat in seinem Leben viel darüber geschrieben. Bei ihm fügte sich - wie ich meine - die Auffassung und Erfahrung einer gereiften und durch das Leben schwer geprüften Persönlichkeit harmonisch mit ganz bestimmten Inspirationen zusammen, die sich im höheren Lebensalter bei ihm bemerkbar machten. Es sind wohl an die zweihundert Titel, die aus seiner Feder stammen sollen. Er verfasste zum Beispiel auch Bühnenstücke, eine tschechische Sprachlehre und schrieb über Musik, Medizin und Astronomie. Auch er verlor in den Kriegswirren Hab und Gut und viele seiner wertvollen Schriften und Bücher. Das vielleicht tiefsinnigste Buch aus seine Feder ist die Schrift ‚Der Weg des Lichtes', ‚Via lucis'. Die tschechische Comenius-Forscherin Blanka Jerabek hat 1986 in Calw in einem Vortrag dieses Werk beleuchtet. Comenius war nach ihren Angaben überall in Europa unterwegs: in Polen, Deutschland, England, Schweden, Ungarn und zuletzt in Holland. ‚Via lucis' verfasste er am Ende des Jahres 1641. Aus diesem Buch spricht seine ganze Lebenserfahrung."

„Du meinst also, Comenius Lebensweg, oder sagen wir seine spirituelle Entwicklung, verlief ein wenig anders als bei Andreae, wenn man ihre beiden Biographien miteinander vergleicht?"

„Ja, Roberto, ich sehe das so", entgegnete Jacques. „Fest steht: Comenius blieb seinem kaum älteren Bruder Andreae sein Leben lang verbunden. So erwähnt er zum Beispiel, wie Andreae in ihm eine Fackel entzündet beziehungsweise an ihn weitergegeben hat. Trotzdem verliefen die Lebenswege der beiden mit zunehmenden Alter sehr unterschiedlich."

Zwei Geistesverwandte finden sich

„In seinem Werk ‚Via Lucis' spürt man auf Schritt und Tritt Comenius tiefe Spiritualität, die in enger Verbindung mit dem praktischen Leben stand. Beides fügt sich bei ihm harmonisch zusammen. Es ist seine reife Lebenserfahrung, die allerlei Schätze aus der Seelentiefe zur Wirkung kommen lässt. Wisst ihr, was mich bei der Beschäftigung mit Comenius so ungemein berührt hat? Er sah das Leben, ja, die ganze Welt immer als eine Schule der göttlichen Weisheit an. Dort muss der Mensch praktisch und zwar innerlich und äußerlich lernen. Da muss er Prüfungen bestehen, ehe er Gold machen kann."

„Das hast du in deiner unvergleichlichen Art wieder einmal sehr schön ausgedrückt und charakterisiert, Jacques. Aber über das Gold müssen wir noch einmal reden. Denn das materielle Gold kann es wohl nicht gewesen sein", resümierte Andreas. „Weißt du, Comenius hat das sehr subtil und klar benannt. Er meinte immer, der Mensch müsse persönlich und innerseelisch vieles bewusst erleben und durchleiden, ehe er zur himmlischen Alchemie zugelassen wird. Denn nur dort werden ja Spreu und Weizen im Menschen getrennt, damit das himmlische Ebenbild, das Gold des Geistes, erglänzen kann. Nach Comenius wird der Mensch erst dann mit Hilfe des Goldes neu erschaffen. Erst dann wird er ein würdiges Ebenbild Gottes sein. Ich kann mir das im Moment nicht so genau vorstellen, es geht über meine Fassungskraft. Trotzdem empfinde ich die tiefe Wahrheit, die in diesen Gedanken liegt."

„Ebenso wie Andreae wurde auch Comenius hart geprüft, als er mit seiner Familie und seinen Glaubensbrüdern die unerbittliche Grausamkeit des Krieges durchleben und durchleiden musste. Hinzu kam der Ausbruch der Pest. Seine Frau und seine beiden kleinen Kinder fielen ihr zum Opfer", äußerte Jacques, „und ich frage mich, woher nahm er nur die Kraft, in dieser Situation auch noch Anderen Trost zu spenden, wo er doch selbst Zuspruch und Trost gebraucht hätte. Ich meine zum Beispiel seine Schrift *Nachdenken über die christliche Vollkommenheit oder auch Eine uneinnehmbare Burg - der Name Gottes.*

Wir können, glaube ich, gar nicht erfassen, welche gewaltigen Kräfte Comenius geführt und beseelt haben. Er muss sie gleichsam angezogen haben. Und er durchschaute alles, was unter dem Deckmantel Mensch in seiner Zeit unterwegs war." „Wie meinst du das, Jacques?", fragte Andreas.

„Das Labyrinth der Welt"

„Nun, Comenius beschrieb das Panorama, das er erlebte, unter dem Titel ‚Das Labyrinth der Welt und das Paradies des Herzens'. Diese Schrift behandelt quasi zwei Welten, die einander durchdringen und doch vollkommen verschieden sind aufgrund der Gesetze, die dort jeweils herrschen. Comenius nahm seine Mitmenschen näher in Augenschein und schilderte sie wie in einer Satire: *Manche hatten Schweinsrüssel, andere Hundszähne und Rindshörner; wieder andere Eselsohren, Fuchsschwänze und Wolfsklauen. Die meisten ähnelten Affen.*"

Jacques beschrieb die Szenen weiter, wie er sie im Buch gelesen hatte: „Die Menschen, oder soll ich sagen die Tierartigen, gehen auf der Straße und verbergen ihr Wesen hinter einer Maske. Comenius enttarnt sie. Wie heuchlerisch, dumm und raffgierig sie doch sind! Er blickt hinter die Masken, sieht in die Gesichter und ist davon sehr betroffen, mit einem Wort: erschüttert. In diesem Augenblick tritt eine große Versuchung an ihn heran. Warum? Er will diese Welt verlassen und damit auch seine Mitmenschen mit all ihren Makeln und ihrem Elend, denn er sieht nur Finsternis und Fäulnis. Er ist völlig verzweifelt, und da geschieht etwas ganz Unerwartetes." Als Jacques an diesem Punkt angelangt war, wurde eine große Spannung im Kreis der Freunde spürbar.

„Ihr könnt euch bestimmt denken, dass Comenius nie ganz gottverlassen war. Im Augenblick seiner tiefsten Not befragt er sein Herz: ‚Was soll ich machen?' Dadurch tritt er mit dem Göttlichen in Verbindung, das ist der Schlüssel! Jetzt erglänzt mitten in seiner erschütterten Seele etwas vom verborgenen Gold. Und Comenius hört eine Stimme: ‚*Kehre um, von wo du ausgegangen bist!*' Was glaubt ihr, von wo er seit langer Zeit ausgegangen ist? Es liegt auf der Hand! Denn die Stimme sagt: ‚*Vom Haus deines Herzens bist du ausgegangen und hast es nicht gemerkt. Du hast dich ablenken lassen! Dorthin kehre zurück.*' Und dann hört er die entscheidende Mahnung: ‚... *und schließe die Tür hinter dir*' - wenn du wieder nach Hause gekommen bist, könnte man ergänzen. Erst dann stehst du richtig in der Welt und kannst umfassend helfen.

Als ich das alles gelesen hatte, dachte ich unwillkürlich an einen für mich wichtigen Assistenten in der philosophischen Fakultät in Lyon. Dieser war ein glühender Verehrer von Meister Eckhart, der im 13. Jahrhundert oft im Elsass gepredigt hat und als deutscher Dominikaner sogar Hochschullehrer an der Sorbonne in Paris wurde. Der Assistent hatte oft ein geflügeltes Wort von Meister Eckhart auf den Lippen, besser gesagt auf dem Herzen: *Verlier' ich mich, so find' ich dich!* Es hat lange gedauert, bis ich hinter den Sinn kam. Genau an diese Worte habe ich eben denken müssen, als von der Heimkehr in das Herz die Rede war!" Im Kreis der Freunde trat eine Pause ein. Alle waren tief berührt, und jeder spürte so etwas wie den Schlüssel zum eigenen Herzen.

Andreas fand als Erster die Sprache wieder. „Wisst ihr, was ich schon manches Mal beobachtet habe? Ich weiß nicht, wie es euch geht. Wenn sich unser Gespräch bis zu einem bestimmten Punkt entwickelt hat, ist oft eine große Spannung da. Wir wollen dann zum Letzten durchdringen. Aber ich spüre, dass ein bestimmtes Gleichgewicht noch fehlt."

Die Freunde dachten darüber nach und nickten bestätigend.

Doch Andreas war noch nicht am Ende. „Manchmal ist es aber auch so, dass wir eine innere freudige Erwartung haben, dass wir gleichsam staunen und still und aufnahmebereit lauschen. Dann meldet sich vielleicht etwas Ähnliches wie die Stimme, über die Comenius schrieb, und wir bekommen unerwartet eine Antwort geschenkt. Das ist dann eine

Annäherung an das soeben vernommene Wort von Meister Eckhart. Aber solange man etwas unbedingt will, ist man wie besetzt, wie verschlossen! Dann fehlt das staunende, offenen Element. Nur wer staunt, kann einen Schritt aus sich heraustreten und dadurch die innere Tür einen Spalt öffnen. Letztlich macht das den Unterschied zwischen ‚wissen wollen' und Weisheit aus."

Im Comenius-Museum in Den Haag

William erinnerte sich plötzlich an einen Besuch in Den Haag, wo es ein sehr gepflegtes Comenius-Museum gibt, ein Andenken an die letzten vierzehn Lebensjahre dieses Mannes, also von 1656 bis 1670. „Comenius genoss als Flüchtling bei dem liebenswürdigen Kaufmann Laurens de Geer Schutz und Gastrecht" begann William, „dieser war es auch, der die Herausgabe einiger Manuskripte von Comenius ermöglichte. Hier zeige ich euch den schönen Farbdruck eines Ölgemäldes von dem Maler J. Ovens, das uns Johann Amos Comenius zeigt."

Die Freunde beugten sich über den Tisch, um das Gemälde näher zu betrachten. „Was sofort auffällt, sind seine großen dunklen Augen, die so viel Ruhe, Anteilnahme, Offenheit und Frieden ausstrahlen. Er trägt die berühmte Gelehrten-Kappe und fast rotblondes, schulterlanges Haar. Sein Antlitz wirkt großflächig, markant und gütig. Ich denke da an die berühmten zwei Gs: Geist und Güte. Auch die Mundwinkel verraten beim Menschen im fortgeschrittenen Alter viel über den Verlauf seines Lebens und seine Einstellung dazu. Obwohl Comenius so viel Schmerzliches gesehen und am eigenen Leib erfahren hat, wirken die Mundpartie und die buschigen Augenbrauen überhaupt nicht verbittert. Man spürt nur Ruhe, Güte und Frieden." „Das hast du wirklich schön ausgedrückt" entfuhr es Roberto anerkennend. „Das Bild ist an Comenius Lebensende gemalt worden. Denkt nur, es war 1668, also zwei Jahre vor seinem Tod, als er das entscheidende Vorwort zu seiner Schrift ‚Via lucis' verfasste, gleichsam als Lebensessenz in Form von Ratschlägen für seine Mitmenschen. Sie belegen seinen praktischen Lebensoptimismus, denn er entschloss sich, diese Gedanken nach London an die ‚Royal Society' zu schicken. Wie sehr hoffte er auf eine günstige Aufnahme seiner Ideen gerade in diesem Kollegium! Er vermutete und erwartete eine gute Synthese von innerer Empfänglichkeit und politischem Einfluss. In seinem Vorwort zu ‚Via Lucis' nahm Comenius bewusst Bezug auf verschiedene Stellen im Alten Testament, zum Beispiel auf den Propheten Jesaja. Er dachte an seine Brüdergemeinde, ja an die ganze Menschheit, wenn er Jesaja zitierte: *Das Volk, das im Finsteren wandelt, sieht ein großes Licht, und über die da wohnen im finsteren Lande, scheint es hell.*"

Roberto reagierte spontan: „Da sieht man zum Beispiel die Böhmisch-Mährischen Brüder, sie nehmen das Licht unmittelbar wahr. Und da sind die anderen, die Bewohner des finsteren Landes. Auch über diesen leuchtet das Licht hell, aber ...", er machte eine Pause, „sie können es wohl noch nicht erkennen."

Alles soll sich frei entfalten

Das Original-Portrait von Comenius trat William noch einmal vor sein inneres Auge und auch die fünfköpfige Gruppe der tschechischen Studenten aus Brünn, die damals in Den Haag lange mit ihm vor dem Ölgemälde gestanden und sich darüber unterhalten hatten.

Er erzählte seinen Freunden: „Ein hoch aufgeschossener Student mit langem, gepflegtem glatten, schwarzen Haar, der gut englisch sprach, erzählte mir, die Erinnerung an diesen Patriarchen und auch an seinen Vorgänger Jan Hus werde im tschechischen Volk lebendig gehalten. Nicht ohne Stolz erwähnte er, dass die eigentlichen reformatorischen Bewegungen von Böhmen ausgegangen seien - und zwar bereits hundert Jahre vor Luther. Mit dem Flammentod des Rektors der Prager Universität Jan Hus 1415 auf dem Scheiterhaufen von Konstanz erfuhren sie einen tragischen Höhepunkt. Seitdem werden sehr viele männliche Nachkommen in Tschechien in Erinnerung an Jan Hus ‚Jan' genannt, wie das auch aus dem Vornamen Jan Amos Comenius zu ersehen sei. ‚Auch ich heiße mit Vornamen Jan', sagte er zu mir.

Und dann bemerkte ich noch, wie eben dieser Student seine anderen vier Kommilitonen sachkundig und verständnisvoll durch das Museum führte und an verschiedenen Vitrinen länger stehen blieb.

Die Abbildungen oder Exponate zu Comenius beziehungsweise zur Böhmisch-Mährischen Brüdergemeinde waren mit Texten oder kurzen Erklärungen versehen und zwar zweisprachig: in Niederländisch und Tschechisch. Ich durfte mich seiner Führung anschließen. Eine Vitrine zeigte Comenius am Tisch sitzend mit Gelehrten-Kappe wie er mit Tinte und Federhalter vor einem großen Globus seine Gedanken niederlegt. Darunter stand in lateinischer Sprache ein Wahlspruch, den Comenius aus ureigener Erfahrung mit den Kräften seines Herzens geschrieben hatte: *Omnia sponte fluant absit violentia rebus.*

Der Student Jan übersetzte uns diesen Spruch: ‚*Alles soll sich frei entwickeln, Gewalt sei dabei fern!*', und er erläuterte weiter: ‚In allen Lebenslagen hat Comenius diesen Grundsatz im Umgang mit seinen Mitmenschen beherzigt, gleichgültig, ob sie seine Brüder waren oder seine Gegner. Jedem trat er mit dieser reinen Gesinnung gegenüber.' Und dann betonte Jan noch: ‚Am Ende des Dreißigjährigen Krieges, 1648, wurde Comenius Oberhaupt und damit Bischof der gesamten Brüder-Unität. Diese einige Tausend zählende Gemeinde wählte ganz bewusst nicht die Bezeichnung ‚Kirche' für ihren Zusammenschluss, sondern Unität. Das heißt, sie waren sich bewusst, dass sie als Gemeinschaft zunächst eine innige Einheit darstellen mussten, ehe die Kräfte - oder sagen wir das Licht des Geistes - einen noch viel weiteren Radius entfalten könnten.'

Genau genommen war Comenius eine Art Utopist, also einer, der in der Welt keinen Ort findet, wo seine Bestrebungen zu Hause sind. In diesem Zusammenhang zeigte Jan auf eine andere Inschrift, die das belegte. Er übersetzte mir den tschechischen Text: *Mein Leben war ein Wandern, eine Heimat hatte ich nicht!* Oder vielleicht doch?', fragte Jan in die Runde seiner tschechischen Freunde: ‚Wisst ihr, ich habe Großeltern in Ostrau, deren Vorfahren einst zu den ‚Böhmischen Brüdern' zählten. Deshalb ist dieses Gedankengut bei uns in der Familie immer lebendig geblieben. Mein Großvater sagte, zwar sehr selten, aber dann umso bestimmter: ‚Erst wenn die ganze Menschheit eine einzige große Unität in einem Geist ist, ohne Schranken, Gräben und Vorbehalte, darf man wieder von der einen Kirche sprechen.' Das habe ich nie vergessen.‘ Am Ausgang des Museums standen wir vor einer eindrucksvollen Tafel mit einem letzten Comenius-Zitat. In kurzen Worten enthält es die Überzeugung, dass sich ein ernsthafter Mensch in dieser Welt nie zur Ruhe setzen sollte. Er muss mit seinem ganzen Herzen und seinem Gemüt ein suchender Mensch sein und bleiben, denn Stillstand bedeutet Rückschritt. Zum Lebensende hin hat Comenius das als eine Art Testament und als Dank an das Leben hinterlassen. Was glaubt ihr, was uns Jan zum Schluss noch vorlas?“, fragte William in die Runde. Achselzucken war die Antwort.

„Dann will ich euch das Bekenntnis des Comenius zitieren: *Ich danke meinem Gott, dass er mich mein ganzes Leben hindurch ein Mann des sehnsuchtsvollen Suchens hat sein lassen. Wenn er es auch zuließ, dass ich mich dadurch in manches Labyrinth verirrte, so hat er doch geholfen, dass ich mich aus den meisten herausarbeitete.* Dann erklärte Jan noch beim Abschied: ‚Comenius ist für mich ein bekennender Utopist, weil er mit und in seiner Brüdergemeinde auch gleichzeitig ein bahnbrechender Realist war!‘“

Das „U“ macht den kleinen Unterschied aus

Die Freunde in ihrer Philosophenecke waren von dem Museumsbesuch in Den Haag sehr beeindruckt, und Andreas bemerkte treffend: „Bei der Schilderung des letzten Zitats von Comenius habe ich ein wenig über den Genius der deutschen Sprache nachgedacht. Im Deutschen betonen wir das Wort ‚suchen‘ und das Hauptwort ‚Sucht‘ ganz verschieden. Das ‚U‘ wird bei ‚suchen‘ lang gesprochen, dabei schwingt durch die Art der Betonung auch ein wenig der Charakterzug von Ausdauer mit. Bei ‚Sucht‘ ist das ganz anders. Hier wird das ‚U‘ schnell und kurz gesprochen. Es ist, wie auch im Wortsinn gemeint, als ob man unvermittelt in eine Falle rutscht. Wie viele Sehnsüchte gibt es nicht, die alle zusammen eine Art Suchtfalle darstellen. Bei Comenius ist das genaue Gegenteil der Fall.“

„Das soll unser heutiges Schlusswort sein“, schlug William vor. Und so verabschiedeten sich die Freunde wieder zufrieden und erfüllt.

Michael Maier

Als die Gesprächsrunde das nächste Mal beisammen war, sagte Jacques: „Immer wieder haben wir bei unserer Netzwerkbetrachtung festgestellt, dass die geistigen Impulse an der Wende zum 17. Jahrhundert durch sehr unterschiedliche Personen verbreitet wurden. Erstaunlicherweise spielten dabei die jeweiligen Konfessionen eine völlig untergeordnete Rolle."

Der Leibarzt des Kaisers Rudolf II.

„Vielleicht können wir das noch durch weitere Beispiele vertiefen." Andreas zog einen Katalog aus seiner Studientasche und bemerkte: „Schon beim letzten Mal hatte ich in diesem zweiten Andreae-Katalog einen eindrucksvollen Kupferstich aus dem Jahr 1617 entdeckt. Aber wir hatten keine Zeit mehr, ihn gemeinsam anzuschauen. Betrachten wir einmal das Porträt hier. Es zeigt Michael Maier, den Leibarzt des Habsburger Kaisers Rudolf II. aus Prag." „Können wir es nicht gemeinsam analysieren?" fragte Jacques. „Andreas, du bist im Lateinischen sicher am besten. Unter dem Porträt steht eine Erklärung zu Michael Maier, oder?" „Ja, man könnte es eine Selbstbetrachtung nennen, abgefasst in Renaissance-Latein. Der Text hat folgenden Inhalt: *Je drei Titel hat mir der Kaiser verliehen. Diese Titel sind mir geblieben: In Christus leben und sterben können und immer gut handeln.*"

Roberto schaltete sich ein: „Das sind drei tiefe Einsichten, die er wohl in der Schule des Lebens gelernt hat und die ihm quasi in Fleisch und Blut übergegangen sind."

„Genauso kommt es mir auch vor. Aber lesen wir kurz zu Ende: *Ich, Michael Maier, bin auch Beisitzer im Kaiserlichen Rat. Auch bin ich Philosoph und Doktor der Medizin. Eine herausragende Stellung nahm ich einst ein als Leibarzt des Kaisers.*

Nach dem Tod des liberalen Rudolf II. in Prag, 1612, der als Katholik in seiner engsten Umgebung auch Protestanten wie Michael Maier oder den Kaiserlichen Hof-Mathematiker und Astronom Johann Kepler als Ratgeber hatte, ging Maier nach Kassel, um dort als Leibarzt beim Landgrafen Moritz von Hessen-Kassel zu dienen. Aber er reiste auch nach England und in die Kurpfalz. Ganz in der Nähe Heidelbergs, in Oppenheim am Rhein, sollen eine Fülle seiner Schriften gedruckt worden sein. Übrigens hat die dortige Druckerei auch Bücher seines ärztlichen Kollegen aus London, Robert Fludd, verlegt. Im Amsterdamer Katalog der ‚Bibliotheca Philosophica Hermetica' steht geschrieben, dass Maier als echter Rosenkreuzer angesehen werden muss. Dort wird er auch als ‚Poeta laureatus', das heißt als lorbeerbekränzter Dichter bezeichnet, und es heißt, niemand habe zu dieser Zeit so viele Kommentare zum Rosenkreuzertum verfasst wie er. Maier starb bald nach dem Erscheinen der Manifeste, nämlich bereits 1622. Offenbar kannte er den Tübinger Kreis um Andreae nicht persönlich. Aber er hatte, wie der Katalog besagt, die Idee des Rosenkreuzertums tief verinnerlicht. Ihm muss beim Lesen der geheimnisvollen Manifeste das Herz aufgegangen sein." „Was hat er denn konkret dazu gesagt?" wollte Roberto wissen.

Ruhe nach all dem Getöse

Andreas blätterte im Katalog und suchte eine bestimmte Stelle. „Da, ich hab' es schon! Es gibt zum Beispiel die Schrift ‚Silentium post clamores', was so viel heißt wie: Ruhe nach all dem Getöse. Gemeint ist die kontroverse Diskussion um die Manifeste. Man muss bedenken, Michael Maier war als Arzt auch ein bekannter Alchemist, Philosoph und Naturwissenschaftler, der sehr subtile Beobachtungen bei den Stoffwechselprozessen in der Natur machte. Als Alchemist studierte er die Geheimnisse der Veränderung, die Stoffumwandlungen, die sich bald langsam, bald rascher vollziehen, und brachte diese Prozesse mit den möglichen geistig-seelischen Umsetzungsprozessen im Menschen in konkrete Beziehung. Die Natur - so seine Meinung - handhabt ihre Gesetze nach ganz bestimmten Regeln. Man muss diese studieren und darf nicht mit Gewalt eingreifen. Genau das ist der Grundton seiner Schrift ‚Silentium post clamores'. Sie ist ein dringender Appell an die Geduld. Veränderungen in der Seele erfordern Geduld und Ausdauer. Das gehört offenbar zum Rosenkreuzertum. Rosenkreuzer mussten Alchemisten der Seele sein, um zu verändern und Dunkles vom Hellen zu scheiden. Maier jedenfalls ermahnte die Drängenden, die von den Rosenkreuzern rasche und direkte Antwort wünschten, sie sollten sich erst einmal in Geduld fassen, ohne Geduld lasse sich nichts erringen. Er ließ seinen Blick weit in die Vergangenheit schweifen und nannte treffende Beispiele. Zum Beispiel sprach er vom Götterboten Hermes mit seinen geistigen Botschaften, die er von Zeit zu Zeit den Menschen brachte. Dadurch seien im Kreis der Empfänglichen ‚Colonien' gebildet worden.

So erwähnte Maier *das uralte Collegium der Ägypter; der Griechen, der Chaldäer, Brahmanen, der Araber und vieler mehr.* Auch gab er zu bedenken: Wenn jetzt noch keine unmittelbare Antwort aus dem Kreis der geheimnisvollen Bruderschaft der Rosenkreuzer zu vermelden sei, so sei die Zeit ja gerade erst angekündigt und komme noch. Die Menschen seien nicht zu allen Zeiten reif für Offenbarungen. Dennoch war Maier der Meinung, der Einzelne könne und werde unter bestimmten Umständen immer reif sein, die Gesetze des Rosenkreuzertums zu entschlüsseln, auch wenn keine Massenbewegung hinter ihm stände. In seiner Schrift ‚Themis aurea', das ‚goldene Gesetz', schrieb er als Alchemist ganz in diesem Sinne: *Man muss die Kunst und Erkenntnis der Natur durch den Verstand und die Arbeitsweise der Fraternität des Rosenkreuzes ergründen und dann auf die Nachkommen überpflanzen. Dazu gehört das Buch M, welches ohne allen Zweifel die Vollkommenheit aller in der Welt nützlichen Künste betrifft.* ‚M' steht für Mundus, das lateinische Wort für Welt."

Wie oben, so unten

Staunend und schweigend hatten die Freunde zugehört, und William betonte: „Der Hinweis auf den Götterboten Hermes klingt wie eine Art Himmelsleiter, die etwas von oben - also der Sphäre des Geistes - nach unten in die Sphäre der Dunkelheit leitet."

„So ist es auch", bestätigte Andreas. „Das kann man aus den weiteren Worten von Michael Maier herauslesen: *Alles fängt an mit den himmlischen und universellen Stücken wie auch mit der musikalischen Harmonie der Welt und steigt herab bis hin zu allen anderen Künsten.* Das Ziel besteht in dem hermetischen Prinzip: Wie *oben* soll es durch Veränderung auch *unten* werden. Das ist der Schlüssel. Aber mit Gewalt geht es natürlich nicht, wohl aber mit Geduld und nie nachlassendem Fleiß."

Andreas Worte hatten die Freunde beeindruckt. Jeder begriff, dass tief im Menschen ein ganz neues Bedürfnis geboren werden muss, wenn eine solche Entwicklung möglich werden soll.

Ein Mann von geistigem Adel

Lange hatten die Freunde das Porträt von Michael Maier betrachtet und dabei manche interessante Einzelheit entdeckt. „Der Stich zeigt uns in Mimik, Gestus und Kleidung einen Granden. Es könnte genau so gut ein Feldherr sein, so wie etwa Gustav Adolf. Ein Mann von Adel mit einem gepflegten Kinn- und Schnauzbart. Er ist sich ganz und gar seiner Würde bewusst. Der offene breite weiße Stuart-Kragen hebt das markante Profil deutlich hervor", sinnierte William. „Und dann ist da der unverwechselbare Gesichtsausdruck, der ins Weite gerichtete Blick, die schmale lange Nase, das kurze Haupthaar. Alles in allem ein Ausdruck vollkommener Disziplin. Eine doppelte schwere Halskette mit einem Medaillon charakterisiert ihn als Würdenträger", bemerkte Jacques.

„Ja, das ist eine gute Beschreibung", ergänzte Andreas. „Schaut euch doch mal die beiden Arme und Hände an. Die Linke stützt sich auf den Knauf eines Degens, immer bereit, bei Bedarf die Waffe zu ziehen, und was macht die Rechte? Hier sieht man das genaue Gegenteil. Mit dem angewinkelten Arm hält Maier ein dickes Buch, wobei der Zeigefinger wie ein Lesezeichen zwischen die Seiten geklemmt ist. Wer weiß, welches Thema und welches Kapitel ihm gerade wichtig sind. Ich glaube, dass die Gesten der Hände eine symbolische Bedeutung haben, nämlich immer für die Wahrheit und höhere Wirklichkeit kämpferisch einzutreten. ‚Silentium post clamores' ist ein gutes Beispiel für diese Haltung. Permanentes Studium der Philosophie, der paracelsischen Medizin und der Alchemie führten Michael Maier auf die Spur des rosenkreuzerischen Gedankengutes."

Aber Andreas suchte noch nach einem bestimmten Platz für Michael Maier, für dessen geistige Bedeutung. „Für mich ist Michael Maier auch eine besondere Art von Utopist. Denn er ahnte, wie mir scheint, eine

Entwicklung voraus, die bis heute noch nicht realisiert ist, die aber kommen muss. Alle Regeln der inneren Verwandlung des Menschen werden bei ihm klar formuliert. Deshalb hat er auch eine seiner bedeutenden Schriften ‚Themis aurea' genannt, das ‚Goldene Gesetz'."

Genau an diesem Punkt überraschte Jacques seine Freunde mit einem Mitbringsel. „Ich war vor einigen Jahren mit ein paar Freunden aus Lyon und Straßburg in der ‚Goldenen Stadt Prag'. Die Reise war sehr erlebnisreich. Wir haben uns dort in der Buchhandlung am Altstädter Ring, das ist der zentrale Platz für geschichtliche Ereignisse, einige kleine Schriften gekauft. Besonders beeindruckend war gleich neben der Buchhandlung das schöne gotische ‚Haus zur Steinernen Glocke'. Es heißt so, weil an der Ecke des Hauses in Höhe des ersten Stockwerks eine große Glocke als Kennzeichen angebracht ist. Dort finden immer wieder bedeutende Ausstellungen statt. Eine davon haben wir uns angeschaut."

Im „Haus zur Steinernen Glocke"

„Und worum ging es da?" fragten die Freunde. „Sie trug den alchemistischen Titel ‚Opus magnum' und berücksichtigte alle geistigen Strömungen von der beginnenden Neuzeit und der Renaissance bis hinein in unser Jahrhundert. Wir fanden Zeugnisse der jüdischen und christlichen Kabbala, Paracelsus-Schriften, die Schriften der klassischen Rosenkreuzer des 17. Jahrhunderts, sowie Werke von Jakob Böhme. Außerdem sahen wir die Freimaurer-Symbolik, Zeugnisse der Anthroposophie, Gedanken zu den sieben freien Künsten und selbstverständlich auch Gedanken zur spezifischen Prager Geistesgeschichte, die mit den Namen Jan Hus, Rabbi Löw, John Dee, Johann Amos Comenius, Gustav Meyrink, Franz Kafka und Weiteren in Verbindung steht. Man konnte erleben, wie sich einzelne engagierte Menschen in allen Jahrhunderten zum Nutzen der ganzen Menschheit um geistige Werte bemühten."

„Und wie war die Ausstellung aufgebaut?", wollten die Freunde wissen. „Vor allem sollten die Besucher angeregt werden, ebenfalls nach inneren Werten zu suchen. Pädagogisch sehr geschickt wurde dargelegt, dass viel Wissen in früheren Zeiten geheim gehalten wurde.

Aber am besten besuchen wir jetzt in unserer Fantasie noch einmal gemeinsam die damalige Ausstellung. Sie beginnt folgerichtig in einem dunklen gotischen Kellergewölbe, wo in einer okkult-magischen Szene Dr. Faustus in einem alchemistischen Laboratorium vergeblich versucht, mit Hilfe von Formeln und Riten zum lebendigen Geist vorzudringen. Ist es nicht auch bei uns oft so, dass wir mit unserem Fragen und Suchen im Dunklen tappen und spekulativ im Kellergewölbe der Seele zu Werke gehen, ehe wir höhere und lichtere Stockwerke entdecken?

Die Ausstellung führt uns nun über mehrere Etagen ins Dachgeschoss. Dabei haben die Organisatoren mit Überlegung eine ‚Himmelsleiter' mit dreiunddreißig Sprossen in den Schacht der Wendeltreppe gebaut. Sie versinnbildlicht die Stufen der Seelenreifung und reicht symbolisch bis zum Auge der Ewigkeit. In den ausgestellten alten Handschriften und Drucken verbirgt sich eine reiche Bilderwelt, die unsere innere Wahrnehmung ansprechen möchte. Immer wieder stößt man dabei auf die geistigen Gesetze des Hermes Trismegistos, der Vor Jahrtausenden in Ägypten den verborgenen Schlüssel zum höheren Werden des Menschen auf seiner ‚Tabula Smaragdina' aufgezeichnet hat. Die geheimnisvollen Bilder beabsichtigen, im empfänglichen Betrachter eine innere Entsprechung auszulösen. Die wahren Alchemisten, Hermetiker und Rosenkreuzer wurden in früheren Zeiten ‚dunkler Redensarten' bezichtigt. Aber gerade diese Methode der Verschlüsselung war der einzig wirksame Schutz für die Wahrheit. Deshalb sagten sie: *Wo immer wir offen gesprochen haben, haben wir nichts gesagt. Aber wo wir etwas verschlüsselt und in Bildern niedergelegt haben, haben wir die Wahrheit verhüllt.*

Der Arzt Michael Maier bemerkte als Rosenkreuzer im Jahr 1618 zu dieser Technik, durch die Symbole werde beabsichtigt, den Menschen *über die äußeren Sinne im Verständnis zu erreichen*. Kommt dabei eine Reaktion in der Tiefe des Menschen zustande, beginnt der Prozess des Auffindens des ‚Steins der Weisen', der zur Selbstreinigung der Seele führt." „Dass gerade Michael Maier als Kronzeuge des geheimen Wissens dient, zeigt, wie bedeutend das ‚Goldene Prag' unter Kaiser Rudolf II. einst gewesen ist." Mit dieser Feststellung kam Jacques auf die praktische Seite der Tabula Smaragdina zu sprechen. „Ich glaube, wir Menschen von heute müssen so manches entmystifizieren. Dann wird auch der Hintergedanke der Ausstellung erkennbar: Alles Getrübte, Kristallisierte und Materiegebundene soll im Menschen Schritt für Schritt entlarvt werden. Erst dann kann sich etwas ändern. Betrachten wir einmal unser Zusammensein in den vergangenen Monaten. Jeder von uns hat sich doch immer wieder mit allem, was er ist, eingebracht. Und vieles hat sich dadurch geklärt!“ Zustimmend nickten die Freunde, und Jacques fuhr fort: „Deshalb verstehe ich auch heute vieles besser als damals in Prag. So muss es ja auch sein. Wichtig ist, dass im Innern alles in Bewegung bleibt, dann entwickelt sich eine Empfänglichkeit für neue und tiefere Eindrücke. Da wurde zum Beispiel die Tabula Smaragdina unter Hinweis auf den ‚Stein der Weisen‘ zitiert:

Visita Interiora Terrae
Recteficiendo Invenies
Occultum Lapidem
Suche das Innere der Erde auf
So wirst du durch rechtes Handeln
Den verborgenen Stein finden

Die Anfangsbuchstaben des lateinischen Satzes formen das geheimnisvolle und oft missverstandene Wort VITRIOL. Das ist keine äußere Substanz im Sinne eines Wunderheilmittels, sondern eine geistige Aufforderung: Suche dein inneres Juwel auf und arbeite durch dein Leben an der höheren geistigen Entwicklung der Seele.“

Hier schaltete sich Roberto ein: „Das ist aber deine eigene Interpretation, oder?“

„Ja, das stimmt. Aber passt es nicht genau zur ‚Hermetischen Weisheit‘? Wenn man in sie eintauchen will, geht es um die Scheidekunst, das heißt, man muss die Dinge klar auseinander halten. Die ‚Hermetische Weisheit‘ sagt das an einer anderen Stelle deutlich: *Scheide die Erde vom Feuer und das Feine vom Groben, sanft und mit großem Verständnis, so wirst du die Herrlichkeit der ganzen Welt besitzen und alle Finsternis wird von dir weichen.* Die Finsternis vor dem Verstand ist doch für uns alle das größte Hindernis, findet ihr nicht auch?" Die Freunde bejahten, und Jacques empfing ein herzliches Dankeschön für den Ausflug nach Prag.

Im Geist von Einheit, Polarität und Harmonie

Die Freunde hatten sich vorgenommen, bei der nächsten Sitzung ein besonderes Symbol oder Emblem zu behandeln, das Michael Maier als Kenner der geistigen Alchemie ausweist. Es ist in Maiers Schrift „Atalanta fugiens" abgebildet. Matthäus Merian hatte seinerzeit eine präzise Skizze Maiers in einen Stich umgesetzt. Jetzt faltete Andreas die vergrößerte Kopie vor den Freunden auf dem Tisch auf.

„Hier seht ihr einen Meister, einen Alchemisten, bei der Arbeit. Dieser Stich ist von 1618 und zeigt uns, wie der Meister das Geheimnis von Einheit, Polarität und Harmonie erklärt. Nichts auf der Abbildung ist zufällig, alles hat seinen Platz, seine Ordnung. Der Kurztitel ‚Atalanta fugiens' heißt wörtlich übersetzt ‚Die flüchtende Atalanta' und besagt für den uneingeweihten Leser nicht gerade viel. Vollständig lautet der Titel aber: *Die flüchtende Atalanta, das sind neue alchemistische Embleme von den Geheimnissen der Natur.* Ich denke mir, Maier wollte hier andeuten, dass die inneren Geheimnisse der reinen Natur erforscht werden können, dass man sie durch Symbole ‚sichtbar' machen kann. Dem Unkundigen oder nicht Empfänglichen entziehen sie sich jedoch, da sind sie auf der Flucht. Insgesamt stammen aus der Merian-Werkstatt jener Zeit etwa fünfzig gestochene Embleme. Da waren natürlich auch einige emblematische Stiche von Maiers Freund Robert Fludd aus England dabei. Sowohl Maier als auch Fludd hatten sich stark von der Weltanschauung der Urmonade beeinflussen lassen, die John Dee in England verbreitet hat. Maier hatte John Dee schon in Prag zu Zeiten des Kaisers Rudolf II. kennen gelernt. Das können wir unmittelbar aus dem Stich herauslesen, der hier vor uns liegt."

„Kommt, wir tragen mal alles zusammen, was uns bei der Betrachtung auffällt", schlug Jacques vor, „darf ich mich vordrängen und den Anfang machen?"

Die Freunde waren einverstanden. „Wir sehen also einen ehrwürdigen Meister mit weitem langem Mantel vor uns stehen. Er trägt einen eleganten Hut mit hochgeschlagener breiter Krempe und Stulpenstiefel. Was macht er? Er führt mit beiden Armen konzentriert einen riesigen Zirkel. Entscheidend dabei ist, dass er zunächst den Mittelpunkt sucht, von dem alles ausgeht. Die Rechte fixiert den rechten Schenkel des Zirkels, der den Mittelpunkt bestimmen muss. Von diesem Mittelpunkt aus entsteht eine harmonische geometrische Gesamtkomposition. Entscheidend ist dabei, dass der Mittelpunkt gleich zwei Kreise miteinander verbindet. Da ist ein kleiner Kreis mit einer Art Nordpol. Genau dort liegt der Mittelpunkt des gesamten Geschehens. Gleichzeitig ist er aber auch der Mittelpunkt eines viel größeren Kreises, der den kleinen Kreis vollkommen umringt und in sich aufnimmt. Beide Kreise stehen unverkennbar in einer harmonischen Beziehung zueinander. Und jetzt seid ihr dran."

Roberto hatte genau zugehört und spann den Faden weiter: „Im kleinen Kreis, dessen Umfang vom Mittelpunkt des großen Kreises ausgeht, sehen wir die zueinander gehörigen und einander ergänzenden männlichen und weiblichen Prinzipien. Das sind die schöpferischen Elemente. Im kleinen Kreis bildet sich eine lebendige Atmosphäre. Giordano Bruno nennt das die Monade. Vielleicht wollte Michael Maier ausdrücken, dass diese kleine Monade mit der großen kosmischen Monade Kontakt halten muss, um ihr zu entsprechen. Die Freimaurer sprachen zum Beispiel von der ‚kleinen und der großen Welt'. Goethe hat das in seinem Faust auch so ausgedrückt. Jedenfalls bewegt der Meister mit seinem linken Arm den linken Schenkel des Zirkels und dreht ihn im Uhrzeigersinn, wodurch der Umfang des großen Kreises entsteht. Im Verhältnis der beiden Kreise zueinander erkennen wir eindeutig die bewusste Beziehung des Geschöpfes zu seinem Schöpfer."

Vom Winkelmaß und den vier Eckpunkten

William hatte in der Symbolik der geistigen Geometrie etwas Besonderes entdeckt. „Ich habe vor allem auf den ebenmäßigen Kubus beziehungsweise das Quadrat geschaut. Es bezieht mit seinen vier Seiten den mikrokosmischen Kreis exakt mit ein. Die Freimaurer sprechen gerne von einem Viereck des Bauens. Jeder Eckpunkt muss dabei genau berücksichtigt werden, sonst geht es schief. Deshalb auch das Winkelmaß, das direkt neben dem Meister und dem Kreuz am Boden liegt. Denn jeder Eckpunkt hat eine besondere Bedeutung. Den ersten könnte man im Geist von Michael Maier als ‚Themis aurea', als goldenes Gesetz bezeichnen. Das würde dann bedeuten, das Geschöpf muss die ‚goldene Regel der ursprünglichen Verbindung' beherzigen, sonst geht der Kontakt zum geistigen Makrokosmos verloren."

„Und wie steht es mit dem zweiten Punkt?", fragte Andreas. „Natürlich habe ich da eine Empfindung, eine Art Vorstellung", antwortete Roberto, „dazu suche ich jetzt ein möglichst treffendes Bild als Erklärung. Ich glaube, ich hab' es schon: Jeder von uns begegnet doch im Leben einer Fülle von Situationen und Ereignissen, angenehmen und oft schmerzlichen. Wenn es ruhig zugeht und besinnlich, dann herrscht eine Art Harmonie in uns. Die Frage ist nur, ob sie von Dauer ist oder durch unverhoffte Schicksalsschläge wieder hinweggefegt wird. Das kennen wir doch alle. Der Meister hier will mit dem zweiten Eckpunkt andeuten, dass sich eigentlich in jeder Lebenslage eine harmonische Reaktion durchsetzen sollte, ganz gleich, welche Wechselfälle auch eintreten mögen."

William war von dieser Antwort beeindruckt und sagte spontan: „Eigentlich ist es doch so, dass sich alle Eckpunkte gegenseitig bestimmen und bestätigen. Den dritten Eckpunkt könnte man zum Beispiel so beschreiben: Niemand soll Sklave seiner Sympathie- oder Antipathiegefühle sein. Aber das geht natürlich nur, wenn wir lernen, uns zu einer höheren Form von Objektivität zu erheben, denn mit der bloßen Sympathie sind wir ja sehr einseitig gepolt und schließen alles aus, was uns nicht behagt. Bei der Antipathie ist es noch markanter. Wer dauernd mit seinen Lebensumständen und seinen Mitmenschen in Streit lebt, kann niemals der ‚goldenen Regel der Verbindung' zu den höheren Lebenstatsachen gerecht werden. Genauso wenig kann er der Harmonie des zweiten Eckpunktes entsprechen. Mit einem Wort, der vierte Eckpunkt zeigt uns, wie eine unbedingte Gemeinsamkeit mit allen Dingen - sei es den Mitmenschen oder der ganzen Schöpfung - zustande kommen muss. Zunächst erscheint das in unerreichbarer Ferne, weil die Erfüllung der goldenen Regel, alles andere als leicht ist. Deshalb haben die Freimaurer immer wieder gesagt: *Man muss den Grundbaustein ein Leben lang im eigenen Wesen bearbeiten. Denn es soll ein ebenmäßiger Kubus entstehen.*"

In der Alchemie ist Feuer nicht gleich Feuer

Jacques fragte in die Runde: „Und wie ist das mit dem Dreieck? Seht doch, es ist ganz gleichschenklig, nicht jedoch gleichseitig. Es strebt mit der einen Spitze machtvoll nach oben. Bestimmt hat sich Maier etwas dabei gedacht. Vielleicht ist das Dreieck gar nicht so statisch, wie es in der vorliegenden geometrischen Konstellation erscheint. Ich sehe es vielmehr in dynamischer Bewegung. Die eine Spitze züngelt sozusagen nach oben. Und die Basis des Dreiecks fällt mit der Basis des Vierecks zusammen. Hier gibt es offenbar geheimnisvolle Entsprechungen."

Andreas meinte dazu: „Maier war doch Alchemist. Bei ihm spielte doch das Feuer in den naturphilosophischen und auch geistigen Umsetzungsprozessen eine überragende Rolle. Wenn ich recht informiert bin, ist in der Alchemie Feuer nicht gleich Feuer. In der Seele zum Beispiel gibt es viele feurige Wärmegrade, wobei das wichtigste Feuer jenes ist, das den ‚Stein der Weisen' in der Seele herzustellen vermag. Es scheidet wie ein Richter das Rechte vom Unrechten. Man kann es auch als läuterndes Feuer bezeichnen, weil am Ende die Lauterkeit des Goldes, der ‚Stein der Weisen', in Erscheinung tritt. Deshalb züngelt die Spitze des Dreiecks vielleicht so dynamisch nach oben, wie das in der Abbildung dargestellt wird. Es ist dann ein inneres Feuer mit gewaltiger Energie, um die völlige Verwandlung des Menschen zu bewerkstelligen. Geist, Seele und Leib, die drei, sollen durch das läuternde Feuer miteinander verbunden werden."

Nach diesen Worten erkannten die Freunde bewegt, dass in ihrer Gesprächsrunde alles aufeinander aufbaute, sich ergänzte und nun zu einem Ganzen zusammenfügte. Bei der Verabschiedung machte Andreas noch eine humorvolle Bemerkung. „Im normalen Leben haben wir es oft mit sehr ungehobelten und groben Dingen zu tun. Da leben wir manchmal noch in der Steinzeit. Jeder ist ein unbehauener kantiger Felsen, und es gilt das Motto: Legt mir einen Stein in den Weg, und ich werde sofort darüber fallen!"

Die Freunde lachten schallend, aber Jacques wandte ein: „In der Heiligen Schrift - ich glaube im Alten Testament - gibt es eine Stelle, die sagt: Wenn sich der Pilger auf dem rechten Weg vom geistigen Licht ohne Widerstand führen lässt, werden plötzlich alle Fallstricke und Abgründe des Lebens zu einem geraden Weg, der wie über ebenes Land führt."

Die Quadratur des Kreises

Die geistige Geometrie beeindruckte die Freunde sehr, und sie begannen zu ahnen, dass sie selbst durch gemeinsame Anstrengungen zu einer besonderen Insel Utopia unterwegs waren.

Einige Tage später fand William zu Michael Maier noch etwas im Internet heraus und zwar einen Kommentar zu dem Werk „Rosarium Philosophorum". Dort beschreibt Maier so etwas wie die Quadratur des Kreises. William sagte beim nächsten Treffen: „Die Philosophen lehren die Verwandlung des Quadrats in ein Dreieck und schließlich in einen Kreis. Logisch gesehen ist das in der uns bekannten Geometrie sicher nicht plausibel. Maier führt aus, dass das Dreieck zur höchsten Perfektion berufen ist, um mit dem Zirkel in Einklang zu stehen. Da würden die reinen Mathematiker sicher den Kopf schütteln."

„Ja, aber geht es nicht um etwas ganz anderes? Die Philosophen rosenkreuzerischer Prägung verließen die Ebene der Mathematik, um eine höhere Dimension zu erreichen, wo Geist und Liebe die wesentliche Rolle spielen. Sie strebten danach, Geist, Liebe und Seele zusammenzuführen, in Einklang zu bringen. Vielleicht kann man auch sagen, das ist eine höhere Oktave der Mathematik, das ist höhere Zirkelarbeit."

Roberto meldete sich zu Wort: „Ich sehe vor mir den einen geheimnisvollen Punkt und den Zirkelschlag. Von diesem einen Punkt muss alles ausgehen und wiederum bewiesen werden. Wer den Punkt nicht findet beziehungsweise beherzigt, steht nicht im Einklang mit dem Zirkel. Ein Mensch kann denken, fühlen, begehren und handeln. Das ist seine vierfache Signatur. Weil aber die Liebe als Mittelpunkt meistens fehlt, geht vieles schief. Zuerst muss sich das harmonische Dreieck von Vernunft, Gefühl und Wille bilden. Der Mittelpunkt, die Liebe, wird das bestätigen. Wenn das wirklich der Fall ist, gesellt sich gesetzmäßig das Quadrat der rechten Lebenseinstellung hinzu. Maier hat hier also auf geheimnisvolle Weise vieles auf einen Nenner gebracht."

Jacques pflichtete Roberto bei und fügte hinzu: „Da ist auch noch die Polarität im Spiel, das weibliche und das männliche Prinzip. Michael Maier hat das angesprochen. *Erst durch die Macht des Feuers der Liebe kann das weibliche Prinzip die Kräfte des männlichen Prinzips in Lauterkeit aufnehmen, austragen und endlich zur Offenbarung bringen. Der Erde wird dadurch ein keimfähiger Same für ein höheres Werden eingepflanzt.*"

Für die Freunde war dieser Nachmittag ein ungewöhnlicher Ausflug in eine utopische geistige Welt - mitten in ihrer Alltagsrealität.

Gotthold Ephraim Lessing

Gotthold Ephraim Lessing war ein sehr selbstbewusster Mensch von unbestechlichem Charakter und von tiefer Wahrheitsliebe durchdrungen. Er machte sich als Dramatiker, Theaterkritiker, Philosoph und Bibliothekar einen Namen. Sein ganzes Leben und Wirken spiegelt sich in seinem dichterischen, kritischen und philosophischen Schaffen wieder. Intoleranz und geistige Unterdrückung waren ihm zutiefst zuwider. Insofern ist es nicht verwunderlich, dass die vier Jungphilosophen auch auf ihn stießen.

„Nathan der Weise" trifft ins Schwarze

Ein Anruf seines Freundes Karsten aus Braunschweig führte Andreas am letzten Wochenende im Oktober in den Norden. Es ging um einen Vortrag über Lessing und seine Zeit, den die Volkshochschule in Wolfenbüttel veranstaltete. Im Mittelpunkt standen vor allem Gedanken zu „Nathan der Weise". Lessing, der auf seine Art auch ein Utopist war, sah vor seinem geistigen Auge eine innere Einheit der drei Weltreligionen: Islam, Judentum und Christentum. Seine unmittelbaren Lebenserfahrungen wiesen jedoch in eine andere Richtung. Sein Herzog hatte ihn erst kürzlich wegen diverser bibelkritischer Texte, die dieser in der Bibliothek gefunden hatte, mit der Zensur belegt. Ein etwas ungewöhnlicher Vorgang, aber der Herzog wollte mit seinem Herzogtum nicht in die Schlagzeilen kommen. Dafür hatte Lessing allerdings schon gesorgt, indem er sich mit spitzer Feder mit dem protestantischen, orthodoxen Hauptpastor Goeze aus Hamburg heftige Duelle geliefert hatte. Durch die Zensur, die ihm der Herzog auferlegte, wurde er zum Schweigen verurteilt. Aber er wusste einen genialen Ausweg ...

Als Andreas wieder in Regensburg war und seine Reise nach Braunschweig erwähnte, interessierte sich besonders Jacques für die Einzelheiten des Vortrags. Andreas erzählte den Freunden, wie Lessing auf einer Italienreise in Livorno auf Boccaccios Ringparabel gestoßen war. Das hatte ihn dazu beflügelt, der Idee der inneren Übereinstimmung in den Religionen eine besondere Gestalt zu verleihen. Heraus kam das

Theaterstück „Nathan der Weise", das bis heute großen Anklang findet. Andreas berichtete: „Nach dem Zweiten Weltkrieg war dies das erste Bühnenstück, das die Alliierten zur Aufführung im besiegten Deutschland freigaben. In Berlin erlebten es die Zuschauer sogar in einem teilweise zerstörten Theater. Die Wirkung auf die Seele der Menschen war gerade wegen der leidvollen äußeren Umstände ungeheuerlich. Nach so viel Zerrüttung in den Kriegsjahren war dieses Stück ein Labsal, das Licht und Hoffnung in den Herzen der Zuschauer entzünden konnte."

Noch eine weitere Neuigkeit hatte Andreas für seine Freunde mitgebracht. „Ich war nach dem Vortrag noch im Wolfenbütteler Schloss und natürlich in der Herzog-August-Bibliothek. Und beim Gehen habe ich mich längere Zeit im Museums-Shop umgesehen. Neben besonderen Postkarten und Ansichten der Bibliothek, einzelnen Monographien über die bekannten Bibliothekare dieser Einrichtung, wie zum Beispiel Lessing und Leibniz, kann man dort auch eine ganze Menge wissenschaftlicher Kataloge zu verschiedenen Ausstellungen studieren."

Ein wichtiger Fingerzeig aus Wolfenbüttel

„Diese auch heute noch bedeutsame Bibliothek", fuhr Andreas fort, „richtet nahezu jedes Jahr eine Sonderausstellung zu einem speziellen Thema aus, an der viele Wissenschaftler beteiligt sind."

„Hast du etwas Interessantes für uns gefunden?", fragte Roberto.

„Ja, das will ich wohl meinen. Da gibt es zum Beispiel den Katalog, den ich euch jetzt zeigen möchte. Die Dame an der Kasse bemerkte mein Interesse, und ich kam mit ihr ins Gespräch. ‚Wir hatten 1995 für einen illustren Kreis', so drückte sie sich aus, ‚eine Sonderausstellung unter dem Thema ‚Rosenkreuz als europäisches Phänomen im 17. Jahrhundert'. Da wurden sage und schreibe dreihundertfünfzig Schriften vorgestellt: Manuskripte, Briefe und vielerlei Drucke.'" „Woher kamen denn die vielen Exponate?", wollte Roberto wissen. „Ach, genau genommen hat mir die Dame etwas zu unserem Netzwerk erzählt. Ihr wisst doch, dass der schwäbische Theologe Johann Valentin Andreae mit dem Wolfenbütteler Herzog über lange Jahre intensiv in Kontakt war. Er hat ihm etliche Bücher besorgt und auch verkauft. Dadurch kam der ‚Bücherfürst' in den

Besitz einer außergewöhnlich umfangreichen Sammlung von Schriften zum Rosenkreuzertum. Aber damit nicht genug. Schaut euch mal das Deckblatt des Katalogs an. Es zeigt uns einen Turm auf Rädern mit einer Spruchbandfahne von 1618 ,Collegium Fraternitatis'. Der Titel des Katalogs heißt ,Cimelia Rhodostaurotica'. Die Kassiererin erläuterte mir, es bedeute übersetzt ,Kleinode der Rosenkreuzer'. Und sie erzählte: ,Das Interesse an dem Thema kam eigentlich aus Holland und zwar aus einer bedeutsamen Privatbibliothek in Amsterdam. Der Gründer dieser Bibliothek - sie nennt sich im übrigen vielsagend ,Bibliotheca Philosophica Hermetica', kurz ,BPH' -, ein gewisser Herr Ritman, hat heute in etwa die gleiche Leidenschaft wie damals der Herzog. Herr Ritman war schon oft allein oder in Begleitung von Wissenschaftlern aus seiner Bibliothek hier bei uns. Hinter vorgehaltener Hand nennen wir ihn gern den ,neuen Bücherfürsten'. Das ist auch berechtigt. Denn er hat seit Mitte des 20. Jahrhunderts unendlich viele Schriften zu diesem Thema gesammelt. Deshalb konnten unsere Ausstellung und der dazu gehörige Katalog überhaupt zustande kommen. Herr Ritman hat ihn übrigens in seinem Verlag ,In de Pelikaan', selbst erarbeitet und verlegt. Dann schaute sie mich fragend an. ,Wenn Sie so viel Interesse an diesem Gedankengut haben, fahren sie doch einfach mal nach Amsterdam. Dort können Sie bestimmt viel erfahren. Ich kann Ihnen sogar die Telefonnummer der Bibliothek geben.' Darum habe ich sie natürlich sofort gebeten."

William hatte aufmerksam zugehört und meinte: „Andreas, wenn du nichts dagegen hast, dann könnten wir diese Reise doch zu zweit machen. Hinterher würde ich dann weiter nach London fahren." Andreas war einverstanden, und auch die beiden anderen Freunde fanden es gut, das begonnene Netzwerk für die Seminararbeit noch zu erweitern.

Ein „Bücherfürst" aus Amsterdam

Andreas hatte Glück: Schon am nächsten Tag bekam er telefonisch Kontakt mit Amsterdam. Am anderen Ende meldete sich eine Dame. Andreas konnte nicht alles verstehen und hakte nach: „Bin ich hier richtig in der ,Bibliotheca Philosophica Hermetica'?" Eine lachende Stimme entgegnete: „Bei uns sind sie immer richtig. Was können wir für Sie tun?"

Von diesem Gespräch erzählte Andreas noch am gleichen Tag seinen Freunden. „Ich habe ihr von unserer Seminararbeit berichtet, von unserem Gesprächskreis, den regelmäßigen Treffen, unseren Schleichwegen auf der Suche nach Utopien und natürlich von der Empfehlung und dem Tipp aus der Bibliothek in Wolfenbüttel. Sie hat aufmerksam zugehört und dann gesagt: ‚Unser Haus ist für Besucher am Montag und Dienstag ganztägig geöffnet. Wenn Sie wollen, können Sie schon nächste Woche kommen. Da es sich in Ihrem Fall um eine Studienarbeit handelt, will ich versuchen, einen Gesprächstermin mit einem unserer wissenschaftlichen Mitarbeiter zu arrangieren. Wir werden für Sie im Lesesaal ein paar Informationen, Kataloge und Bücher aus unserem Verlag auslegen. In der Bibliothek können Sie sich dann natürlich gern nach Belieben umsehen. Rufen Sie doch am besten in einer Stunde noch einmal an. Dann kann ich Ihnen sagen, ob das mit dem zusätzlichen Gesprächstermin klappt.‘ “

William meinte überrascht: „Das war ja mehr als entgegenkommend, findet ihr nicht?“

Aber Andreas war noch nicht zu Ende. „Freunde, es kam noch besser!“ Und er berichtete von einem zweiten Telefonat. Wieder war die gleiche Dame am Telefon und erklärte: „Sie haben wirklich Glück. Mein Vater ist nicht verreist und wäre bereit, Sie am Dienstag um 14 Uhr zu einem Gespräch zu empfangen. Gerade, weil ich ihm von Ihrer Seminararbeit erzählte, war er sofort bereit, mit Ihnen über die Bibliothek und natürlich auch über Ihre bisherigen Forschungen zu sprechen! Bringen Sie ruhig ihren Kommilitonen mit. Als Gründer der Bibliothek kann Ihnen mein Vater natürlich eine Menge erzählen.“

Mit so viel Entgegenkommen hatte Andreas nicht gerechnet. Bereits am kommenden Montag fuhren die beiden zu einem Bekannten nach Köln, um dann am Dienstag in aller Frühe weiter nach Holland zu reisen. William kannte aus London einen ehemaligen Schulfreund, der zwischenzeitlich im Kontor eines Amsterdamer Teegroßhandels tätig war. Dieser Freund holte die beiden von der Bahn ab und brachte sie zu dem schönen historischen Gebäude in der Bloemstraat, wo sich die Bibliothek befand. Dort warteten sie unschlüssig am Eingang, weil noch etwas Zeit war. Es dauerte aber keine fünf Minuten, bis ein älterer Herr mit Baskenmütze und Trenchcoat erschien und zielsicher auf den Eingang der Bibliothek zusteuerte. Er sah Andreas und William und fragte in gutem Deutsch: „Sind Sie die beiden Studenten aus Deutschland beziehungsweise aus Regensburg, die zu mir wollen? Guten Tag, mein Name ist Ritman. Ich gehe schon mal vor. Fühlen Sie sich hier bitte wie zu Hause!" Dieser freundliche Empfang nahm den beiden Freunden alle Scheu.

Tatsächlich waren im Lesesaal bereits Bücher, Kataloge und hauseigene Veröffentlichungen bereitgelegt. Es gab auch gleich Tee und Kaffee zu trinken.

„Ich habe die Bibliothek 1957 gegründet und mich von Anfang an auf bestimmte Quellen des geistigen Lebens konzentriert. Unsere Sammlung, die ich mit einigen wissenschaftlichen Mitarbeitern betreue, umfasst vier Hauptgebiete. Wir haben da ein geflügeltes Wort ‚ad fontes', das heißt, wir wollen vor allem neben der wertvollen Sekundärliteratur die Urquellen aufsuchen und selbst studieren und bewerten." „Welche Gebiete liegen ihnen da besonders am Herzen?", fragte Andreas.

Die Säulen der „Bibliotheca Philosophica Hermetica"

Herr Ritman antwortete: „Da ist vor allem die hermetische Philosophie. Der Florentiner Gelehrte Marsilio Ficino erhielt von Cosimo de Medici im 15. Jahrhundert den Auftrag, hermetische Schriften zu übersetzen, wodurch unter anderem auch Platon im 15. Jahrhundert wieder in das wissenschaftliche Interesse gelehrter Kreise geriet, sei es bei den Humanisten, sei es bei den Theologen. Dann sind da Gior- dano Bruno oder Johannes Reuchlin als Hebraist oder aber auch der Dominikaner Tommaso Campanella bis hin zu Francis Bacon, dem englischen Lordkanzler. Sie alle wurden durch die hermetische Philosophie stark beeinflusst. Außerdem interessieren wir uns für die Mystik sowohl des Mittelalters, wie zum Beispiel Meister Eckhart, als auch für spätere Mystiker wie etwa Jakob Böhme."

Schon allein diese fragmentarische Aufzählung geistiger Größen aus dem Abendland führte zu einem intensiven Gedankenaustausch. Wie gut, dass die Freunde viele Notizen aus ihren Gesprächen in Regensburg mitgebracht hatten. Herr Ritman war darüber sehr erfreut. Dann nannte er als weitere Schwerpunkte all das, was mit Alchemie in Zusammenhang steht. Er verwies auf einen umfangreichen Katalog zu einer Baseler Ausstellung, an der auch seine Bibliothek maßgeblich beteiligt war. „Wir sehen die Alchemie vor allem als geistigen Ausdruck. Man könnte auch sagen: Alchemie und Gnosis stehen in engem Zusammenhang. Unbegreiflicherweise wird die Gnosis in vielen Kreisen bis auf den heutigen Tag als ketzerisch verteufelt. Aber werfen wir zunächst einen Blick in die Vergangenheit.

Nach dem Konzil von Nicäa um 325 n. Chr. war es zu einer tief greifenden Trennung im frühen Christentum gekommen. Die christliche Volkskirche begann sich zu bilden. Sie beschäftigte sich vor allem mit dem Leiden des historischen Jesus. Der Mensch Jesus wurde hier als Gottes Sohn angesehen. Dem widersprachen die Gnostiker, die allein im Logos das göttliche Wort als Sohn anerkannten, der sich bei der Taufe im Jordan in den Menschen Jesus einsenkte. Fast noch entscheidender war aber die Tatsache, dass die Gnostiker das Prinzip des Logos in jedem Menschen verankert sahen. Alle, welche die damit in Zusammenhang stehenden Geheimnisse Schritt für Schritt entschlüsselten, bemerkten natürlich, dass bei weitem noch nicht alle Menschen zu dieser Erkenntnis Zugang fanden. Wir meinen, und können das auch durch unsere Arbeiten belegen, dass die Gnosis eine tragfähige Brücke zwischen der sichtbaren Welt und der unsichtbaren geistigen Domäne bildet. Oft kommt es vor, dass sich die Naturwissenschaft - elementar gesehen - mit der Philosophie verbindet und sie durchdringt. So war es zumindest in der Zeit der Renaissance. Auch das ist ein Resultat gnostischer Bemühungen, also der Wirkung des göttlichen Lichtes. Und auch die Kabbalistik spielt hier hinein. Die jüdische Kabbalistik wurde beispielsweise in der neoPlatonischen Akademie in Florenz unter dem Vorzeichen des spirituellen Christentums studiert und interpretiert."

Die beiden Freunde staunten sehr, als sie das alles hörten. Aber sie waren ja durch ihre Gespräche, die in letzter Zeit immer ernsthafter und intensiver geworden waren, gut vorbereitet und in jeder Hinsicht offen und aufnahmebereit.

„Und dann sind für uns natürlich all die Schriften wesentlich, die mit dem Aufkommen des Rosenkreuzertums zu tun haben. Das konnten Sie ja bereits in Wolfenbüttel feststellen. Man kann auch sagen, das Rosenkreuzertum wirkt wie ein Sammelbecken für all die geistigen Strömungen, die ich bereits genannt habe. Da muss man allerdings in die Einzelheiten gehen und gut unterscheiden. Denn es gab von Anfang an, also bereits beim Erscheinen der Manifeste, Gegner, die das Rosenkreuz in Verruf brachten." Genau diese Spuren hatten die Freunde ja selbst bereits entdeckt.

„Übrigens wurde unsere Bibliothek erstmals 1984 dem allgemeinen Publikum vorgestellt. Wir unterhalten viele Kontakte zur akademischen Welt. Man kann unsere Bibliothek heute auch per Internet besuchen. Überhaupt sind die heutigen Kommunikationsmittel so vielfältig, dass wir oft auf kurzem Wege vieles in Erfahrung bringen können. Aber das persönliche Gespräch, so wie jetzt mit Ihnen, kann man nicht durch elektronische Kommunikation ersetzen. Letztlich gehört dazu auch immer eine bestimmte Atmosphäre. Im übrigen haben wir für Dokumentationszwecke auch viele Werke anderer Bibliotheken auf Mikrofiches gespeichert, was für Forschungszwecke unverzichtbar ist. Ach, da fällt mir gerade ein Thema für Ihre Seminararbeit ein. Fahren Sie doch einmal nach Bamberg in die Staatsbibliothek. Dort gibt es die so genannte ‚Bamberger Apokalypse'. Es ist der Versuch einer Illustration zur Apokalypse des Johannes. Dieses Werk ist schon aus ästhetischen Gründen ein Genuss. Es stammt mit seinen Miniaturen so etwa aus dem zehnten Jahrhundert, also eine ‚Utopie in Bildern', wenn ich das so sagen darf."

Andreas machte sich bei diesen Worten sofort eine Notiz. Dann fuhr Herr Ritman fort: „Wir empfangen hier jeden Menschen, der sich als Sammler oder Bücherfreund für unsere Arbeit interessiert. Diese Arbeit ist nämlich keineswegs nur eine Angelegenheit von Fachkreisen. Lesen Sie einmal in Ruhe das eine oder andere Vorwort zu unseren Katalogen. Dort werden Sie so manches zwischen den Zeilen finden." Das klang geheimnisvoll, und die Freunde spürten unmittelbar, dass es hier wirklich vieles zu entdecken gab. „Ich habe noch schnell etwas zu erledigen", sagte Herr Ritman, „bin aber gleich wieder bei Ihnen."

Der goldene Faden der Ariadne

Andreas fand in einem der Vorworte zum Cimelia-Katalog einige Gedanken, die ihn besonders ansprachen. Da war von einem „goldenen Faden der Ariadne“ oder gar von einem „Strom geistiger Kräfte“ zu lesen, die über Jahrtausende zunächst in mündlichen Überlieferungen „innerhalb geweihter Mauern zu Hause waren“. Später wurden solche Zeugnisse in Stein gemeißelt, um schließlich durch das gedruckte Buch eine große Verbreitung zu finden.

Als Herr Ritman zurückkam, sagte er: „Grundsätzlich kommt es beim Lesen wertvoller Texte immer auf die geistige Verfassung an, in der etwas aufgenommen wird.“ „Sonst bleibt es hermetisch verschlossen“, ergänzte William.

„Da haben Sie vollkommen Recht“, bestätigte Herr Ritman lächelnd. „In der Bibel steht zum Beispiel das bezeichnende Wort vom Buchstaben, der tötet, und vom Geist, der lebendig macht. Diesen Sinn gilt es zu ergründen. Schauen Sie, die Tradition ist das Eine, so etwas finden Sie in unseren Bücherschränken und Regalen. Aber die aktuelle geheime Lebensabsicht eines Menschen oder der Menschheit überhaupt, die sich um ein höheres Menschentum bemüht, das ist das Andere, das Entscheidende. Mit unseren Büchern und unseren Kommentaren dazu können wir Hinweise geben, eine Orientierung, eine Art Wegweiser. Aber den Weg müssen die Menschen innerlich selbst finden und einschlagen und dann äußerlich Tatsachen schaffen.“ Damit hatte Herr Ritman den beiden Freunden aus dem Herzen gesprochen. Andreas bemerkte: „Wie innen so außen.“ „Ja, so ist es in jedem Fall. Hermetisch gesprochen: ‚Wie oben so unten!‘“, gab Herr Ritman zur Antwort. „Hier zeige ich Ihnen noch etwas Schönes aus unserem Bestand, eine Dante-Ausgabe von 1564 aus Venedig.“

Andreas nahm sich ein Herz: „Können Sie uns auf Anhieb einen Tipp zu einer besonders wertvollen Utopie geben?“ Herr Ritman dachte kurz nach. „Ach, ich glaube, Sie sollten am besten einmal das Werk ‚Christianopolis‘ von Johann Valentin Andreae studieren. Da wird eine Gruppe von Menschen beschrieben, die in jeder Hinsicht positiv aus dem Rahmen fällt. Ich will Ihnen dazu noch eine Hilfestellung geben: Es gibt einen Gnostiker aus dem 20. Jahrhundert, der hier in Holland gelebt und gewirkt hat. Er hat das Buch ‚Christianopolis' intensiv studiert, kommentiert und sogar eine Gemeinschaft gegründet, die sich praktisch darum bemüht, den geistigen Inhalt umzusetzen."

Herr Ritman ging zu einem Schreibsekretär im Lesesaal und holte ein Exemplar des Kommentars zu „Christianopolis" heraus. „Hier, das dürfen Sie als kleine Erinnerung an unser heutiges Gespräch mit nach Deutschland nehmen. Man muss sich natürlich ein wenig einlesen, wenn man zur wahren Bedeutung durchdringen will!"

Diese Mitteilung wirkte wie ein orientierendes Senklot, das in eine unbekannte Tiefe hinabreicht. Und Herr Ritman spürte, dass seine Worte bei den beiden Besuchern einen unmittelbaren Widerhall auslösten.

„Wenn Sie wollen, kann ich Ihnen auch noch einen weiteren Vorschlag machen. Wir haben in Birnbach im Westerwald - ich sage einfach mal ‚wir' also in Deutschland, einen besonderen Konferenzort mit dem Namen ‚Christianopolis' Dort können Sie gern einmal hinfahren im Rahmen ihrer Utopie-Studien. Wenn Sie wollen, vermittle ich das."

So etwas hatten die beiden Freunde nicht im Entferntesten erwartet. „Wäre das wirklich möglich?", fragten sie einstimmig. Herr Ritman entschuldigte sich, verließ den Lesesaal und kam nach einer Viertelstunde wieder. „Also, wenn Sie möchten, können Sie Anfang Dezember einmal dort vorsprechen und weitere Fragen zu ihren Forschungen stellen."

Andreas und William bedankten sich für das lange verständnisvolle Gespräch, das eine so unerwartete Entwicklung genommen hatte. Herr Ritman musste sich verabschieden, denn er war noch zu einer wichtigen redaktionellen Sitzung verabredet. „Sehen Sie sich hier im Hause weiter um. Sicher werden Sie noch das eine oder andere Interessante finden. Bei Bedarf können Sie natürlich auch fragen. Die Redaktion des Cimelia-Katalogs oblag übrigens meinem bewährten wissenschaftlichen Mitarbeiter Carlos Gilly, der an einer Gesamtübersicht über das Rosenkreuzertum bis in unsere Zeit arbeitet."

Andreas und William machten ausgiebig von der freundlichen Einladung Gebrauch, denn sie hatten noch bei weitem nicht alle Schriften, die für sie ausgebreitet waren, angesehen. Da lag am Tischende ein reich bebilderter Katalog zu einer Ausstellung über „Paracelsus in der Bibliotheca Philosophica Hermetica", dicht daneben eine Monographie mit dem Titel „Adam Haslmayr, der erste Verkünder der Manifeste der Rosenkreuzer" Die Freunde erinnerten sich, dass ihnen auch diese Schrift bereits in Wolfenbüttel vorgestellt worden war. Und dann lag direkt daneben ein herrlicher Katalog zu einer Ausstellung der „Bibliotheca Philosophica Hermetica" aus dem Jahre 1999. Sie trug den Titel „Die Rückkehr des Hermes Trismegistos " Darin ging es um Schriften, die aufzeigen, wie die orientalische hermetische Philosophie ihren Weg über Griechenland nach Europa fand und von Marsilio Ficino quasi wieder neu entdeckt wurde. Neben diesem umfangreichen Katalog lag noch eine kleine Broschüre, ein Dankeschön für einen Frans A. Janssen, der volle zwanzig Jahre wertvolle Arbeit in der Bibliothek geleistet und neue Erkenntnisse über das Gedankengut der hermetischen Philosophie beigetragen hatte. Diese Schrift nennt sich „Wege des Hermes" und verschafft einen Überblick über Ausstellungen in Florenz, Venedig und Amsterdam.

Als die Freunde nach mehreren Stunden die Bibliothek wieder verließen, brummte ihnen ein wenig der Kopf, aber gleichzeitig fühlten sie sich froh und erhoben.

Das Geschick wollte es offenbar, dass beide gemeinsam nach Regensburg zurückfahren konnten. Denn ein kurzes Telefonat von William nach London hatte ergeben, dass er seinen Besuch verschieben musste. Auf der langen Zugfahrt nahmen sie sich gleich das geschenkte Buch „Christianopolis" von Jan van Rijckenborgh vor. „Das ist also der Gnostiker des 20. Jahrhunderts, wie ihn Herr Ritman genannt hat", meinte Andreas. Doch die Freunde kamen nicht sehr weit mit dem Text, ihre Gedanken kehrten immer wieder zu dem Gespräch in der „Bibliotheca Philosophioca Hermetica" zurück, zu den Vitrinen, den Katalogen und Drucken, die sie gesehen hatten.

Die zwei Symbole der Bibliothek

Zwei Zeichen, zwei Symbole hatten auf die Freunde einen besonders starken Eindruck gemacht. Da gab es ein kunstvoll aufgemachtes Faltblatt zur Sammlung der Bibliothek, quasi eine Visitenkarte. Sie trug den Titel „Die Philosophische Kugel oder das Wunderauge der Ewigkeit". Innerhalb eines geschlossenen Kreises waren zwei Halbkreise zu sehen, die sich in einem geheimnisvollen Kreuzungspunkt berührten. Dieser wurde durch ein Herz symbolisiert. Das Herz wirkte wie ein Angelpunkt. Andreas erinnerte William an Bemerkungen von Jacques, der gerne auf Meister Eckhart verwies. Was hatte er doch gesagt? „Eckhart sprach oft über den ‚äußeren' und den ‚inneren' Menschen und benutzte dabei den treffenden Vergleich von Tür und Angel. Die Tür geht durch die Angel auf und zu. Die Tür soll der äußere Mensch sein, der sich bewegt und vielleicht auch verändert. Die Angel wiederum soll dem inneren Menschen entsprechen. Sie bleibt in Ruhe. Genauso verhält es sich mit dem göttlichen Schöpfungsgrund." „Ja, das ist es, was offenbar auch Herr Ritman andeuten wollte. Es muss sich etwas bewegen, freilich in die rechte Richtung. Dazu braucht man einen geeigneten Kardinalpunkt, das Herz. Keine Bewegung ist denkbar ohne den unbewegten Kardinalpunkt."

Zu diesen Ausführungen meinte Andreas: „Aber heute hat man doch mitunter den Eindruck, dass die Welt - also die Tür - aus den Angeln gesprungen ist! Jedenfalls verstehe ich jetzt erst, warum die Bibliothek für das Faltblatt diese beiden Halbkreise mit dem zentralen Ruhepunkt gewählt hat, um die hermetische Philosophie ins Blickfeld zu rücken. Und auf der Visitenkarte ist dann noch das vielsagende Pelikan-Symbol zu sehen. Komm, lass uns das einmal im Zusammenhang betrachten. Wir sehen einen weißen Kubus in der Mitte auf azurblauem Grund. Er wirkt wie der ‚Stein der Weisen'. Das könnte vielleicht damit gemeint sein."

„Außerdem erkennen wir das besondere Kreuz, das Andreas-Kreuz, auf dem Kubus, es ist mit vier roten Rosen geschmückt, die ihrerseits vier Buchstaben in der Blüte tragen: Ein ‚A' und ein ‚O', sowie ein ‚R' und ein ‚C' "

Dieses Rätsel vermochten die beiden Freunde nicht zu lösen. Aber in einem späteren Telefonat mit Herrn Ritman erfuhren sie, dass die vier Rosen und die vier Initialen den Anfang und die Vollendung im Zeichen des Rosenkreuzes andeuten sollen. „Die Symbolik der Szene wird durch die Sonne mit ihrer siebenfachen Strahlung unterstrichen. Auch ist da noch der Pelikan mit seinen drei Jungen. Er sitzt in seinem blendend weißen Gefieder auf einer sichelförmigen Schale. Was könnte das bedeuten?", fragte William.

„So wie mit dem ersten Symbol der beiden Halbkreise vielleicht Tür und Angel gemeint sind, so ähnlich könnte es auch hier sein", antwortete Andreas, „die strahlende Sonne als Ausdruck geistigen Wirkens und die Sichel, die Mondsichel, als eine Art Gralsschale, die dieses Wirken auffängt, sich dafür empfänglich zeigt. Vielleicht muss jede Seele sich mit der Zeit für das höhere Wirken öffnen, um dann seine Impulse aufzunehmen und zu verarbeiten."

Nachdenklich ergänzte William: „Der Pelikan und seine drei Jungen bilden eine Einheit, sie sind ein vielsagendes Symbol."

„Bei uns in Nürnberg", meinte Andreas, „hängt in der Lorenz-Kirche über einem Seitenaltar eine spirituelle Lehrtafel in Form eines Ölgemäldes aus dem 16. Jahrhundert. Dort sieht man auch den Pelikan, wie er sein Herzblut seinen drei Jungen opfert. Genauso kann man Sonne und Mond unter dem Vorzeichen eines höheren Opfers betrachten. Die Sonne strahlt, und der Mond empfängt die Strahlung. Vielleicht fragen wir wegen des Pelikans noch einmal in Amsterdam nach." „Mir geht bei der Betrachtung dieses Symbols noch etwas anderes durch den Kopf: Da ist ja auch noch eine grüne Schlange, die alles umringt. Warum ist die Schlange grün, warum verschlingt sie sich selbst?"

Zur Schlange, zum Herzblut des Pelikans und der Ernährung der drei Jungen sagte Herr Ritman ein paar Tage später am Telefon: „Ich freue mich, dass Sie bei ihren Betrachtungen so in die Tiefe gehen.

Die Schlange ist das sich ewig verjüngende Weisheitsprinzip. Sie bringt fortwährend etwas hervor und verschlingt es wieder. Sie präsentiert sich zeitentsprechend immer wieder im neuen Gewand, im grünen Gewand der Hoffnung.

Das heißt aber auch, dass die Weisheit sich auf keinen Fall festhalten, wohl aber innerlich stets neu erleben lässt. Der Pelikan wird oft als Christus-Symbol verstanden, als das lebende Wort, das mit seinem Lebenselixier alles ernähren möchte. In Christus liegen das ‚A' und ‚O' des Geschehens. So gesehen können die drei Jungen auch als eine dreifache Entwicklung der Schöpfung des Christus gesehen werden. Wir in unserer Bibliothek bringen das gern mit den Manifesten der Rosenkreuzer in Zusammenhang. Am Ende des ersten Buches der ‚Fama Fraternitatis' steht eine Art rituelle Formel für den Beginn eines höheren Schöpfungsaktes: Aus Gott sind wir geboren. Das ist der Kardinalpunkt, der Beginn der Schöpfung. Und dann heißt es weiter: In Jesus sterben wir. Dies will in etwa besagen: Die äußere Natur, der äußere Mensch mit seinen Haken und Ösen darf nicht Alleinherrscher sein und bleiben. Seine Neigungen müssen vielmehr - mystisch gesprochen - im Blut des Jesus schwächer werden und schließlich ganz aus dem Seelengefüge verschwinden. Diese Art von ‚Untergang' bedeutet in Wirklichkeit einen Neuanfang, eine Auferstehung durch die Wirkung des Heiligen Geistes. Deshalb sagt die Formel für den dritten Akt: Durch den Heiligen Geist werden wir unserer eigentlichen Natur nach wieder geboren. Die Jungen oder das Junge durchläuft also einen bestimmten Entwicklungsprozess, um zum ewigen Leben zu gelangen!"

Als alle vier Freunde in Stadtamhof wieder zusammenkamen, berichteten William und Andreas ausführlich von ihren Eindrücken und Erfahrungen. Die Reise nach Amsterdam hatte reiche Früchte getragen. Außerdem stand noch die Betrachtung des Themas „Christianopolis" an. So beschlossen sie gemeinsam, im Dezember tatsächlich nach Birnbach zu fahren. Diese Chance wollten sie sich nicht entgehen lassen.

Ein Sprung zu den Utopisten des 20. Jahrhunderts

Jacques und Roberto waren auch nicht untätig gewesen. Während der Abwesenheit von William und Andreas hatten sie weiteres Material ausfindig gemacht, das bei den nächsten Zusammenkünften besprochen werden sollte. Es ging um Utopisten des 20. Jahrhunderts, die genau wie ihre Vorgänger mit klarem Blick das aktuelle Zeitgeschehen betrachtet hatten.

1932 veröffentlichte Aldous Huxley seine „Schöne neue Welt". Unmittelbar nach dem zweiten Weltkrieg, 1948, erschien dann von George Orwell „1984". Fünf Jahre später erschreckte Ray Bradbury seine Leser mit seiner Vision „Fahrenheit 451". Und dann hatten Jacques und Roberto auch noch ein Testament des „Sokrates aus Leipzig" entdeckt, des Philosophen Ernst Bloch. Dieser hatte zehn Jahre lang in den USA gelebt und war 1948 überraschend einem Ruf in die sowjetische Besatzungszone Deutschlands gefolgt, nach Leipzig, um dort Philosophie zu lehren. 1959 erschien sein dreiteiliges Lebenswerk „Das Prinzip Hoffnung", das ihn mit den Machthabern der DDR in Konflikt brachte.

Jacques und Roberto hatten diese vier Bücher gewissenhaft studiert und sich auf die nächsten beiden Gesprächsrunden gut vorbereitet.

Die „Schöne neue Welt" des Aldous Huxley

Einer der radikalsten Utopisten der Neuzeit ist zweifellos Aldous Huxley. Jacques berichtete über dessen Roman „Schöne neue Welt": „Es geht - wie modern! - zuerst einmal in eine genetische Versuchsanstalt.

Stellt euch vor, da werden Menschen gezüchtet und zwar von einem Psychologen, der im Labor die Embryonenzüchtung programmiert und überwacht. Ganz so schlimm ist es ja bei uns noch nicht. Trotzdem darf man nicht vergessen, dass der heutige Versuch des Klonens bei Tieren in diese Richtung geht. Huxley hatte offenbar einen Riecher, dass so etwas im Kommen ist und dass diese Entwicklung auch nicht vor der Schranke menschlicher Ethik haltmacht."

„Leider hat er recht behalten, wenn man die heftigen Diskussionen von Wissenschaft, Kirchen und Gesellschaft verfolgt", warf Andreas ein.

„Huxley malte ein sehr düsteres Szenario. Er sah in seiner Vision, wie man Menschen mit genau abgestufter Intelligenz und Körperkraft rein zweckorientiert herstellen kann, damit sie wie Roboter bestimmte Aufgaben in der Gesellschaft erfüllen. Eine kombinierte psycho-physische Beeinflussung durch entsprechende Dosierung sollte eine solche gendynamische Entwicklung möglich machen."

William ging diese Beschreibung unter die Haut. „Gibt es kein oberstes Prinzip, das derartige Manipulationen stoppt?" Mit leicht zynischem Unterton entgegnete Jacques: „Doch, es gibt den Wohlstandsstaat! Dem müssen alle Bedürfnisse angepasst, beziehungsweise untergeordnet werden."

„Hör auf, mir ist schon von der ersten Beschreibung übel. Das alles klingt so nach Konditionierung des Bewusstseins in einer völlig sterilen Welt, wo jede geistige Freiheit erstarrt, ja erstorben ist", sagte William. „Es gibt nichts Individuelles mehr, sondern nur normierte Menschen ohne autonomes Empfinden. Der Geist der Freiheit ist ihnen ausgetrieben worden."

Aber Jacques fuhr unbeirrt mit seiner Schilderung fort. „Denkt nur, was Huxley seinen Lesern alles präsentierte! Sie sollten tief ins Grübeln kommen. Da gibt es die Droge ‚Soma', die jeder einnehmen muss. Sie regelt alle Bedürfnisse in der Gesellschaft. Kunst und Religion als kreative Momente werden abgeschafft. Auch die übliche Zeitrechnung fällt dem zum Opfer. Der neue Gott heißt ‚Ford'. Und Huxley beschreibt die schöne, neue Welt im Jahr 632 nach Ford. Das ist der Bezugspunkt. Die Menschen sind ‚glücklich', denn ihr Glück ist genormt. Zehn Weltaufsichtsräte überwachen das globale Geschehen. Natürliche Zeugung ist verboten, und Ausdrücke wie Vater und Mutter gelten als obszön. Den Kindern wird durch Hypnose ein Abscheu vor Büchern und Blumen eingeimpft. Da könnt ihr mal sehen, welche Eskalation Huxley in Bezug auf den Medieneinfluss für möglich hielt!"

William sagte betroffen: „Da haben wir doch aus Amsterdam ganz andere Eindrücke mitgenommen!" Langsam legte sich seine Erregung. „Huxley hat dies alles für nachdenkliche Menschen geschrieben. Deshalb hat er so stark überzeichnet und ganz bewusst schwarz-weiß gemalt. Er sah Folgendes voraus und wollte warnen: Die elektronischen

Medien, die auf allen Gebieten eingesetzt werden, wirken auf die Masse bewusstseinsverändernd", fuhr Jacques fort.

„Ich meine nicht, dass man elektronische Hilfen abschaffen sollte, beileibe nicht. Aber der Einzelne muss ein Gespür dafür entwickeln, wo und wie es ihm geschehen kann, dass er von professionellen Hintermännern manipuliert wird, um schließlich in der Gewöhnung unterzugehen. Schritt für Schritt verliert er die Aufmerksamkeit. Anders ausgedrückt wollte Huxley darlegen: Vorsicht Narkosegefahr! Wir dürfen ihm für seine Vision dankbar sein! Denn laufen wir nicht alle Gefahr, im Mahlstrom der Medieneinflüsse mitgeschleift zu werden? Denken wir nur einmal an den Kauf- und Konsumrausch wie jetzt in der Vorweihnachtszeit. Jeder lässt sich anstecken. Genau genommen muss ein Mensch, der genügend aufmerksam, das heißt geistig auf der Höhe ist, eine absolute Resistenz gegen derartige Einflüsse entwickeln. Huxley macht auch das deutlich!"

„Wie hat er das zum Ausdruck gebracht?" wollte Andreas wissen.

„Ganz einfach", antwortete Jacques, „der manipulierende Psychologe reist in ein streng bewachtes Reservat, wo noch Menschen aus der Zeit vor der gentechnischen Gehirnwäsche leben. Für ihn sind das ‚Wilde', weil sie die programmierte Glücksgesellschaft - heute würden wir sagen ‚Fun-Gesellschaft' - nicht kennen. Er will etwas Eigenartiges versuchen: Ein ‚Wilder' soll bekehrt werden, soll in die Glücksgesellschaft eingebürgert werden. Aber der Versuch scheitert kläglich. Fortwährend verstößt der so genannte Wilde gegen alle Gesetze der gentechnisch veränderten Gemeinschaft. Es ist sogar so, dass der Therapeut sein Scheitern nicht ertragen kann und schließlich Selbstmord begeht." „Wenn man das Ganze als Satire betrachtet, ist das eine großartige Idee", zollte Andreas Jacques Beifall.

„Für einen Menschen, der genauer hinschaut, kommt doch heraus: Der Wilde ist in Wirklichkeit der ideale Mensch. Er lässt sich nicht verformen, er lebt nach eigenen inneren Gesetzen. Da er sich geistigen Ansprüchen zuwendet, wird er als abartig abgestempelt und verkannt. So, glaube ich, lautet in etwa Huxleys Botschaft. Für die Allgemeinheit sah er vieles in einem trüben Licht. Er konnte dem Fortschritts-Optimismus seiner Epoche nicht huldigen. Aber er sah sehr wohl auch eine gewisse Pyramidenspitze in der Menschheit, die ausharren muss, um eine Umlenkung des Geschehens durch geistige Kräfte vorzubereiten. Es ist so etwas wie der Mut zum Anderssein, der gefragt ist. Und außerdem scheitert ja der Gentechniker. Er erträgt nicht, dass er mit seinem Streben an unüberwindliche Grenzen stößt. Er knickt ein, und seine Bemühungen stürzten wie ein Kartenhaus in sich zusammen."

„Das hast du gut gesagt, Jacques. Also ist die ‚Schöne neue Welt' eine Utopie mit doppeltem Boden", bemerkte William, und die anderen stimmten zu.

Das Jahr „1984" des George Orwell

Beim nächsten Treffen war Roberto an der Reihe. Er berichtete über George Orwells Roman „1984". „Mit einem kaum zu überbietenden Pessimismus schilderte Orwell 1948, welche Folgen durch eine totale Überwachung von Seiten des Staates im Jahre 1984 entstehen können. Da erlebt man Weltstaaten, die sich permanent in einer Art Scheinkrieg befinden, und die Bürger müssen das ausbaden. Künstliche Feindbilder werden konstruiert und von den Regierungen mit ihren Medien belebt. Unsichtbar an der Spitze des Machtgefüges steht der so genannte ‚Große Bruder', dem nichts entgeht. Überall gibt es Mitglieder der ‚Gedankenpolizei', die ihm zuarbeiten."

An diesem Punkt unterbrach Andreas die Schilderung und sagte: „Vielleicht stand Orwell noch ganz unter dem Eindruck der stalinistischen Säuberungsaktion, der Abermillionen Sowjetbürger zum Opfer fielen. Nicht zu vergessen den Zweiten Weltkrieg und den Naziterror. Die Menschen lebten ja damals in fürchterlicher Angst vor den Folgen der Überwachung. Mit einem Wort, Orwell schildert in rasanter Talfahrt eine grauenhafte Entwicklung." „Ja, so habe ich das auch empfunden", sagte Roberto.

Der gläserne Mensch

Andreas schlug vor, noch über einen weiteren Aspekt zu sprechen: „Ich habe nämlich einen Schulkameraden, der in Frankfurt politische Wissenschaften studiert. Der hat auch Vorlesungen von Spiros Semitis besucht. Dieser war lange Vorsitzender des nationalen Ethikrates und bis 1991 Hessischer Datenschutzbeauftragter. Später beriet er die EU bei Fragen des Datenschutzes. Er berichtete seinen Studenten oft von einem immer enger werdenden Netzwerk. Das hat natürlich nichts mit unserer Netzwerkbetrachtung zu tun! Mir ist noch in Erinnerung, dass Semitis davon sprach, dass das Grundrecht auf so genannte informationelle Selbstbestimmung in der Praxis mehr und mehr durchlöchert wird. Über jeden Menschen werden auf allen Gebieten automatisch elektronische Daten gesammelt, zum Beispiel, wenn wir im Internet Suchwörter anklicken, E-Mails versenden, mit Chipkarten bezahlen, Bücher ausleihen ... Jede einzelne Person erhält dadurch eine ‚informationelle Signatur'. Semitis sieht darin die ‚Nummerierung des Einzelnen'. In den USA sei es bereits so weit, dass die Sicherheitsbehörden Zugang zu sämtlichen elektronischen Medien hätten und die Bewegungen jedes x-beliebigen Menschen verfolgen könnten. Semitis beobachtete als Folge davon einen schleichenden Anpassungsdruck. Er meinte, wenn es solche Systeme gebe, dann ändere sich auch das Verhalten der Menschen - unmerklich in ganz kleinen Schritten. Mit einem Wort: Orwell lässt grüßen!"

Nach dieser Darstellung fanden die Freunde nicht mehr den geringsten Ansatzpunkt für eine positive Betrachtung. Orwell war ein erklärter Pessimist und sah nur die Talfahrt der modernen Zeit. Aber plötzlich entdeckten sie doch noch einen positiven Aspekt. Andreas formulierte es so: „Natürlich steht das Gehörte in einem exorbitanten Kontrast zu unserem Besuch in Amsterdam. Aber wir sind nun mal auch Bürger dieser Welt und dieser Zeit und müssen die unterschiedlichen Lebensbereiche kennen, um uns ein umfassendes Bild zu machen. Wenn wir vor allem die Augen verschließen, können wir nicht lernen, uns vor möglichen Gefahren zu schützen. Insofern ist eine Betrachtung wie die Orwells durchaus für uns selbst bedeutsam und nötig. Denn wir bleiben ja beim Pessimismus nicht stehen!"

Bücherverbrennung bei „Fahrenheit 451"

„Unser nächstes Thema", so begann Roberto, „schließt sich gleichsam nahtlos an Orwell an, und doch ist es meines Erachtens etwas Anderes.

Es geht um Ray Bradbury und seine Vision ‚Fahrenheit 451 ‘ aus dem Jahr 1953. Also, Bradbury führt seine Leser in eine Zukunft, in der es verboten ist, Bücher zu besitzen. Dieses Verbot ist absolut!“

„Das klingt ja nach Inquisition und ‚Index librorum prohibitorum‘“, bemerkte William.

„So ist es auch. Es besteht ein absolutes Leseverbot in der Gesellschaft, die ich euch jetzt vorstellen will. Aus der Geschichte kennen wir doch die immer wiederkehrenden Phasen, in denen es in der Öffentlichkeit zur Achtung von Gedanken kam und nachfolgend eben auch zu Bücherverbrennungen. Ich denke da zum Beispiel an den 10. Mai 1933. Da wurden die Bücher von Stefan Zweig und vielen anderen Schriftstellern öffentlich von den Nazis verbrannt. Bradbury verfolgte einen geradezu genialen Gedanken. Wo Feuer ausbricht, kommt die Feuerwehr und löscht. So sollte es jedenfalls sein! In Bradurys Vision ist es aber genau umgekehrt. Da legen die Feuerwehrleute ununterbrochen Feuer. Sie sind bestens mit Flammenwerfern ausgerüstet. Bei 451 Grad Fahrenheit verbrennt Papier, deshalb der Titel. Sobald einer der noch übrig gebliebenen Bücherliebhaber aufgespürt ist, wird dessen Bestand verbrannt.“ „Roberto, hast du eine Ahnung, welche Erlebnisse den Autor gerade zu dieser Vision geführt haben?“, fragte Andreas. „Vielleicht war es so: Das Fernsehen breitete sich in den USA zu dieser Zeit wie ein Flächenbrand aus. Der einzelne Mensch war dem schutzlos ausgeliefert. Die zivilisatorische Talfahrt war dadurch voll im Gange. Ähnlich wie Orwell befürchtete Bradbury so etwas wie einen großen inneren Verlust. Ich meine den allmählichen Verlust an eigenständigem Bewusstsein. Denn das Fernsehfeuer als Massenmedium hat große Kraft und kann mitunter einen subtilen Psychoterror verursachen. Vielleicht sah er das so und kam dann zu der heiklen Prognose, dass allmählich die Literatur abgeschafft würde. Heute wissen wir, dass das zum Glück nicht der Fall ist. Freilich, den inneren Erlebnisreichtum beim Lesen erfahren immer weniger Menschen. Viele kennen das einfach nicht mehr. Es gibt Studien, die aufzeigen, wie die Menschen durch hohen TV-Konsum in eine echte Erlebnisarmut getrieben werden. Die sensiblen inneren Wahrnehmungen gehen dann verloren.“

Wie kann man sich ein geistiges Refugium verschaffen?

Betroffen hatten die Freunde Roberto zugehört. „Jetzt wollt ihr doch sicher noch wissen, wie es weitergeht. Also, ein Feuerwehrmann, der fortwährend im Einsatz ist, kann plötzlich einer Versuchung nicht widerstehen: Er nimmt sich Bücher mit nach Hause und liest sie heimlich. Und das Lesen fasziniert ihn immer mehr. Er ist also noch berührbar. Aber er distanziert sich dadurch von der narkotisierten Masse. Er lässt sich nicht mehr berieseln. Kurz und bündig: Sein Verhalten bleibt nicht verborgen, und es kommt zu einer heftigen Auseinandersetzung. Er tötet seine Vorgesetzten und muss fliehen. Aber wohin? Roboterartige Suchhunde verfolgen ihn." „Aber natürlich kriegen sie ihn nicht", sinnierte Andreas.

„Nein, Bradbury macht den Lesern Mut. Der Feuerwehrmann kann in letzter Minute in einem nahe gelegenen Wald untertauchen und findet dort völlig unerwartet eine verschworene Gruppe von Menschen. Sie haben keine Bücher, aber sie leben unbeeinflusst auf einer tief innerlichen lebendigen Grundlage." „Wie macht sich das bemerkbar?", fragte Andreas. „Auch hier hat Bradbury eine geniale Idee. Jeder der im Exil lebenden Bücherfreunde hat ein unvergängliches Werk der Weltliteratur auswendig gelernt. Der Autor will wohl sagen, es wird immer Einzelne geben, die die immerwährenden Werte für die Menschheit und die Nachwelt bewahren." „Im Kleinen ist es doch auch so, wenn ich an all unsere wertvollen Gespräche zurückdenke. Bradburys Schilderung erinnert mich in vieler Hinsicht an unser Vorgehen. Ich finde, unsere gemeinsame Arbeit gleicht auch mitunter einer Art Inseldasein. Denn mit solchen Gedanken befassen sich nur die wenigsten Menschen. Es kommt letztlich immer auf die innere Regsamkeit, auf die Vertiefung an."

Mit dieser Darstellung waren die Freunde mehr als einverstanden, was deutlich zu spüren war. Das veranlasste Andreas noch zu einer Zusatzbemerkung: „Bücherverbrennung ist so eine Sache. Greifbare Bücher kann man immer verbrennen. Aber denkt einmal an die geheime Offenbarung des Johannes. Da ist die Rede vom ‚Buch des Lebens', also einer Art geistigem Testament. Kein irdisches Feuer kann dieses Buch antasten und natürlich auch nicht die geistige Veranlagung derer, die in dem Buch eingetragen sind! Es ist nur die Frage, auf welche Weise man dazu kommt, in diesem Buch vermerkt zu werden."

Ernst Bloch, der „Sokrates von Leipzig"

Die Visionen von Huxley, Orwell und Bradbury hatten bei den Freunden eine starke Wirkung hinterlassen. Das Besondere an diesen Utopien war, dass man in ein Zeitgeschehen eintauchen konnte, das geradezu aktuell wirkte.

Beim nächsten Treffen brachte Roberto ein Kapitel eines weiteren modernen Utopisten mit, dessen Werk in die Zeit nach dem Zweiten Weltkrieg gehört. Es handelte sich um den Philosophen Ernst Bloch, den seine Schüler ehrfürchtig und anerkennend den „Sokrates von Leipzig" nannten. „Zunächst einmal habe ich herausgefunden, dass Ernst Bloch Philosophie und Physik studiert hat. Es ist immer wieder interessant, wie sich gerade bei einigen maßgebenden Menschen unserer Zeit diese beiden Disziplinen zu einer inneren Einheit verbinden. Oft ist es sogar so, dass sich das allgemein Geistige in beiden Disziplinen gleichzeitig ausdrückt."

„Das habe ich bisher am intensivsten bei Novalis empfunden", antwortete Andreas, und Roberto ergänzte: „Es scheint sich auf höherer Ebene ein besonderes Gleichgewicht zwischen diesen beiden Polen, Physik und Philosophie, auszuformen." „Vielleicht kann man in Analogie zu Novalis sagen, Philosophie und Physik sind auf höherer Ebene ein und dasselbe. Auch Ernst Bloch musste übrigens erleben, dass er im Dritten Reich plötzlich auf der Liste der verbotenen Autoren stand."

„Da merkt man, Bradburys Vision von Verfolgung und Bücherverbrennung war völlig real und zu bestimmten Zeiten tatsächlich an der Tagesordnung. Und wie war das bei Ernst Bloch?"

Roberto antwortete: „Er floh 1933 aus Deutschland in die Tschechoslowakei und emigrierte 1938 in die USA. Maßgebend für seine Entwicklung war sicher ein Erlebnis, das er 1907 als junger Mann von zweiundzwanzig Jahren hatte. Damals studierte er gerade in Würzburg. Man kann es auch als das Schlüsselerlebnis seines Lebens bezeichnen. Er hat nicht viel darüber gesagt. Es war für ihn wie ein gewaltiger Geistesblitz, der in sein Bewusstsein einschlug und sich dort entlud." „Und wie hat sich das bemerkbar gemacht?" fragten die Freunde. „Darauf hat vor allem sein Lebensgang die entsprechende Antwort gegeben. Auf jeden Fall verspürte er so etwas wie eine tiefe, innerliche Verwandtschaft zu so genannten höheren Wirklichkeitskeimen, die in der ganzen Welt vorhanden seien, wie er schreibt. Das hat er dann Schritt für Schritt durch sein Leben ergründet. Mein Lehrer Umberto in Padua, ich habe euch ja schon von ihm erzählt, sprach ab und zu über die verborgenen Wege des Geistes im Menschen. Er wusste zum Beispiel viel über das Leben Goethes. Das gehört auch hierher. Damals habe ich mir eine Stelle notiert, und weil Umberto merkte, wie interessiert ich war, hat er mir dann den richtigen Text gegeben. Ich lese ihn euch mal vor. Er ist im Hinblick auf Bloch sehr aufschlussreich. Ich habe das sogar in mein Tagebuch geschrieben."

Die drei Freunde lehnten sich auf ihren Stühlen zurück und lauschten erwartungsvoll. „Goethe kämpfte zeitlebens mit dem Übergang beziehungsweise der Transformation von innerem Erleben zu äußerer Sprache. Manche Enttäuschung mag er dabei empfunden haben. Kurz vor seinem Tode sagte er: Wenn nun ein höherer Mensch über das geheime Wirken und Walten der Natur eine Einsicht gewinnt, so reicht seine ihm überlieferte Sprache nicht hin, um ein solches von menschlichen Dingen durchaus Fernliegendes auszudrücken. Denn es müsste ihm die Sprache der Geister zu Gebote stehen. Das ist schon eigenartig, aber auch sehr einleuchtend. Selbst die großen Geister konnten mitunter nicht alles so ausdrücken, wie sie es empfanden. Damit hatte sicher auch Bloch zu kämpfen. Aber das Entscheidende für unsere Seminararbeit ist wohl, dass er in die kleine Zahl der absolut positiven Utopisten des 20. Jahrhunderts gehört. Am Ende des Ersten Weltkriegs war sein Werk ‚Geist der Utopie' erschienen. Es ist typisch für ihn, dass er sich dem praktischen Leben verpflichtet fühlte, denn er kehrte 1948 nach Deutschland zurück und ging nach Leipzig." „Ausgerechnet nach Leipzig! ", sagte Andreas.

„Das ist doch für einen Geist wie Bloch verständlich. Er hatte schließlich in den USA zehn Jahre Kapitalismus pur erlebt und spürte, dass diese brutale Lebensform nicht die richtige Antwort auf die Sinnsuche der Menschen sein kann."

Bewusstsein im Überfluss

„Bloch ging damals bewusst nach Leipzig", fuhr Roberto fort, „weil sich dort nach dem Zweiten Weltkrieg viele emigrierte Literaten, Geistes- und Naturwissenschaftler zusammenfanden und weil man ihm den Lehrstuhl für Philosophie angeboten hatte. Er war Idealist und gleichzeitig Realist. Sein ganzes Leben lang war er von einer ungemein dynamischen Tatkraft beseelt. Er wollte seinen Beitrag zum Wiederaufbau der durch die Nazi-Herrschaft und den Zweiten Weltkrieg geschundenen Seele Deutschlands leisten. In Leipzig fühlte er sich am rechten Platz. Sein Leben wirkte tatsächlich wie ein Feuer. Überall wo er auftrat, sprang der Funke der Begeisterung auf seine Zuhörer über. Man glaubte, Sokrates selbst zu hören, wenn er von ihm sprach. Deshalb galt er vielen als ‚Sokrates von Leipzig'."

„Roberto, nun hast du uns aber sehr neugierig gemacht. Welche Ideen hat Bloch hinterlassen?" „In wenigen Worten lässt sich das nicht sagen, William. Ich will es aber an Beispielen versuchen. Den Menschen sah er als ein besonderes Lebenssystem mit einer bestimmten Veranlagung, die er tief in sich trägt. Veranlagung bedeutet aber noch lange nicht Offenbarung. Bloch sprach zum Beispiel *von einem über sich hinausdenkenden Menschen.* Der Mensch ist, wie er sagte, *mit einem Überschuss an potentiellem Bewusstsein ausgestattet.* Dies gilt es zu entdecken, davon muss man Gebrauch machen."

„Das klingt tatsächlich wie eine spezielle Form von Utopie", sagte Andreas, und Roberto erwiderte: „Bloch war davon überzeugt, dass sich jeder Mensch zu einem notwendigen, bahnbrechenden utopischen Denken erheben kann. Oder anders gesagt: Er muss es sogar! Denn sonst kann er nicht an den erforderlichen höheren Veränderungen im Weltgeschehen mitarbeiten.

Bloch sprach aber auch vom Geheimnis des *Noch-Nicht-Bewussten.* Das war der Blitz, der ihn als jungen Mann von zweiundzwanzig Jahren getroffen hatte. Ihm war klar geworden: Es gibt einen Schatz, der gehoben werden muss, der auskeimen muss. Für Bloch war unsere Zeit bis zum Bersten geladen mit verborgenen höheren Möglichkeiten. Er forderte gleichsam vom Menschen eine vollkommene Drehung des Gedankenlebens. Durch innere Kehrtwendung müsse im bewusst erkennenden Menschen ein zweiter, ganz anderer Mensch geboren werden. Bloch sah und erlebte die Welt mit zweierlei Augen. Er nahm nicht nur die grob sichtbaren chaotischen Konturen wahr, sondern er erfasste gleich Platon die lebendigen geistigen Ideen, die hinter einem dünnen Schleier verborgen liegen, in Wirklichkeit aber sehr nahe sind. Und dann ging es ihm um die Frage: Wie kann das Wahrgenommene reifen und in die Wirklichkeit treten?" „Konnte er sich denn mit dem, was er fühlte, auch konkret verständlich machen?"

„Man muss schon eine bestimmte intuitive Antenne haben, um ihm folgen zu können", antwortete Roberto. „Da ist zum Beispiel die Sache mit der Geschichte. Er erlebte sie nicht bloß als Vergangenheit, für ihn war sie stets lebendig und entwickelte sich immer weiter. Es gelang ihm, sich zum Ursprung des Werdens zu erheben. Geschichte enthielt für ihn immer zukunftsorientierte, einlösbare Versprechungen. Aber sie müssen von den Menschen entdeckt werden. Bloch empfand und machte das auch sehr deutlich: Wir leben in einer aus den Fugen geratenen Welt. Und man könnte ergänzen: Die Menschheit befindet sich inmitten eines inneren Richtungskampfes, ohne dies besonders zu bemerken.

Er erkannte, wie plötzlich im sogenannten wirtschaftlichen Aufschwung gigantische, krebsartige Ausbeutungsmechanismen entstehen. Diese richten sich sowohl gegen die äußere als auch gegen die innere Natur des Menschen. Er war überzeugt: Die Menschheit darf im natürlichen Leben nicht wie im Feindesland stehen. Er meinte dies wohlgemerkt sowohl innerlich als auch äußerlich. Platt gesagt wird die Menschheit nicht erst seit Tschernobyl von technischen Unfällen bedroht. Diesen geht - so Bloch - immer erst eine längere geistlose, also tote Phase voraus."

„Das sind ja geradezu umwälzende Gedanken", fügte William leise hinzu. „Nun, Bloch blieb in einer schwierigen Umbruchzeit immer ein positiver Utopist. Er spürte in der Gegenwart die geistigen Keime zu einer höheren Zukunft. An diese höhere Realität wollte er anknüpfen und suchte nach einer Möglichkeit, die Geistkeime in der Menschheit zum Wachsen zu bringen. Dabei erlebte er natürlich manche Enttäuschung. Aber trotz allem blieb er zeitlebens positiv." „Aber wie versuchte er die Verständnisbrücke zu seinen Mitmenschen zu schlagen?", wollte Jacques wissen. „Das ist eine der Kernfragen, die wir beantworten müssen. Letztlich suchte Bloch nach Menschen, die den gravierenden Mangel, das *Noch-Nicht-Haben*, auf geistigem Gebiet empfinden konnten, und er glaubte anfänglich, im Sozialismus ein geeignetes Instrument zu finden, um der keimhaften geistigen Präsenz zur Entwicklung zu verhelfen."

„Das konnte ja nur zu einer Enttäuschung führen", entgegnete Andreas.

Geist und Politik unvereinbar?

Roberto beschrieb die Erfahrungen Blochs weiter: „In der Weltgeschichte ist immer wieder zu beobachten, wie gradlinige und ehrliche Menschen sehr bald mit der Politik in Konflikt geraten. Als es Bloch einmal zuviel wurde, schrieb er dem Politbüro der SED ins Stammbuch: *Meine Herren, denken Sie daran. Es kommt darauf an, Schach zu spielen und nicht bloß Mühle!* Das war sehr pragmatisch, mutig und klar. Aber man wollte ihn dort bewusst nicht verstehen. Er geißelte die Planwirtschaft und den Vulgär-Marxismus. Und er wies darauf hin, dass der Marxismus ursprünglich mit dem Anspruch angetreten sei, die größte Freiheitsbewegung der Welt zu werden. Aber statt dessen entwickelte er sich sowohl äußerlich als auch innerlich zu einem totalitären Staatssystem und zu einem der größten Gefängnisse für die Gesellschaft." „Das ist dann eine negative Utopie, nein, wohl leider eine Realität mitten im 20. Jahrhundert", sagte William.

„Nun, das Zentralkomitee verstand auf seine eigene Weise und entzog Bloch 1957 die Lehrbefugnis. Es war nicht zu übersehen: Bloch lehnte den orthodoxen, sterilen und inhumanen Marxismus ab."

„Prinzip Hoffnung" oder Herkules am Scheideweg

Roberto führte weiter aus: „Blochs Wunsch und Wirken richtete sich immer auf eine höhere Art von Weltveränderung. Daran arbeitete er.

Nie wurde er müde, diese Idee in seinen Gesprächspartnern zu entzünden. Sprach er nicht auch vom so genannten ‚Vitaldruck', der zustande kam, wenn man seinen Vorlesungen hingebungsvoll lauschte?

‚Vitaldruck' war dann etwas, das man als einen Auftrag empfand, der die ganze Lebensführung bestimmte."

„Aber wie ist das mit dem religiösen Empfinden bei Bloch?" fragte Andreas, und Roberto antwortete spontan: „Man erzählt sich, dass ihn seine Studenten sehr verehrt, aber durchaus nicht in allen Belangen verstanden hätten. Er selbst war ein leidenschaftlicher Kritiker des westlichen Warenfetischismus. Es kam ihm offensichtlich auf eine andere, sozusagen seelische Ernährung an. Das zeigte sich sehr markant auch in seinen religiösen Empfindungen. Zum Beispiel hat er in seinem Buch ‚Spuren' jüdische Sagenstoffe und deutsche Märchen in ganz tiefsinniger Weise behandelt. Hier erwies er sich anhand kleiner Erzählungen und Beispiel gebender Ereignisse als trefflicher Spurensucher in unserem Sinn. Bloch lehrte nie theoretische Philosophie, sondern er verband alles immer sehr direkt mit dem Leben. Deshalb war er für viele eben kein akademischer Philosoph. Er errichtete kein bestimmtes philosophisches Gedankensystem."

„Aber damit hast du meine Frage nach der religiösen Einstellung von Bloch noch nicht beantwortet", hakte Andreas nach.

„Du hast Recht, ich muss jetzt wohl etwas konkreter werden. Holen wir ein bisschen weiter aus. Bloch näherte sich natürlich auch dem Begriff der Materie. Was war Materie für ihn? Er kritisierte immer den mechanischen Materialismus, bewegte sich, wie andere Philosophen erkannten, in der Tradition des Aristoteles. Materie war für ihn das *in Möglichkeit Seiende.* Deshalb richtete er sein ganzes Augenmerk auf eine Art Urmaterie, die etwas fortwährend Gebärendes sei und danach strebe, etwas ganz Neues in der Welt zu schaffen. Insofern hoffte Bloch auf eine veränderte und tragfähigere Welt. Der Maler Roland Richter hörte auch bei Bloch ‚Geschichte der Philosophie' und erinnerte sich später: *Blochs Philosophie war grundlegend durchsetzt von Poesie. Das Klima seiner Vorlesungen wirkte immer außerordentlich inspirierend.*

Seine früheren Schüler berichteten, dass Bloch eine geradezu ergreifende, um nicht zu sagen geweihte, religiöse Stimmung im Hörsaal verbreitete, wenn er zum Beispiel über Giordano Bruno, mehr noch, wenn er über Jakob Böhme sprach. Religiös im konfessionellen Sinn war das freilich nicht, aber man spürte einen individuellen geistig-religiösen Charakter, wenn er solche Themen behandelte. Dann suchte er so etwas wie Seelenverwandtschaft bei seinen Zuhörern. Er hatte sich, angefangen von der Antike bis in die Neuzeit, mit vielen Fragen der Weltanschauung befasst. Ausführlich studierte er Aristoteles, Hegel und Marx. Er drang durch bis zur Psychoanalyse von Freud. Bloch interessierte sich sehr für Freud - was die Perspektive des Bewusstseins betraf."

„Und warum?", wollten die Freunde wissen.

„Freud war für Bloch wie auch für viele Andere einer, der die Trieb- und Begierdennatur im Unterbewussten des Menschen aufdeckte und als dominierenden Faktor hinstellte. Aber das ist nicht der ganze Mensch, ganz im Gegenteil. Bloch kritisierte Freud deshalb und bemitleidete ihn zugleich. Denn für Bloch war Freud ganz einfach der Nicht-Mehr-Bewusste. Das ist das genaue Gegenteil seiner Blitzeingebung vom Noch-Nicht-Bewussten. In seiner positiven Überzeugung beschrieb er auf immer neue Weise seine Empfindungen etwa so: Um alles gegenwärtig Seiende kreist ein Planet. Diesen nennt er Bedeutungshof. Er gleicht einer verhüllenden Wolke, in der sich die noch nicht realisierten Möglichkeiten der Menschen befinden. Und deshalb forderte er unausgesetzt, das bisherige ‚Nicht-Haben' in ein ‚Haben' zu transformieren. All das hat er in seinem dreibändigen Werk ‚Prinzip Hoffnung' zum Ausdruck gebracht. Er war meiner Meinung nach kein Weltverbesserer im üblichen Sinn, aber auch kein gescheiterter Illusionist. In diese Rubriken wurde er nämlich immer wieder eingereiht; man verstand ihn einfach nicht. Ganz sicher war er ein Grenzgänger besonderer Art, denn er empfand so etwas wie den Pulsschlag der Ewigkeit und wollte mithelfen, diese Kräfte zu entbinden. Sie sollten in der Umbruchzeit, in der er lebte, als etwas gänzlich Neues in die Menschheit hineinwirken. ‚Prinzip Hoffnung' ist so gesehen eine Art metaphysische Stenogrammformel. Und noch etwas, Freunde, muss man hinzufügen: Bloch sah den modernen Menschen als ‚Herkules am Scheideweg'. Es ist eben immer nur die Frage, ob die Menschen ihren Wahl- und Scheideweg überhaupt erkennen beziehungsweise erahnen.

Bloch sagte, wenn sie diesen Krisismoment nicht entdecken, dann gelangen sie automatisch in den Sog des Nihilismus. Sie sehen dann gar keinen Sinn mehr im Dasein. Nehmen sie jedoch die Wegkreuzung wahr, dann geraten sie direkt in den Anziehungsbereich der metaphysischen inneren Hoffnung. Dann erkennen sie eine neue Morgenröte und arbeiten daran, die innere Entfremdung Stück für Stück aufzulösen. Sie können sich dadurch ins wahre Reich der Freiheit erheben!" Das war eine schöne abschließende Betrachtung, und die Kommilitonen verabschiedeten sich zufrieden und voll innerer Freude. Sie hatten durch Robertos Ausführungen wieder einen Anknüpfungspunkt in dem geheimnisvollen geistigen Netzwerk, das bis in unsere moderne Zeit reicht, wahrgenommen.

Blickpunkt Albert Einstein - auch das Menschsein ist relativ

Andreas gingen auf dem Heimweg das Schicksal und die so besondere Tatkraft Ernst Blochs noch lange durch den Kopf. Und plötzlich dachte er an Albert Einstein. Auch der war ein deutscher Jude gewesen wie Ernst Bloch, hatte zur gleichen Zeit gelebt und als Physiker mit der Entdeckung der Relativitätstheorie das moderne Weltbild der Physik grundlegend verändert. Jetzt, im Jahr 2005, wurde seiner besonders gedacht.

Andreas erinnerte sich an Einsteins Biographie und schlug in Gedanken das Kapitel Philosophie auf. Richtig, Albert Einstein war in erster Linie auch Philosoph gewesen, einer der das Weltgeschehen sehr konkret im Blick hatte. Auf seine Weise war er vielleicht auch so etwas wie ein Utopist des 20. Jahrhunderts. Woran konnte man das erkennen? 1934 veröffentlichte er „Mein Weltbild". Das war schon zu einer Zeit, in der er zunehmend resignierte, denn er konnte nicht mehr recht an sein Ideal von einer durchgreifenden moralischen Erziehung des gesamten Menschengeschlechts glauben. Anders als seine Professorenkollegen, die in der Weimarer Republik noch von der Kaiserzeit geprägt waren, glaubte er nicht an das Heil durch einen national und militärisch geprägten Obrigkeitsstaat. Er engagierte sich vielmehr für Frieden, Menschenrechte und echte Demokratie. Aber irgendetwas im Gedankengebäude Einsteins wies darüber hinaus.

Andreas dachte nach. Er stand gerade vor einer Buchhandlung und sah im Schaufenster ein Großfoto von Einstein mit Schnauzbart und Hornbrille. Einstein sprach hinter mehreren Mikrophonen ganz leger in einem grauen Pulli und wandte sich mit eindringlichem Blick zum Publikum. Mit der rechten Hand und dem ausgestreckten Zeigefinger wies er energisch auf seine Zuhörer. Was wird er wohl in diesem Augenblick gesagt haben? Seine Kritiker warfen ihm häufig vor, dass er im Unterschied zu seinen physikalischen Erkenntnissen in Sachen Demokratie und Gesellschaft keine rechte Bodenhaftung fand. Aber vielleicht hat man ihn nur nicht recht verstanden, so wie es den meisten Menschen auch mit seiner Relativitätstheorie ging und immer noch geht. Einstein wünschte sich eine vollkommen harmonische Gesellschaft, in der für Konkurrenz und harten Kampf gegeneinander kein Platz ist. Den ständigen Parteikämpfen konnte er nichts abgewinnen, und den egoistischen Interessengruppen brachte er ein elementares Misstrauen entgegen. In der Weimarer Zeit beobachtete er auch „die rohen Massen" bei ihren Straßenkämpfen und empfand sie wie narkotisiert und durch „dumpfe Leidenschaften" gesteuert. Deshalb hielt er nach „geistig und moralisch Hochstehenden" Ausschau. Aber wo waren sie? Wo war ein solcher Kristallisationspunkt zu finden? Einstein sah ihn nicht. Doch auch bei den Tugendhaften plagten ihn ab und zu Zweifel. Er malte sich eine „Geistesaristokratie" aus. Sie könnte das Idealbild sein! Aber letztlich war Einstein bewusst, dass auch der ideale Mensch, so wie er ihn sich vorstellte, nicht von verborgenen Machtbestrebungen frei sein kann. Deshalb fürchtete er, wie er sagte, die „Diktatur der Tugendhaften". Er fühlte, wie sich aus einer Vereinigung der Tugendhaften plötzlich einige wenige Machthungrige emporschwingen und dadurch das ganze System und sein hohes Anliegen zum Einsturz bringen würden. Doch dass es eine menschliche Entwicklung geben könnte, die sich vom Machtstreben befreien und dann der Menschheit selbstlos dienen würde, das war für Einstein eine Utopie.

1952 hoffte er etwas sarkastisch auf das „Wirken einer Maschine", um eine Art Weltregierung anzutreiben. Denn für ihn war das Vertrauen in die menschliche Natur schwer erschüttert. Noch 1930 betonte er, dass die geführten Menschen „von unten den Führer zu wählen hätten". Dass das schief ging, weiß man.

Andreas hatte lange mit Blick auf das Foto von Einstein nachgesonnen, dann erinnerte er sich plötzlich an Platon. Ja, dieser sprach von dem Weisen, der „von oben" kommen muss, um die Herzen der Menschen zu gewinnen und sie von ihren Masseninstinkten zu befreien. Das ist freilich eine Herkulesarbeit, dachte Andreas, aber irgendeinen Ansatzpunkt musste es dafür doch geben!

Am nächsten Tag beim Essen in der Mensa trug er seinen Freunden diese Gedanken vor und freute sich über ihr Lob und ihre Zustimmung.

Viele Konfessionen im Reigen weniger Religionen

Nun war es schon November geworden. Die Donau und die Altstadt von Regensburg waren in Nebelschwaden gehüllt, und das Profil des Schuldturms mit dem angebauten mittelalterlichen Salzstadl an der Steinernen Brücke konnte von Stadtamhof aus nur erahnen, wer das Panorama genau kannte. Als Roberto, Andreas und Jacques über die Steinerne Brücke liefen, hallten ihre Schritte. Das lag vor allem an Roberto, der Stiefel mit beschlagenen Absätzen trug. In der feuchten Nebelluft klang das ungewöhnlich laut, als ob in alten Zeiten eine Wache über das Kopfsteinpflaster paradierte. Bei William angekommen, stiegen sie eilig das Treppenhaus hoch in das ehemalige Maleratelier. William hatte schon auf sie gewartet und servierte gleich einen heißen Tee. Sie setzten sich und machten es sich bei Tee und Kerzenschein gemütlich. Ein guter Augenblick, dachte Jacques, um die besinnlichen Gedanken, die er im Radio gehört hatte, an die Freunde weiterzugeben. Doch William kam ihm zuvor und zeigte zum gläsernen Dach der Mansarde: „Wie in London an der Themse um diese Zeit, ein Wetter, bei dem manche Menschen in tiefe Depression verfallen. Da muss man eben für sich selbst ein Licht anzünden, damit sich das Gemüt aufhellt." Das war das Stichwort für Jacques: „Auf unserer Truhe leuchten ja schon einige Teelichter, aber ich will ihnen noch ein ganz besonderes Licht hinzufügen. Heute früh habe ich im Radio etwas gehört, das gut mit meinem Inneren übereinstimmt. Bei euch, denke ich, wird es ein ähnliches Echo hervorrufen." „Komm schon und erzähl!", ermunterte ihn Roberto. „Es waren sehr schöne Gedanken zum religiösen Empfinden der Menschen. Es ging zum Einen darum, wie verschiedenartig die Konfessionen und Ansichten innerhalb derselben Religion sein können. Der Sprecher betonte überzeugend: Die Konfessionen können ruhig ganz unterschiedlich sein je nach Rassen, Völkern, Entwicklungszuständen, Ländern und Zeiten, wenn nur in den Menschen eine wirkliche Sehnsucht vorhanden ist. Diese Sehnsucht sollte so etwas wie ein einigendes Band für alle sein.

Erst durch sie könne der tiefere Sinn der Verschiedenartigkeit sichtbar werden, hieß es. Natürlich komme es auf den Charakter der Sehnsucht an. Wenn sie rein genug ist für ein wahrhaft religiöses Anliegen, wird sie immer etwas Allgemeines sein und gleichsam zu höherem Allgemeingut werden. Von einem bestimmten Punkt an wird sie sich dann in eine bisher unbekannte Richtung entwickeln. Deshalb war in der Sendung auch nicht die Rede von dieser oder jener Sehnsucht, sondern von einem tiefen allgemeinen Sehnen, das letztlich auf eine geistige Erhebung hinzielt.

Und dann betonte der Sprecher noch ein Zweites: Wer innerlich stark genug von dieser Sehnsucht geleitet wird, befindet sich plötzlich auf einem Weg, der vielerlei Veränderungen für ihn bereit hält. Gerade das hat dann auf das Bewusstsein dieses Menschen großen Einfluss. Mit der Zeit wird also vor allem das Bewusstsein verändert, wobei gleichsam eine kritische Grenze gestreift und manchmal auch schon erreicht wird. Eines ist aber dabei wichtig! Soll eine solche hoffnungsvolle Entwicklung nicht stagnieren, muss der Mensch an der genannten Grenze erkennen, dass alles Irdische, also unsere sichtbare Welt - auch in ihren vorzüglichsten Erscheinungsformen - niemals das Endziel menschlicher Sehnsucht sein kann, auch dann nicht, wenn sie phasenweise angenehme und sehr harmonische Züge aufweist."

„Wer so tief empfindet, wird sich im Getriebe der Welt allmählich immer weniger heimisch fühlen", fügte Andreas hinzu. „Darüber hat der Sprecher nichts weiter gesagt", fuhr Jacques fort, „vielleicht war es auch gar nicht nötig. Man kommt schon allein drauf - wie du uns ja eben selbst bestätigt hast, Andreas." „In jedem Fall muss der Mensch eine gute Bodenhaftung in Alltagsdingen haben, wenn er nicht zum Aussteiger werden will."

„Also ist auch die Sehnsucht nichts Statisches, sondern ein entwicklungsfähiges Allgemeingut, das in immer reinerer Form in Erscheinung treten muss", schloss William, „sonst gelangt man nicht an die Grenze zum gelobten Land."

Unmerklich hatten sich die Freunde wieder ihrem Spezialgebiet der Utopien genähert.

Die Bamberger Apokalypse

Jetzt wurde Andreas aufgefordert, von seinem Besuch in Bamberg zu berichten, und er begann: „In Amsterdam hatten wir ja den Tipp bekommen, uns in der Bamberger Staatsbibliothek eine kostbare Handschrift aus dem Jahr 1000 anzusehen. Sie wird ‚Bamberger Apokalypse' genannt und gehört zu den kulturell besonders wertvollen Dokumenten, die in das elektronische UNESCO-Register des Welt-Dokumentenerbes aufgenommen wurden. Wir wissen nicht, wer sie gemalt hat. Wahrscheinlich sind diese Miniaturen im Skriptorium des Klosters Reichenau entstanden. Auf fünfzig Miniaturen haben die Mönche das Geschehen der Apokalypse sehr einprägsam in gewaltigen farbigen Sze-

nen dargestellt. Ich sehe da sogar eine kleine Parallele zu dem Radioreport, von dem Jacques vorhin berichtet hat."

„Das wirst du doch nicht vergleichen wollen", antwortete Jacques. „Doch, doch! Du hast über die verschiedenen Konfessionen in ihrem

Reichtum und in ihrer Verschiedenheit gesprochen und dass gerade dadurch - unabhängig von der Zeit - alles auf einen zentralen Punkt zustreben kann. Ich habe mir im Bamberger Museumsshop ein Buch gekauft, das alle Miniaturen der Reihe nach ausweist."

„Wie interessant!", riefen die Freunde, „Da können wir ja einmal die verschiedenen Darstellungen der Johannes-Offenbarung miteinander vergleichen." „Der Autor hat es in seinen Kommentaren so ähnlich gemacht. Im Vorwort stellt er den technisch-wissenschaftlichen Fortschritt und die mögliche spirituelle Entwicklung der Menschen direkt nebeneinander. Beides geschieht gleichzeitig, schreibt er, aber in ganz unterschiedlicher Gewichtung, wenn man die gesamte Menschheit betrachtet.

Die Johannes-Offenbarung wurde übrigens meist als bedrohliche Zukunftsvision gesehen. Seit dem frühen Mittelalter bis in die Renaissance hinein waren immer wieder Kassandrarufe von einem unmittelbar bevorstehenden Weltuntergang zu hören. Wie wohltuend wirken da die Zeilen aus dem Vorwort dieses Buches! Der Autor sieht oder ahnt, dass sich ein ‚neuer Himmel und eine neue Erde' mitten im Leben ausformen werden und rein geistige Gesetze im Menschen zur Wirkung kommen. Das ist die wahre Botschaft der geheimen Offenbarung des Johannes."

Während Andreas das alles erzählte, fühlten die Freunde, dass die bisherigen utopischen Wege auch in ihrer kleinen Runde manches bewirkt hatten. Die inneren Gewichte hatten sich durch die intensive Zusammenarbeit gleichsam verschoben. Und Andreas und William hatten von ihrem Besuch in Amsterdam etwas mitgebracht, das allen zugute kam: die tiefe Überzeugung, dass man standhaft bleiben und streben muss. Dann wird man alles Nötige innerlich erkennen und begreifen, denn je klarer, geduldiger und demütiger das Leben gelebt wird, desto eher kann sich etwas Neues im Menschen entwickeln.

Die vier Freunde beschlossen, bei ihrer Betrachtung die angsterfüllten Szenarien der gängigen apokalyptischen Schau hinter sich zu lassen, und Jacques erinnerte an Meister Eckhart, der so deutlich die innere Wahrnehmung des Menschen ins Bewusstsein gerückt hatte. Dort, im menschlichen Innern, sollte das Apokalyptische aufgespürt werden. Die entscheidende Frage war, wie das gelingen kann.

„Wer war Johannes?“, fragte Andreas. „Ich glaube, er war der Schauende, der innerlich Erlebende, für den sich plötzlich eine Tür öffnete. Aber auf dieser Illustration hier scheint er irgendwie nicht ganz auf der Höhe zu sein. Ich will nicht sagen, er sei krank, aber offenbar benötigt er eine Stärkung.“ Mit diesen Worten zeigte Andreas auf eine Abbildung. Man sah, wie sich Johannes das heilige Buch der Offenbarung ganz einverleibt. „Vielleicht kann man sagen: Er verschlingt das heilige Wort zu seiner inneren Genesung. Denn erst dann scheint er für die apokalyptische Schau stark genug zu sein.“ Die Freunde beugten sich aufmerksam über das beschriebene Bild, und Andreas erklärte weiter: „Mir wird etwas klar, wenn mein Blick auf die nächste Miniatur fällt. Dort sieht man, wie Johannes mit einem Rohr, also einem antiken Maßstab den Tempel ausmisst. Das kann man natürlich auch so verstehen: Es wird der Maßstab am eigenen Leben, am eigenen Wesen angelegt. Das ist dann etwas tief Innerliches, fernab von irgendwelchen Ereignissen der äußeren Welt.“

Roberto empfand das ähnlich. Er zeigte auf die Szene, in der Johannes den Drachen aufspürt. „Diesen Drachen sehe ich als etwas, das jeder Mensch im eigenen Selbst besitzt. Johannes scheint in der Lage zu sein, ihn in sich zu erkennen, das heißt er durchschaut die Bedeutung dieses Drachens in allen Einzelheiten. Das ist so etwas wie eine Reifeprüfung, wodurch Johannes seelisch einen Strahl der Gnade erfährt. Denn jetzt darf auch er in die Mitte der Hundertvierundvierzigtausend treten. Dort herrschen Gleichklang und Einklang: Sie stimmen gemeinsam ein neues Lebenslied an!“ „Wenn wir dabei bleiben, dass das ein seelisches Geschehen ist, dann kann diese neue Weise, dieser neue Klang, nur vernommen werden, wenn man ein ganz bestimmtes Gehör dafür entwickelt hat.“

Mit diesen Gedanken lenkte Andreas die Freunde bewusst auf das Vorwort zur Miniaturen-Sammlung. Dort stand wörtlich: *Darin besteht eines der tiefsten Gesetze der Offenbarung des Johannes, weil das zu Entwickelnde schon jetzt im Streben eines jeden einzelnen Menschen keimhaft vorhanden sein kann, ja muss.*

Andreas erinnerte sich an Bamberg: „Als ich vor vierzehn Tagen am Wochenende in Bamberg war, um die Staatsbibliothek in der Neuen Residenz zu besuchen, läuteten gerade die Domglocken. Es war ein klarer, sonniger Nachmittag mit einem strahlend blauen Himmel. Die Sandsteinfassaden leuchteten in einem ockerfarbenen warmen Licht. Auch viele der abgebildeten Formen und Figuren der Apokalypse erstrahlten vor einem goldglänzenden Hintergrund. Alles wirkte so geheimnisvoll auf mich." Er schaute in die Runde und fuhr fort: „Jetzt wollen wir zu den Miniaturen auch einige Textstellen hören. Komm Roberto, lies uns dazu mal etwas aus dem Neuen Testament vor."

Andreas hatte ein Lesezeichen in das siebte Kapitel der Apokalypse gelegt. Diesen Text reichte er Roberto hinüber, und Roberto las: *„Ich sah einen Engel vom Anfang der Sonne hinaufsteigen, der das Siegel des lebendigen Gottes hatte."* Dazu sagte Andreas: „Mir war sowohl beim Text als auch bei den Bildern nicht ganz klar, wie das zu verstehen ist. Am besten wir lassen das zunächst offen. Es heißt da, die Engel müssten beim Versiegeln verschiedene Maßnahmen treffen, so wird es zumindest geschildert. Das scheint mir ein geheimnisvoller und erhabener Vorgang zu sein. Und plötzlich verschwamm das alles vor meinem inneren Auge. Wer, wo und zu welchem Zweck sollte eine Gruppe von Menschen einen Siegelabdruck erhalten? In welcher Zeit sollte das geschehen? War ein bestimmter Zeitpunkt im äußeren Ablauf der Geschichte gemeint oder innerlich in der Entwicklung bestimmter Menschen? Also, Fragen über Fragen. Es war auch die Rede davon, dass vieles bedacht werden müsse. Roberto, lies doch mal weiter."

Roberto kam an die entscheidende Stelle, und Andreas sagte: „Man spürt, die Zeit wird gleichsam eng, und man empfindet, dass beim Versiegeln offensichtlich Eile geboten ist. Es wird eine ‚Zeit' geschildert, bei der es auf jeden Augenblick ankommt, damit die Menschen auf die rechte Bahn geleitet werden können. Da greift schützend eine höhere Macht ein und spricht: *‚Bis wir'*, gemeint sind wohl die Engel, *‚die Knechte unseres Gottes an ihren Stirnen mit dem Siegel bezeichnet haben. Und ich hörte die Zahl der mit dem Siegel Bezeichneten: hundertvierundvierzigtausend aus allen Stämmen der Söhne Israels!'*

Hier sind wir, glaube ich, irgendwie wieder bei Jacques Radiosendung. Denn auch dort kommen aus allen Richtungen besondere Menschen zusammen. Aber eines scheint mir vor allem wichtig: Wer mit einer neuen seelischen Entwicklung beginnt, wird innerlich geprüft! Man spürt in dieser Szene, wie das Individuelle gleichsam in den Hintergrund tritt, und es kommt mir so vor, als ob alles auf eine bisher nicht da gewesene Gemeinsamkeit innerhalb einer bestimmten Menschengruppe abzielt. Das werdet ihr gleich noch klarer hören. Denn es geht um eine große Schar, die zur Einheit berufen ist."

Roberto las weiter: *„Danach schaute ich auf, und siehe da, eine große Menge, die niemand zählen kann, aus allen Nationen und Stämmen und Völkern und Sprachen, die vor dem Thron und dem Lamm stand, angetan mit weißen Kleidern und Palmen in ihren Händen."*

Wieder unterbrach Andreas: „Die weißen Kleider und Palmen haben sicher etwas mit Reinigung und Sieg zu tun, mit innerer Überwindung. Es muss sich dabei doch in erster Linie um einen inneren Prozess handeln. Und es sind offenbar Menschen, die eine tiefe Sehnsucht nach einem anderen und höheren Leben empfinden."

Roberto fuhr fort: *„Und einer der Ältesten begann und sagte zu mir: ‚Diese, die mit den weißen Kleidern angetan sind, wer sind sie, und woher sind sie gekommen?'"* „Genau das ist die entscheidende Frage, die an Johannes gestellt werden muss", meinte Andreas. „Es geht vielleicht um einen bestimmten Reifegrad dieser Menschen und einen besonderen Weg, der sie zusammengeführt hat. Der Schreiber spricht ganz klar von Menschen, die, wie er sagt, *aus großer Trübsal kommen.* Sie haben einen langen Erfahrungsweg hinter sich. Trübsal meint vielleicht auch gewisse persönliche Probleme, die sich mit dem höheren Streben nicht in Einklang bringen lassen. Das sind dann Hindernisse, die sehr direkt im eigenen Wesen zu suchen sind, und gerade sie müssen überwunden werden. Menschen, die dazu bereit sind, bleiben auch in schwierigen Situationen ihrer inneren Aufgabe treu und weichen dem Leben nicht aus. Sie begegnen ihm vielmehr mit einer offenen, klaren Einstellung und verlieren ihr Ziel nie aus den Augen, selbst dann nicht, wenn sie bestimmten Wünschen und Neigungen entsagen müssen. Sie lassen also an sich hobeln und schnitzen.

Die Offenbarung nennt das kurz und bündig *das Waschen der Kleider, bis sie weiß sind.* Erst dann sind sie lichtfähig, und ihre Seele ist rein."

Roberto las weiter: *„Sie werden nicht mehr hungern und sie werden nicht mehr dürsten und die Sonne wird sie nicht treffen noch irgendeine Glut."*

Beeindruckt sagte Jacques: „Wisst ihr, mir kommt es so vor, als ob es in erster Linie um das Verlöschen der Glut der alten Wunschvorstellungen geht. Vielleicht kommt erst dadurch die eigentliche Seelennahrung zustande. Die Überwindenden haben sich gefunden und werden gemeinsam gespeist."

Geheimnisvolle Einladungen

Als sich die Freunde von William verabschiedeten, beschlossen sie, beim nächsten Treffen die Christianopolis-Schrift von Johann Valentin Andreae zur Hand zu nehmen. Ganz unvorbereitet waren sie nicht, denn jeder von ihnen hatte schon in diesem Werk gelesen. Und nun ging es darum, gemeinsam eine geistige Spur durch den Text zu finden.

Mitte November kam die Besprechung zustande. Andreas hatte in Stuttgart eine Ausgabe des Buches aus dem Jahr 1972 besorgt. Der Herausgeber hatte dazu ein bemerkenswertes Vorwort verfasst. Darüber wollten die Freunde zuerst sprechen.

Andreas begann: „Ursprünglich ist der Text lateinisch verfasst worden und erschien so auch im Jahr 1619. Diese erste Auflage erlebte zunächst keinen Nachdruck. Das geschah erst im Jahr 1741, als David Samuel Georgi einen deutschen Übersetzungstext mit dem Untertitel ‚Reise nach der Insel Caphar Salama und Beschreibung der darauf gelegenen Republik Christiansburg' vorlegte. " „Das erinnert mich an einige unserer Forschungsthemen, zum Beispiel an Platons ‚Atlantis', die ‚Utopia' von Thomas Morus oder etwa ‚Nova Atlantis' von Lord Baco von Verulam. Vielleicht ist ja auch der ‚Sonnenstaat' des Tommaso Campanella in diesem Zusammenhang zu sehen", sagte Roberto.

„Wir haben diese Spur, glaube ich, schon einmal bei unseren früheren Betrachtungen berührt." Andreas blätterte in dem Buch und fand die Bestätigung, dass Andreae den „Sonnenstaat" ganz genau gekannt hat: „Im Vorwort wird erwähnt, dass ein Lüneburger Adeliger und Freund von Andreae, Wilhelm von Wense, nach seiner Rückkehr von einer Italienreise Andreae in Vaihingen besuchte. Wense war in Neapel gewesen, hatte dort das Manuskript vom ‚Sonnenstaat' entdeckt und gemeinsam mit Adami nach Deutschland gebracht. Das war sicher mehr als nur Zufall. War es vielleicht sogar der Grund dafür, dass Andreae später dasselbe Thema aufgriff?

Aber nun zu ‚Christianopolis'. Ist es eine Utopie, also eine Gesellschaft beziehungsweise ein Staat, der auf einer anderen Ebene des Daseins angesiedelt ist? Das ist doch die Frage." „Ich will unserem Gesamturteil nicht vorgreifen", meldete sich Jacques, „aber alles, was ich bisher herauslesen oder herausfühlen konnte, hat bei mir den Eindruck hinterlassen, dass Christianopolis etwas ganz und gar Unirdisches ist; als hätten die Bewohner der Insel eine Erneuerung ihres ganzen Wesens erlebt oder besser durchlebt. Ich sah vor mir eine Art mythologisches Bild, als hätten die Bewohner wieder einen Zustand erlangt wie Adam vor dem Sündenfall."

Diesen Worten pflichtete William bei: „Wenn ich es recht sehe, so zielt dieser ‚Staatsroman' an keiner Stelle auf Weltverbesserung hin, nein, hier geht es um die innersten Angelegenheiten des Herzens. Denn es wird dem Leser quasi eine ‚Gemeinde der Heiligen' vor Augen geführt. Den damit verwandten ‚Sonnenstaat' hatte Andreae ja 1617 einsehen können, da sein Freund, der Campanella-Verehrer Adami, ihm den Text gezeigt hatte. Außerdem ist wohl wichtig, dass Andreae seiner Utopie von einem urchristlichen Gemeinwesen eine Widmung vorausschickte, die dem norddeutschen Theologen und Philosophen Johannes Arndt gewidmet war." Andreas schlug die Stelle auf und las vor: *„Diese meine neue Stadt verdankt Dir ihr Dasein und blickt auf Dich hin, denn da sie aus einem großen Jerusalem, welches Du mit erhabenem Geiste gegen den Willen klügelnder Sophisten erbaut hast, als eine kleine Kolonie ausgeführt ist, so kann sie nicht anders, als alles auf Dich beziehen und für ihre Einrichtungen und Gesetze Dir ihren Dank sagen.* Das sind ganz vertraute und persönliche Worte voller Dankbarkeit, Findet ihr nicht? Diese Widmung bestätigt doch ganz deutlich, dass sich Andreae vom Gedankengut des Johannes Arndt beeinflussen ließ. Beide waren ja auch protestantische Amtsbrüder. Dabei kommt mir wieder das geheimnisvolle Wort vom Netzwerk in den Sinn."

Hier schaltete sich William ein. „Im ‚Sonnenstaat' des Campanella wie auch in der Schrift ‚Christianopolis' erkennen wir deutlich eine positive Utopie, aber wie stand es mit der Wirklichkeit hier auf Erden, ich meine die Zeit um 1600? Wir haben sehr schöne Entwürfe voller Hoffnung auf Erneuerung. Genau genommen sind das aber nur vorläufige Baupläne, oder?"

Andreas antwortete: „Wahrscheinlich benötigte Andreae in dieser schwierigen Zeit einen Motor, der so manches ins Rollen brachte. Hier ist wieder Wilhelm von Wense aus Lüneburg zu nennen. Er war es, der - populär gesprochen - seinen Freund Andreae mächtig anschob. Wense wollte einen Ring geeigneter Männer bilden, der über ganz Deutschland verteilt zum Ausgangspunkt eines wirklich höheren Lebens werden könnte. Er dachte natürlich auch an Andreae selbst. Dieser griff auf Wenses und anderer Freunde Veranlassung hin zur Feder und formulierte gleich zwei Einladungsschreiben:

‚Invitatio Fraternitatis Christi' 1617 und ‚Invitationes ad Fraternitatem Christi' 1618.

Beides heißt in der Übersetzung ‚Einladung zur Bruderschaft Christi'. Einen weiteren Entwurf nannte er ‚Christianae Societatis Imago', ‚Bild einer christlichen Gemeinschaft'. Dieser Entwurf erschien 1619 und ein Jahr später ‚Christiani Amoris dextera Porrecta', was so viel heißt wie: die ausgestreckte Hand der Liebe Christi."

„Andreas, sind diese Texte oder Briefe einfach wie Flugblätter in Umlauf gebracht worden?" „Das glaube ich nicht. Damals gab es in Mitteleuropa schon eine bedeutende, letztlich aber doch begrenzte Anzahl von Persönlichkeiten, deren liberale und geistige Interessen bekannt waren. Diese waren wohl die direkten Adressaten der speziellen Einladungen. 1641 schrieb Andreae an den regierenden Herzog August den Jüngeren in Wolfenbüttel, der ihn gefragt hatte, ob eine Bruderschaft Christi zustande gekommen sei:

Wir nannten den Bund, ‚Civitas Solis', ‚Sonnenstaat' in der beiderseitigen Absicht, es sollte sich eine Anzahl rechtgläubiger Lutheraner von hervorragendem Wissen, bewährtem Wandel, ohne Ansehen von Stand und Geburt, aber deutschen Stammes, unter einer Art Gesetz und einem Oberhaupt zusammentun, um mit Ernst der Pflege der unverfälschten Religion, der Besserung der eingerissenen Sittenverderbnis und der Wiederherstellung der in Verfall geratenen Literatur obzuliegen, sowie angesichts der Wechselfälle des Lebens einander mit gegenseitigem Zuspruch beizustehen; die Begüterten sollten materielle Mittel, die minder Wohlhabenden ihre Arbeitskraft beisteuern und so die einzelnen Genossen aus dieser Gemeinschaft die Früchte christlicher Liebe, ehrbaren Vergnügens und gegenseitiger Hilfe ziehen. Für diesen Plan waren bereits der Tübinger Wilhelm Schickart, der Straßburger Matthias Bernegger, Johannes Kepler in Linz und Daniel Schwenter in Altdorf gewonnen worden, denen sich später weitere bekannte Lutheraner, unter ihnen vor allem Johannes Arndt, anschlossen. Aber der Beginn des Krieges verstörte alle diese, wie ich meine, nicht unlöblichen Versuche und warf meine Christianopolis über den Haufen.

Das war also die Ausgangslage und gibt zugleich auch eine Art Antwort darauf, ob und inwieweit eine lebendige und pulsierende Gemeinschaft, ein Bund des Rosenkreuzertums, damals in Erscheinung trat. Mehr konnte oder wollte Andreae vielleicht nicht sagen."

Der Baustoff von Christianopolis

Roberto war beim Studium des Inhaltsverzeichnisses aufgefallen, dass Andreae genau hundert Kapitel für sein „Christianopolis" verfasst hatte. Als Dante-Liebhaber vermutete er, dass Andreae gleich Dante mit der Zahl 100 vielleicht etwas Besonderes im Sinn gehabt haben könnte. Anders als Dante hatte Andreae seinen Text jedoch nicht in hundert Gesänge gegliedert und in Terzinen verfasst, sondern in einem nüchternen Renaissance-Latein geschrieben. Eines war für Roberto jedoch klar: Andreae hatte Baustein für Baustein zu einem starken geistigen Gebäude zusammengefügt, in dem seine „ideale Gesellschaft" wohnen konnte. Jeder Stein seiner Stadt hatte dabei eine bestimmte Bedeutung. „Mir ist aufgefallen" sagte Roberto, „dass die Gemeinschaft auf besondere Weise die Mitte der Welt bilden sollte. Genau wie sein Freund

Comenius stellte Andreae die reale Lebenspraxis eindeutig über jede Form von theoretischem Wissen. Sicher wollte er damit zu erkennen geben: Meine Schrift wirkt zwar auf den ersten Blick utopisch, aber sie ist doch bei ernsthaftem Bemühen realisierbar! “

„Da muss ich dir Recht geben“, bestätigte Jacques. „Denn ihm kam es darauf an, dass innerlich und äußerlich eine fein aufeinander abgestimmte Ordnung herrschte. Wie bei Campanella stand an der Spitze der Pyramide ein Triumvirat. Ich möchte euch mal einige Passagen zum Thema Regierung aus dem siebenundzwanzigsten Kapitel vorlesen: *Man muss alle Stufen der Tugenden bis zu dieser Würde emporsteigen. Und alle zusammen besorgen die Wohlfahrt des Gemeinwesens.* Was in ihrem Senat behandelt wird, betrifft die Wahrheit der christlichen Religion.“ Und Roberto fügte hinzu: „Genau genommen ist das eine Aristokratie, also eine Herrschaft der Besten und keine Monarchie. Begründet wird das so: *Sie wollen diese Ehre der Monarchie allein ihrem König Christus gönnen.* Also muss der dienende Charakter im Vordergrund stehen. Nur wer wahrhaft dient, also ohne Ehrgeiz oder Machtbestrebungen, kann richtig anleiten!“

William hatte sich besonders für das Kapitel „Von der Schatzkammer“ interessiert. „Dort fand ich Hinweise zu Gold, Silber, Geld und Blut: *Was man aber mit Blut erwirbt, das halten sie für das Allerteuerste.* Freilich meinen sie damit das teure Seelenblut, das jeder nur durch sein Leben mühsam erwerben kann. Deshalb schreibt Andreae auch etwas über die gültige Münzprägung in diesem Staat. Die Aufschrift der Münze heißt: *Ist Gott für uns, wer mag wider uns sein.* Auf der anderen Seite steht: Gottes Wort bleibt in Ewigkeit. Dieses Gepräge zeigt einen Adler mit einem Kreuz und ihre Stadt, die auf einem Buche liegt. Dazu schrieb Andreae: *So dient das Geld hier dem Menschen ohne Schaden!* “

„Auf Schritt und Tritt spürt man, dass alles geistig gemeint ist“, ließ sich Jacques vernehmen. „Das passt jedenfalls gut zum nächsten Kapitel ‚Vom Laboratorium‘. Gemeint ist hier die geheimnisvolle Umsetzung verschiedener Stoffe. Ich glaube sogar, dass das Kapitel über die Schatzkammer nicht zufällig dieser Betrachtung vorangestellt wurde. Man kann es vielleicht auch so ausdrücken: Nur, wer mit geistiger Münze bezahlen kann, darf in das Labor der heiligen Alchemie eintreten. Denn hier muss - so steht es geschrieben - der ‚Amme der Natur' allergrößte Aufmerksamkeit gewidmet werden. Am besten lese ich einmal, was dazu gesagt wird. Es heißt dort: *Hier wird der Himmel der Erde angetraut und es werden die der Erde eingeprägten göttlichen Geheimnisse entdeckt. Weiter unten wird ergänzt: Was durch den Fleiß der Alten aus dem Eingeweide der Natur für uns ausgegraben und ans Licht gebracht worden ist, wird hier der Prüfung unterzogen.* Das klingt sehr geheimnisvoll. Man versteht es vielleicht nicht auf Anhieb. Was meint ihr?"

Andreas meldete sich zu Wort. „Hier soll wohl die angedeutete Hochzeit zwischen Himmel und Erde einen Akt der Rückverbindung mit den höheren Mächten darstellen. Mit anderen Worten, es gibt immer einen reinen Schöpfungsgrund, gleichsam eine ursprüngliche Natur. Dem steht die irdische Natur mit ihrer Bewegung, ihrem fortwährenden Auf- und Niedergang gegenüber. So ohne Weiteres kann eine Verbindung zwischen diesen beiden unterschiedlichen Partnern nicht zustande kommen. Es sei denn ..." Andreas machte eine kleine Pause und schaute in die Runde. „Es sei denn, man entdeckt zuerst die der Erde eingeprägten göttlichen Geheimnisse. Wisst ihr, was ich meine? Ich denke da an eine Art Quantensprung. Es gibt doch so etwas wie ein unfertiges Leben, eine Art geistigen Samen, woraus der wirkliche Mensch erst erschaffen werden muss. Jeder einzelne Mensch steht letztlich in einer solchen Entwicklung, ganz gleich, ob er es weiß oder nicht. Andreae lüftet mit diesen Beschreibungen ein klein wenig das Geheimnis für all diejenigen, die das tiefer ergründen wollen. Jeder, der etwas davon erfasst, trägt dazu bei, die beiden so verschiedenen Naturen miteinander zu verknüpfen. Denn dann entsteht allmählich mitten in der alten Natur ein ‚Homo novus', ein neuer Mensch. Vielleicht kann man auch sagen, aus dem Urgrund steht ein neuer Mensch auf. Die Summe dieser neuen Menschen bildet eine Art Pyramidenspitze der Menschheit."

Mucksmäuschenstill hatten die drei Freunde Andreas zugehört. Das war mehr als eine bloß äußerliche Zustimmung. Roberto brach zuerst das Schweigen und sagte: „So also wird etwas Heiliges ans Licht gebracht, und dieses neue Dasein muss dann manche Prüfung bestehen.

Ich denke dabei auch ein bisschen an den ‚Stein der Weisen'. In einem der Kataloge aus Amsterdam wurden wir ja zu einer Betrachtung darüber angeregt. Hier spürt man es wieder: Es ist das gleiche Geheimnis!"

Und dann erwies sich Roberto aus dem Stehgreif als versierter Germanist. Er zitierte aus Goethes Faust genau die Stelle, die erklärt, wie es ist, wenn die beiden Naturen in keine höhere Verbindung treten können. „Wie sagt doch Goethe so klar und doch geheimnisvoll? Wenn sie, die Menschen, *den Stein der Weisen hätten, der Weise mangelte dem Stein!*"

Mit diesen Ausführungen war den Jungphilosophen klar geworden, dass durch die Feder von Johann Valentin Andreae ein ganz anderes Menschengeschlecht charakterisiert wurde als das gegenwärtige. Das Besondere aber war, dass man an keiner Stelle etwas wie Aussichtslosigkeit verspürte, ganz im Gegenteil: Der Appell zur Verwirklichung war positiv und eindeutig.

Die Freunde blätterten noch einige Kapitel durch, merkten aber bald, dass sie mit ihren Gedanken zum vorliegenden Werk nie zu Ende kommen würden. Deshalb beschlossen sie, sich für heute mit dem Erreichten zufrieden zu geben. Zuletzt entdeckte William im Kapitel „Von der Bibliothek" noch einen Satz, der alles wie ein geistiges Testament abrundete: „Dort steht: *Es lebe Christus in uns, das Buch des Lebens, woraus wir leichter und sicherer alles erlernen können!* Johann Valentin Andreae bekannte am Schluss seiner Schrift ‚Christianopolis': *Mich schmerzt nichts mehr, als dass mein Gedächtnis zur Vielfalt dieser Dinge zu ungenügend ist und ich nicht genügend Beredsamkeit habe, um all dem einen würdigen Ausdruck zu verleihen.*"

Ein Traum - die Mexikanische Sonnenpyramide

Am Mittwoch, dem 30. November wanderte William allein am Donauufer der Altstadtseite in Richtung auf das schöne gotische Ostentor zu. Wer in alter Zeit von Wien über Passau kommend in die Altstadt nach Regensburg wollte, musste dieses Tor und natürlich auch die Torwache passieren. Jetzt lag auf den pyramidenförmigen drei Dächern der Tortürme der erste Schnee. Romantisch sah das alles aus, und Schnee rieselte sanft und leise aus dem wolkenverhangenen Himmel. Der Uferweg direkt an der Donau markierte den ehemaligen Treidelweg. Dort zogen früher oft bis zu zwanzig hintereinander laufende kräftige Pferde die Schiffe an Seilen mühsam Donau aufwärts. Ganze achtundvierzig Tage dauerte es dann, bis die Fracht von Wien aus in Regensburg beim Salzstadl angelandet werden konnte.

William hatte viel Zeit zum Nachdenken. Und das war auch nötig, denn er hatte einen besonderen Traum aus der vergangenen Nacht zu verarbeiten, der ihn sehr beschäftigte. Gewaltige, erhabene und dann wieder beängstigende Bilder waren es, in die er mit seinem ganzen Gefühlsleben eingetaucht war. Wie war das noch? Er träumte, dass er auf der Steinernen Brücke direkt neben der einzigen Figur der Brücke - dem „Bruckmandl" - stand und bei Morgendämmerung in die schemenhaften Nebelbänke über der Donau sah. Angestrengt wie mit Röntgenaugen blickte er in den dichten Dunst, als ob es etwas zu entdecken gäbe. Und so war es auch. Denn plötzlich nahmen die Nebel einen grün oszillierenden Schimmer an. Ein wolkenverhangener Berg überragte das grünliche Nebelmeer und reckte sich mit seiner Spitze frei in die Höhe. Dann lichtete sich der Dunst mehr und mehr und gab den Blick auf eine gewaltige steinerne Pyramide frei. William fühlte sich augenblicklich in die schwere Feuchtigkeit des mexikanischen Regenwaldes versetzt. Er hörte die unterschiedlichsten Urwaldtöne: Zischen, Schreien, heiseres Brüllen, Kreischen und Zwitschern. Und mit einem Mal wurde er sich bewusst, dass er im Zentrum der gewaltigen Hochkultur Mexikos stand. Steil, in einem Winkel von mehr als fünfundvierzig Grad, führte eine Treppe zur Pyramidenspitze beziehungsweise zu einem Plateau mit akropolisartigem Abschluss. Jetzt war er selbst auf dem Plateau. Dort erhob sich ein Palastgebäude mit Zugang zu einem geräumigen Innenhof, in dessen Mitte sich ein monolithischer Altarblock befand. William blickte um sich und erkannte relieffförmige Figuren mit Federschmuck, in Stein gemeißelt. Er sah schlangenartige Fantasieformationen, rätselhafte Hieroglyphen, Kampfszenen bewaffneter Krieger und unnahbare Priester vor Opferschalen stehend, mit einem Steinmesser in den Händen und von gefiederten Schlangen umgeben.

Williams Empfinden ging zurück in die vorchristliche Zeit von Altmexiko. Er fühlte sich mit dieser rätselhaften Hochkultur verbunden. Finster und starr wirkten die riesigen Masken der Priester, und William konnte spüren, wie das einfache Volk der Indios der Priesterschaft mit größter Ehrfurcht - ja sogar mit Furcht vor dem Numinosen - gegenüberstand. War es nicht so, dass die Steinreliefe mit aller Macht verdeutlichen wollten, nur die Herrscher, die Priesterkönige ständen in Verbindung zum mexikanischen Götterhimmel?

Plötzlich glaubte William, in dieser präkolumbianischen Zeit zu leben. Er sah sich einigen Kalenderpriestern gegenüber, welche die Zeit und die Jahreszyklen wie einen Gott verehrten. Sie beobachteten aufmerksam von der Plattform aus den Lauf der Sonne. Ihr Trachten und Streben war ganz auf Ordnung und Gleichgewicht im Kosmos gerichtet. Hatten nicht die Königspriester dafür zu sorgen, dass die Sonne und ihre Gestirne die richtige Bahn einhielten? Denn allein davon hing auch die irdische Ordnung ab.

Die Priester meditierten über den Fluss der Zeiten und die Himmelsereignisse. William sah sich plötzlich hinter drei Priestern stehen, die angespannt und mit schreckgeweiteten Augen zum Himmel blickten. Was hatten sie entdeckt? Sie beobachteten, wie die Verbindung zum sichtbaren Sonnengott allmählich unterbrochen wurde. Millimeter für Millimeter schob sich der Mond vor den majestätischen Glanz der Sonnenscheibe, bis eine völlige Sonnenfinsternis erreicht war. Der unmittelbare Augenblick des Todes schien für den Kosmos bedrohlich nahe gekommen. Davor fürchteten sich Priester und Volk am meisten. Die Priester schritten augenblicklich in einen besonderen Palastraum und studierten eine große steinerne Tafel, die „Tafel des ewigen Rates". Jetzt waren sie ganz als kontemplative Astronomen tätig. William fühlte genau wie die Priester am ganzen Leibe eine ungeheure Anspannung und wäre am liebsten weggelaufen. Aber er konnte nicht; wie angewurzelt blieb er in dieser Atmosphäre stehen. Im gleichen Augenblick wachte er auf, aber die Bilder wirkten noch lebhaft nach.

Der mexikanische Schöpfungsmythos

Am nächsten Tag ging William in seine Buchhandlung und blätterte in einem großen Bildband über das alte Mexiko. Dort wurde von zahlreichen Indianervölkern berichtet. Was ihn aber besonders interessierte, waren die Abbildungen und Erzählungen zum Schöpfungsmythos dieser Völker. Und je mehr er sich in die Bilderwelt versenkte, desto mehr kam er zu dem Schluss: Hier handelte es sich um eine einmalige Hochkultur, die einen gewaltigen Bruch erlebte und dann grauenhaft entartete.

Da seine Eltern ihm ein Geschenk versprochen hatten, das er sich selbst aussuchen sollte, kaufte William das Buch und ging eilig in sein Lieblingscafé, um sich in aller Ruhe in die Darstellungen dieser einzigartigen Kultur des Glanzes und der Angst zu vertiefen. Nach kurzer Lektüre stieß er auf einen mexikanischen Schöpfungsmythos der Folgendes besagt:

Am Anfang gab es nur das ruhende All, lautlos und schweigend. Der Raum war gähnend leer. Kein Mensch, kein Tier, kein Baum, kein Strauch! Nichts als Schweigen. Aber plötzlich entstand das Urmeer, umflossen von einem leuchtenden Lichtkranz. Und es erschienen die erzeugenden Götter des Universums.

William legte das Buch zur Seite und dachte an die mythische Überlieferung bei Moses. Dort stand etwas sehr Ähnliches. Das verwunderte ihn. Was taten die Götter? Sie sagten nur „Erde", und die Erde war da! Vielleicht meinte die geweihte Sprache: „Habt Acht, die Urschöpfung geschieht zunächst außerhalb der Zeit. Die Zeit fließt erst allmählich ein." Und dann entstanden der Reihe nach die Tiere in Gruppen, aber sie konnten nicht sprechen. Sie zischten nur, sie schrien, sie brüllten, sie kreischten. Da beschlossen die erzeugenden Götter, ein Wesen zu schaffen, das gehorsam, verständig und ergeben sein sollte. So nahm nach etlichen Versuchen der Mensch Gestalt an.

William sah bei dieser Schilderung plötzlich den griechischen Halbgott Prometheus vor sich, wie auch er nach seinem Bild und Gleichnis Menschen aus dem Stoff der Erde schuf, denen der Göttervater Zeus oder die Göttin der Weisheit den Odem des Geistes einblies. Auch in der jüdischen Schöpfungsgeschichte des Moses war das ähnlich nachzulesen.

Der mexikanische Mythos sprach weiter von der Verehrung des Göttlichen durch den Menschen. Bei Moses hieß das: Du sollst keine anderen Götter neben mir haben! Offenbar stellten die meisten Götter solche Forderungen an ihre Priester.

Die Menschen sollten den Göttern Nahrung darbringen und die Erde bevölkern. Und am Himmel zogen Sonne, Mond und Sterne ihre Bahn. Die vier Himmelsrichtungen wurden bestimmt, wobei vor allem dem Osten und dem Westen eine besondere Bedeutung zukam. Rötlich schimmerte der Osten, weil die Priester dort die Richtung der aufgehenden Sonne und die Richtung der Wiedergeburt sahen, und im Westen sahen sie den Ort des Todes und des Untergangs in der Farbe Schwarz. So begann der Lauf der Erde mit ihren Kulturen und Geschöpfen.

Sehr eindringlich machte die Priesterschaft klar, dass gleichzeitig mit diesem erhabenen Schöpfungsbeginn auch die Zyklen der Zerstörung in Erscheinung traten. Und das verbreitete eine latente Angst bei den mexikanischen Völkern. In der Mitte der Welt stand der mächtige Weltenbaum, der die Erde mit dem Universum verband. Seine Wurzeln reichten in die schreckliche Unterwelt, den finsteren Ort der Fäulnis und Krankheit, der den Indios immer so nahe war. Dort hinunter musste die Sonne Tag für Tag, um unaussprechliche Gefahren zu bestehen, endlich wieder zu siegen und den Himmelsgang erneut anzutreten. Die Mayas und Azteken hatten keinerlei Hoffnung, dem Tod jemals zu entrinnen. Den Himmelsgang wieder anzutreten war nur den Priesterkönigen vorbehalten. Sie konnten als Götter auferstehen. Überhaupt galt in diesen Zeiten der Einzelne nichts, alles war dem hierarchischen Kollektiv untergeordnet und ausgeliefert. Nur die Spitze der Gesellschaftspyramide war alles. Da gab es die Häuptlinge, aus denen die Priester hervorgingen. Aus Priestern wurden Priesterkönige und aus diesen Götter. Den Priestern oblag die Pflicht, im Ritual die Götter zu verherrlichen und zu ernähren. Aber um welchen Preis! Gerade als William gespannt weiterlesen wollte, gesellte sich überraschend Andreas zu ihm. Dem war beim Gang durch die Gesandtenstraße kalt geworden, und so kehrte auch er kurzentschlossen in das Café ein, um sich mit einem Tee zu wärmen. Er schlug am Eingang den Schnee von seiner Mütze und hängte seinen langen Wollschal an den Kleiderhaken der Garderobe. Da sah er William tief versunken den Bildband studieren. Natürlich kam es zu einem langen Gespräch über Williams Traum und die Kultur im alten Mexiko.

„Komm, wir schauen uns das Ganze gemeinsam an. Da gibt es sicher noch viel Geheimnisvolles zu entdecken", schlug Andreas vor. Beide stießen auf die besonderen mexikanischen Feste des Sonnenuntergangs zum Zeitpunkt der Tag- und Nachtgleiche im Frühling und Herbst. Tausende kamen damals zu den Pyramiden, um das Schauspiel zu sehen, wie sich eine Schlange aus Licht und Schatten an der Pyramidentreppe herunterwand, bis sie den steinernen Schlangenkopf am Fuß der Pyramide erreichte und im Dunkel der Unterwelt verschwand. Über dem Tempelberg standen dann Venus und Jupiter in einer Linie. So wurden die Menschen Zeugen des Schicksalsgangs ihres Sonnengottes. Ihn galt es bei seinem schwierigen Kampf in der Unterwelt zu stärken, damit er der Erde wieder Licht und Wärme spenden konnte. Das Wasser spendete der Mond, der Zwillingsbruder der Sonne.

Durch ihn konnten die Felder gedeihen und die Ernte reich werden. Doch wehe, wenn diese Zyklen unterbrochen wurden oder ganz aus der Bahn gerieten.

Die Nahrung der mexikanischen Götter

„Wie war das mit den Opfern, die die Priester rituell für den Sonnengott zu bringen hatten?", fragte William und sah im Register unter dem Stichwort ‚rituelle Opfer' nach. Dort stand: *Wenn der König die Seele seines ganzen Volkes war; so diente sein priesterlicher Palast als das*

Herz des Volkes. Dort wurden zu bestimmten Zeiten zeremonielle Rituale vollzogen. Dazu waren allerhand Vorbereitungen erforderlich. Im Laufe der Zeit hatte sich eine ganze Kaskade von Opfern und Opferhandlungen entwickelt.

„Da bin ich aber gespannt, welche Überlegungen und Gefühle bei den Opferritualen maßgebend waren", sinnierte Andreas. „Zunächst wurden auf den Altären Pflanzenschösslinge und Speise- und Trankopfer dargebracht", antwortete William. „Die entwicklungsfähigen Samen vertraten das kleine Opfer, mit dem der Mensch symbolisch zu beginnen hatte. In späterer Zeit wurden Tiere geopfert. Der Lebensäther der Tiere sollte die Götter versöhnlich stimmen und stärken. Dann kam das Fastenopfer der Priester dazu. Wie soll man das verstehen? Was meinst du, Andreas?" „Fasten ist äußerlich gesehen, also rein materialistisch betrachtet, eine Art Reinigung, damit grobe Schlacken aus dem Körper ausgeschieden werden können. Beim rituellen Fasten wurde aber auch eine Art geistiger Disziplin geübt, das heißt die Priester machten sich innerlich empfangsbereit für eine intimere Verbindung mit der Götterwelt." „Ja, so könnte es wohl gewesen sein", stimmte William zu.

Auf der nächsten Seite hatte Andreas etwas ganz Wesentliches entdeckt und zeigte mit dem Finger auf die fett gedruckten Zeilen. Da stand: *Nur in den Adern des Priesterkönigs floss auch göttliches Blut. Deshalb war er in der Lage, den Gang der Gestirne in die richtigen Bahnen zu lenken. Und er war prädestiniert, ein größeres Opfer zu bringen, nämlich sein Blut. Durch einen rituellen Aderlass konnte er es den Göttern darbringen und dadurch die feinstoffliche Sphäre der Götter mit seinem Blut stärken.* Aber das war noch nicht alles. Durch Selbstkasteiung, Durchbohren der Zunge und anderer Körperteile wurde der Prozess der rituellen Handlung intensiviert. Denn die anwesenden Priester umringten ihn, fingen sein Blut in einer Schale auf und tanzten in Trance. Durch die damit verbundenen Kultgesänge konnten dämonische Kräfte tief in die Herzen der Anwesenden eindringen."

„So also wurden die vermeintlichen Götter genährt", bemerkte William. „Gleichzeitig wurden halluzinogene Drogen verwendet, sodass der Kreis der rituell Opfernden wortwörtlich außer sich war. Mir kommt das alles so vor, als ob die Opferzeremonien allmählich auf die schiefe Bahn gerieten und dadurch eine scheußliche Entartung entstand." „Auch im christlichen Kultgeschehen früherer Zeiten kennt man verwandte Bräuche", sagte Andreas. „Wenn wir nur an die große Zahl der Flagellanten im ausgehenden Mittelalter denken. Da gab es auch verzückte Arten der Selbstpeinigung, der zwanghaften Gewaltanwendung an der unschuldigen Physis, wenn ich das mal so sagen darf. Wer oder was sollte da gebessert werden? Zum Glück hat man das wieder aufgegeben. Aber kommen wir noch einmal auf das zurück, was wir bisher zusammengetragen haben: Der rituelle Blutkult mit Fasten, Trance, Verzückung und Aderlass war nach Überzeugung der Priesterschaft nötig, um wie die Sonne die Seelenreise in die Unterwelt anzutreten und nach siegreichem Kampf die Himmelsbahn wieder zu besteigen. Dabei gab es doch in den ganz alten Zeiten einen so guten Ansatzpunkt." „Was meinst du damit?"

„In den frühesten Ritengeboten Mexikos heißt es: *Wer wirklich in Einklang mit den Gesetzen des Alls, dem Schicklichen und Rechten steht und lebt, wird ein reines, ruhiges Herz besitzen und ist an einem würdigen Antlitz erkennbar.* Hier ist in wenigen Worten doch alles gesagt. Und damit keine Verwechslung entstand, wurde auch das Gegenteil aufgezeigt: *Wer sich vom Einklang entfernt, zerstört sein Dasein. Er leidet an einem erregten Herzen, das ohne Ziel umhertreibt, und ist an einem widerwärtigen Antlitz erkennbar.* Nur wenn sie das beherzigten, konnten sich die Priester wahre Verdienste erwerben. Aber das muss durch den Einfluss abartiger Kraftkonstellationen vollkommen in Vergessenheit geraten, ja, verdrängt worden sein. Denn offensichtlich wurde mit der Zeit die gesamte Kultur Mittelamerikas atmosphärisch eingekerkert und zu einer freiheitlichen Entwicklung unfähig."

Es war spät geworden, und das Café schloss allmählich. Andreas und William nahmen sich vor, den anderen Freunden beim nächsten Treffen von ihren aufregenden Entdeckungen zu berichten.

Das Kreuz und die Sonnenfinsternis

Als die Freunde Anfang Dezember wieder zusammenkamen, nutzten William und Andreas die Gelegenheit, über die präkolumbianische Kultur Mittelamerikas zu sprechen. In einem Völkerkunde-Lexikon hatte William noch eine sehr aufschlussreiche Erklärung zum Wort Mexiko gefunden. Demnach bedeuten die drei Silben von Mexiko: Wenn sich Sonne und Mond begegnen! Beide Gestirne haben zu allen Zeiten die Gemüter der Menschen bewegt. Ja, bis hinein ins Christentum reicht diese Bildersprache der Mayas. William erklärte: „An vielen Orten findet man ein aufgerichtetes Kreuz und links oberhalb des waagerechten Balkens den Mond und rechts die Sonne. Mir kommt das so vor, als ob das Bild des Mondes die Vergangenheit ausdrücken soll und das Bild der Sonne die Zukunft und beide in einem geheimnisvollen Zusammenhang stehen. Das Kreuz scheint dabei eine vermittelnde Funktion einzunehmen. Wenn ich das so auf mich wirken lasse, sehe ich eine gewisse Parallele zu den Beobachtungen der mexikanischen Kalenderpriester. Ist das Zufall oder nur mein ganz persönlicher Eindruck?"

„Nein, das ist kein Zufall", sagte Andreas, „erst neulich habe ich einen Schlussstein mit genau dieser Symbolik in der alten Pfarrkirche von Königslutter bei Helmstedt gesehen. Wenn man dann noch über die Sonnenfinsternis nachdenkt, erscheint all das in einem eigenartigen Licht. Bei den Mexikanern damals herrschte Angst, wenn plötzlich der dunkle Mond dominierte und die Sonne verschwand. Ihrer Meinung nach stand dadurch die Zukunft ihrer Welt in Frage.

Aber im Christentum kann dieses Ereignis auch ganz anders gedeutet werden. Da erscheint eine vollkommen andere Sonne, die Sonne des Christus, sie strahlt und blendet zugleich. Und das Blendende ist wie tiefste Finsternis für Augen, die geistig noch nicht geöffnet sind. Die Vergangenheit und alle üblichen Zukunftserwartungen scheinen ausgelöscht. Vielleicht heißt das, dass die Erde vor einem absoluten Neuanfang steht, der Schritt für Schritt erkundet werden muss. Das wäre dann natürlich keine astronomische Sonnenfinsternis, die durch den sichtbaren Mond hervorgerufen wird."

Andreas Überlegungen gefielen den Freunden. Sie orakelten noch einige Zeit hin und her, kamen aber zu keinem eindeutigen Ergebnis. Gut gelaunt verabschiedeten sie sich und vereinbarten, bereits übermorgen wieder zusammenzukommen.

Das war Sonntag, der 4. Dezember, der zweite Advent. Frau Kammermeier, die Vermieterin, hatte für ihre vier Jungphilosophen schon eine Woche vorher einen altdeutschen Adventskranz mit Strohsternen, Schleifen in golddurchwirktem Altrosa und vier honigfarbenen Kerzen in Williams Maleratelier gestellt. Dort machten es sich die Freunde am Nachmittag gemütlich. Zu Gespräch und Tee zündeten sie sich die beiden Kerzen für den Adventssonntag an.

William legte den Bildband von Alt-Mexiko auf den Tisch und schlug eine farbige Seite auf, wo der rituelle Blutkult in drei Szenen dargestellt war. Den dazu gehörigen Text hatte er genau studiert. Was man hier sah, ging über die übliche Vorstellungskraft eines Menschen hinaus. Am rechten Bildrand sah man einen heftigen Kampf zwischen einem gefiederten Adler und einem zähnefletschenden Panther, der seine Krallen angriffslustig ausgefahren hatte. William erläuterte: „Es geht hier um Blutvergießen in allen Variationen. Zu Zeiten der Dürre und des Mangels verordnete der Priesterkönig einen Heiligen Krieg gegen Nachbarvölker, um Sonnengott und Mondgott zu versöhnen, damit das eigene Land wieder fruchtbar und ertragreich wurde. In der Sprache des rituell entarteten Kultes hieß das: sich Verdienste bei den Göttern erwerben. In solchen Schlachten ging es darum, die Gegner möglichst unverletzt gefangen zu nehmen. Der wichtigste Gefangene war dabei der Anführer des gegnerischen Volkes. Adler und Panther stellen die beiden Parteien dar. Wer unterlag, wurde rituell auf grausame Weise geopfert. Dabei wurden nicht etwa durch Selbstopfer ‚die Verdienste erworben', sondern durch Menschenopfer. Das Blut und das Leben der Gefangenen sollten dazu dienen, die vermeintlichen Götter zu stärken. Tausende von Gefangenen wurden nach dem so genannten ‚Heiligen Krieg' zur Tempelpyramide geführt und mussten nacheinander die steilen Treppen bis zur Plattform der Pyramide erklimmen. Dort wurden sie auf dem Altar geopfert."

Jacques hatte einmal so etwas Ähnliches auf einer Abbildung im Louvre gesehen. Die Szene ging ihm schon damals lange nach. Jetzt war die Erinnerung wieder geweckt, und er stellte fest: „Es ist kaum zu glauben, dass die Führer einer Kultur so verblendet sein können, wie wir das hier sehen. Denn die Priesterschaft war allen Ernstes der Meinung, dass Menschenopfer das beste Mittel seien, um den geordneten Gang der Sonne auf ihrer Bahn zu gewährleisten. Aber im Lateinamerikanischen Museum von Sevilla habe ich vor zwei Jahren einen Kommentar zu den alten Vorschriften gelesen, der ganz andere Anweisungen an die Priesterschaft enthielt. Diese Anweisungen haben offenbar eine übertragene Bedeutung: Der oberste Gott soll dem Priesterweisen geraten haben, nur Schlangen und Schmetterlinge zu opfern. Ich konnte das damals wie heute nur symbolisch verstehen, denn es ging eindeutig um die Schlangen der Weisheit, die schon in der Antike bei den Völkern im Mittelmeerraum so eine große Rolle spielten. Weise und klug sollte das Priestergeschlecht sein und auch so handeln. Der Schmetterling wiederum war das Symbol für die erforderliche Seelenverwandlung. Nur wer innerlich zur Ruhe kommt und bereit ist, sich verwandeln zu lassen, kann den Weg von der Raupe bis zum Schmetterling zurücklegen. Es geht also um die Entfaltung des Geistes."

Prüfung des Herzens

Diese Erklärung leuchtete den Freunden ein, und William sagte: „Jetzt verstehe ich auch den ‚Kult der gefiederten Schlange'. Sie muss es gewesen sein, die ursprünglich den Schöpfergott verkörperte, denn der oberste Priester trug ein Gewand, auf dem eine gefiederte Schlange dargestellt war. Aber welche Barbarei entwickelte sich mit der Zeit."

„Ich weiß nicht recht", bemerkte Roberto, „irgendwas gefällt mir nicht an diesem Thema. Alles, was wir wissen, ist mehrfach überbracht, interpretiert und meist aus europäischem Blickwinkel betrachtet - oft sogar aus dem der Eroberer, die damals die mexikanischen Indios zu Hunderttausenden hingeschlachtet haben. Das ist verbrieft. Menschenopfer wurden wohl tatsächlich gebracht, aber in welchem Ausmaß, aus welchen Motiven - darüber gibt es sehr verschiedene Berichte. Gerade kürzlich erzählte mir meine Schwester, sie habe einen Artikel gelesen, worin die Möglichkeit beschrieben wird, dass all diese rituellen Opferungen allegorische Darstellungen gewesen sein könnten, die von den Konquistadoren missverstanden und später zu Horrorgeschichten umgeschrieben wurden."

Für einen Moment wurde es ganz still im Raum, dann antwortete Jacques: „Ich glaube, ich verstehe, was du meinst, Roberto: Wir sollten nicht über eine Religion und ihre Entwicklung urteilen, über die wir so wenig wissen und die sich uns wegen ihrer Fremdartigkeit auch kaum wirklich erschließt. Zumindest hat sie wunderbare Kunstwerke hervorgebracht und sicher auch eine Phase großer innerer Reinheit erlebt. Erinnert euch nur einmal an die frühesten Ritengebote, von denen Andreas berichtet hat."

Andreas war sehr ernst geworden. Nach einer kurzen Pause sagte er leise: „Jacques, du hast Recht, wir sollten jeden fremden Glauben vor allem erst einmal achten, auch wenn er irgendwann entartet ist. Kam das nicht in fast allen Religionen vor? Vielleicht in gewisser Weise auch in der unsrigen? Ich empfinde plötzlich einen Zusammenhang, der euch hoffentlich nicht zu weit hergeholt erscheint: Könnte es nicht sein, dass die tief und ernsthaft glaubenden Indios in den frühen Zeiten einen inneren Drang, eine Sehnsucht verspürten, ihr Herz dem Göttlichen zu öffnen, es ihm zu opfern? Vielleicht glaubten sie, jeder solle das tun und stellten es dann bildlich so dar, als schneide einer dem anderen die Brust auf, um sein Herz von der stofflichen Hülle zu befreien. Ich will damit sagen, dass man bei Dingen, die man nicht ganz genau weiß, zu sehr unterschiedlichen Eindrücken und Assoziationen kommen kann."

William nickte: „Es stimmt, Freunde, was damals in Mexiko geschehen ist und was es für Gründe hatte, können wir wirklich nicht mit Sicherheit behaupten. Vielleicht sollten wir uns aber fragen: Welche Bedeutung stand dahinter? Wofür könnte all das ein Bild sein? Es ist doch auffällig, dass wir immer wieder und überall dem Herzen begegnen. Alles scheint sich um das menschliche Herz zu drehen. Ich kann deine Gedanken gut nachvollziehen, Andreas. Wird nicht das Herz in allen ursprünglichen Religionen, in der ganzen Weltliteratur und vor allem in der Lyrik immer wieder als das Kostbarste und Heiligste bezeichnet, das der Mensch zu verschenken hat?"

Das erinnerte Jacques an ein Kollegium in Paris zur kulturgeschichtlichen Betrachtung des Alten Testaments. Dort hatte der Dozent im

Hinblick auf die Bedeutung des Herzens auf einen Spruch Salomos hingewiesen: *Behüte dein Herz mit allem Fleiß, denn daraus geht das Leben hervor.* Es war auch gesagt worden, dass Aristoteles eindeutig davon gesprochen habe, das Herz sei die „Akropolis des Körpers".

„Laut Aristoteles", sagte Jacques zu seinen Freunden, „liegt ausschließlich im Herzen das Prinzip des Lebens, jeglicher Bewegung und Empfindung. Auch das Gemüt und der Verstand wohnen im Herzen."

Ein fremdes Herz in der eigenen Brust

Roberto griff in seine Mappe und legte den Freunden einen Ausschnitt aus der Stuttgarter Zeitung vom Ende des vergangenen Jahres vor. Die Überschrift lautete kurz und bündig: „Seelenwanderung". „Ich habe euch etwas mitgebracht, das gut zu unserem Thema passt, wenn auch auf merkwürdige Weise. Der Autor fühlte sich veranlasst, auf den 3. Dezember aufmerksam zu machen. Das war übrigens das Datum von gestern."

„Ja, und? Was steht denn in dem Artikel?" wollte Andreas wissen. „Sybillinisch möchte ich sagen: Wenn man etwas gut meint, erreicht man dadurch noch lange nicht das Gute! So ist es auch mit diesem Zeitungsartikel. Zunächst hatte ich gedacht: Das ist sicher ein populärer Kommentar zur orientalischen Esoterik. Aber das traf nicht zu. Es ging ausschließlich um das Herz und um Organtransplantation! Dem südafrikanischen Chirurgen Christiaan Barnard gelang am 3. Dezember 1967 die erste Herztransplantation. Mittlerweile liegen schon viele Erkenntnisse über das Schicksal von Patienten mit einem fremden Herzen vor. Das Problem der Abstoßungskrisen war das Erste, was man zu bewältigen suchte. Davon handelt auch der Artikel, den ich damals aufgehoben habe. Ich lese euch das am besten einmal vor: *Patienten mit einem neuen Herzen nach Herztransplantationen übernehmen Charaktereigenschaften des Spenders. Jeder zweite Empfänger hat nach der Operation gravierende psychische Probleme wie Identitätsverlust oder gar Persönlichkeitswechsel. Wandert die Seele mit? Mit einem fremden Herzen in der eigenen Brust beginnen Menschen Dinge zu mögen, die sie früher abgelehnt haben. Da bekommt die Seelenwanderung plötzlich eine neue Bedeutung.*

Soweit der Artikel. Ist das nicht eine erschreckende Vorstellung? Ich habe mich natürlich auch gefragt, was ist mit dem Opfer, pardon, oder soll ich sagen mit dem Spender? Der wird nach seinem Tod wie ein alter Motor einfach auseinandergenommen. Immer wieder sieht man ja auch auf Bildern aus Operationssälen, wie eine OP-Mannschaft in blaugrünen Kitteln und mit Mundschutz einen OP-Tisch umringt. Man erkennt die Infusionsgeräte und die Herz-Lungen-Maschine mit ihren Zu- und Ableitungen, deren Schläuche zum Patienten führen. Ist das nicht, als ob feinstoffliche Lebensreaktionen, die mit dem körperlichen Tod ja nicht sofort abreißen, durch den Eingriff ausgetauscht beziehungsweise miteinander verlötet werden? Man greift auf fragwürdige Weise nicht nur in das Schicksal des Empfängers ein, sondern auch in das Gesamtsystem des so genannten Spenders. Seid ihr nicht auch davon überzeugt, dass unser Leben nach dem physischen Tod auf irgendeine Weise weitergeht? Weist nicht alles, was wir bei unseren Forschungen zusammengetragen haben, in diese Richtung? Dazu fällt mir übrigens ein mexikanischer Mythos ein, der sagt, nach dem Tod eines Menschen fliege seine Seele so lange als Kolibri um die Sonne, bis sie gereinigt ist und wieder in einen neuen kleinen Menschen eingehen kann. Also gab es auch dort in den frühen Zeiten ein Wissen um die Reinkarnation."

„Alles wiederholt sich in der Geschichte", sinnierte Andreas. „Mir ist, als ob das auch für das Herzopfer zutrifft. Einst zog sich der Geist aus einer dekadent gewordenen religiösen Kultur zurück. Heute scheint der Wissenschaft alles möglich und auch erlaubt zu sein. Wer weiß, vielleicht ist sie bereits dabei, Menschen zu klonen! Sie lebt von einem hohen Grad an Intellektualität und Logik - vom Geist durchdrungen scheint sie nicht zu sein! Auch kann man beobachten, dass die Explosion wissenschaftlichen Denkens bei aller Logik und Berechnung manchmal zu Kollisionen auf moralischem Gebiet führt. Ich meine, das Nützlichkeitsdenken in der Wissenschaft wird nicht gerade von geistigen Impulsen gelenkt. Man könnte glauben, Goethe hätte bestimmte Verse aus seinem Faust gerade für unsere Zeit verfasst. Besser gesagt: Der Geist führte Goethe dabei die Feder! Wirken diese Verse nicht gleichzeitig zynisch und doch auch aufrüttelnd?

Wer will was Lebendiges erkennen und beschreiben,
sucht erst den Geist heraus zu treiben,
dann hat er die Teile in der Hand,
fehlt leider nur das geistige Band.
Encheiresis naturae nennt's die Chemie,
Spottet ihrer selbst und weiß nicht wie.

Natürlich habe ich in meinem Griechisch-Lexikon nach dem Begriff ‚Encheiresis' nachgeschaut. Da stand aber nichts. Es ist mal wieder eine der gelungenen Wortschöpfungen Goethes, hier auf altgriechischem Terrain. Doch man kann das ganz gut übertragen. Es heißt soviel wie: Handreichung. Goethe wollte sagen, der Weg des kalt naturwissenschaftlichen Denkens ist ein Weg der Loslösung von der ursprünglichen Natur des Geistes. Trotz allem solltet ihr natürlich meine Gedanken nicht als Plädoyer gegen jede Art von Forschungsinitiative auf naturwissenschaftlichem Gebiet verstehen. Manches ist durchaus wichtig und hilfreich, aber manches greift auch in den Schöpfungsplan ein, und das steht uns Menschen nicht unbedingt zu."

Aufbruch in den Westerwald

Heute war Nikolaustag, der 6. Dezember, Tag der Geschenke. Ein besonderer Tag auch für die vier Studenten. Sie hatten vereinbart, sich am alten Salzstadl an der Steinernen Brücke der Donau zu treffen. William war der Erste, der dort gegen 10 Uhr am Vormittag auf seine Freunde wartete. Bei mäßigem Wind zogen die Wolken langsam am Himmel ihre Bahn. Ab und zu wirbelten Schneeflocken tanzend hernieder. William hatte sich einen langen Schal umgebunden und beobachtete das Schneetreiben und die Donaustrudel unterhalb der Brückenjoche. Da trafen auch die anderen ein. Sie hatten sich zur Feier des Tages im Café im ersten Stock verabredet, wo sie auch gleich einen schönen Tisch direkt am Fenster mit Eckbank und freiem Blick auf die Donau ergattern konnten. Sofort kam eine freundliche Bedienung im altbayerischen Dirndl mit Rüschenschürze und breiter Schleife auf dem Rücken. Sie nahm die Bestellung für Vanillekipferl, Kaffee und Tee auf und stellte eine geschmückte Adventskerze auf den Tisch. Jetzt war es so weit, Andreas konnte für die Freunde Nikolaus spielen.

„Ratet mal, was ich für euch - beziehungsweise uns - als Geschenk mit gebracht habe?" Die Freunde ahnten es, wollten aber nicht so recht daran glauben: Durch die Vermittlung aus Amsterdam war endlich der ersehnte Termin für Birnbach gefunden, und sie wurden bereits morgen, am 7. Dezember, zum Gespräch erwartet. Da sie flexibel waren, beschlossen sie, schon um 6 Uhr früh mit dem Auto loszufahren, um nicht zu spät in Birnbach anzukommen. Es war immerhin eine Fahrt von über fünfhundert Kilometern. Doch das war nur das erste Geschenk, das Andreas bereithielt. Als zweites zog er aus seiner Tasche ein dickes Buch heraus und überreichte es mit den Worten: „Ich habe euch auch noch einen alten Katalog aus dem Germanischen Museum in Nürnberg mitgebracht, der meinem Vater gehörte und der die Geschichte und Kultur des jüdischen Lebens bis ins vorige Jahrhundert dokumentiert. Besonders aufschlussreich ist dabei das Leben der jüdischen Gemeinde in Regensburg vom Mittelalter bis in die Zeit der Renaissance. Ich habe das Gefühl, dass wir in diesem Katalog etwas finden werden, das mit unseren Forschungen zu tun hat."

Unter dem Siegel Salomos

Von 1200 bis kurz nach 1500 galt die jüdische Gemeinde von Regensburg als die absolut bedeutendste in Bayern, denn hier war auch das geistige Zentrum mit seiner berühmten Talmudschule zu Hause. Darüber erzählte Andreas seinen Freude viele Details. „Hier wirkten mehrere bedeutende jüdische Gelehrte. Die jüdische Gemeinde lebte in einem abgegrenzten Stadtteil, dem so genannten Judenghetto, war dort aber nur relativ sicher. Wenn zum Beispiel die Pest ausbrach oder die Bürger in Not gerieten, suchten sie immer einen Sündenbock für das Unglück, und das waren jeweils die Juden. Man versuchte dann, sich an Hab und Gut der jüdischen Gemeinde zu vergreifen. 1349 konnten einige führende Regensburger Bürger solche Übergriffe gerade noch im letzten Moment verhindern. Oft tat dies auch der Kaiser persönlich, zuletzt Maximilian I., der die Regensburger Juden als Geldgeber schätzte und deshalb für die Sicherheit der Gemeinde einstand. Als er 1519 starb und die wirtschaftliche Not in der Bevölkerung groß war, brachen alle Dämme der Zurückhaltung. In dieser ‚kaiserlosen Zeit' wurden am 21. Februar 1519 alle Juden vertrieben, die Synagoge niedergerissen und der jüdische Friedhof mit über viertausend Grabsteinen völlig verwüstet. Sogar bis in die Wachau fand man verstreute jüdische Grabsteine." „Da kamen sicher auch viele Menschen um, Frauen, Kinder, alte Leute. Hatten die Bürger denn gar kein Gewissen?", fragte William.

„Manche schon. Da ist zum Beispiel der Maler der berühmten Donaumalschule. Ich meine Albrecht Altdorfer, der ab 1499 Stadtbaumeister und Ratsherr in Regensburg war. Er zeigte eine sehr zwiespältige Haltung. Zuerst stimmte er als Ratsherr der Entscheidung, dass die Juden vertrieben werden sollten, zu. Man muss bedenken, dass die Juden seit dem Jahr 800 eine bedeutsame Gemeinde in Regensburg bildeten. Aufgrund persönlicher Gewissensbisse hat Altdorfer wenig später ein ganz bekanntes Marienbild mit Kind gemalt, gleichsam als Sühne für seinen aktiven Beitrag zur Ausweisung der Juden."

„Ich glaube nicht, dass man auf diese Weise etwas ungeschehen machen kann", gab Roberto zu bedenken. Und dann fanden die Freunde beim Durchblättern des Katalogs noch etwas Besonderes zum Schaffen Altdorfers als Stadtbaumeister. Von ihm stammen zwei sehr schöne Radierungen von der Regensburger Synagoge. Roberto zeigte auf die Abbildungen. „Schaut mal her, hier seht ihr eine wunderbare Innenansicht. Die Synagoge wurde zur Zeit des Übergangs von der Spätromantik zur Frühgotik gebaut. Wir sehen hier eine zweischiffige Halle mit hohen schlanken Säulen und dem dazu gehörigen Kreuzrippengewölbe. Man erkennt auch das Monogramm Altdorfers am Bildrand unten und den lateinischen Hinweis ‚FRACTA 21 DIE FEB / ANN. 1519'. Das ist das offizielle Zerstörungs- oder Abbruchdatum."

Roberto blätterte ein paar Seiten weiter und stieß plötzlich auf eine Abbildung des Siegels der Regensburger Judengemeinde. Es wurde seit 1297 verwendet. Im Zentrum befand sich der sechszackige Stern neben einem zunehmenden Halbmond. Das Siegel wurde bei der Beglaubigung höchst wichtiger Angelegenheiten verwendet. Zum Beispiel pflegte man bedeutende Rechtsangelegenheiten in Anwesenheit christlicher Zeugen damit zu beglaubigen.

Als Roberto nachdenklich den Sechsstern studierte, wurde er an seine Schulzeit in Padua erinnert. Genau genommen war es wieder eine Begegnung mit seinem Lehrer Umberto. Über die Jahre hin hatte sich zwischen ihm und Umberto eine unausgesprochene innere Beziehung, eine Art Seelenverbindung gebildet. Umberto war es nicht verborgen geblieben, dass Roberto besonders aufmerksam zuhörte, wenn er hintergründige Dinge ansprach. Roberto wusste nicht mehr genau, bei welcher Gelegenheit Umberto auch über das Hexagramm gesprochen hatte, das man hier in der Mitte des Siegels sah. Er hatte es das „Siegel Salomos" genannt und von der jüdischen Religion als einer der Urreligionen des Orients gesprochen. Sehr leise sagte damals Umberto: „Durch diesen Stern werden alle Dinge erhellt." Dann hatte er noch hinzugefügt: „Der Stern zeigt, wie eine vollkommene Harmonie zwischen dem täglichen Leben und dem Geistigen zustande kommen kann."

Umberto erzählte auch vom Wesen des Salomonischen Urteils, aber mittendrin klingelte es, und die Schulstunde war zu Ende. Roberto verließ als letzter den Unterrichtsraum und kehrte nach einigen Augenblicken noch einmal zurück. Was ihn dazu veranlasste, wusste er nicht. Es war wie ein magnetisches Band, das ihn wieder zu seinem Lehrer zurückführte.

„,Gibt es über den Stern des Salomo nicht noch mehr zu erzählen?', habe ich schüchtern und erwartungsvoll gefragt. ,Ja', sagte Umberto und sah mich lange durchdringend an. Im nächsten Moment fuhr er fort: ,Es ist das Siegel der Weisheit, verstehst du das?' Ich schüttelte den Kopf. ,Ich will dir, so gut ich kann, etwas mehr davon erzählen.' Damit zog er ein Heft aus seiner Tasche und las mir ein Zitat aus dem achten Kapitel der Sprüche Salomos vor. Dort heißt es: *Als ich die Fundamente der Erde abmaß, da hatte ich meine Lust an den Menschenkindern. So hört nun auf mich, meine Söhne. Wohl denen, die meine Wege einhalten. Wer mich findet, der findet das Leben. Wer mich verfehlt, der zerstört sein Leben!*

Es kam damals zu einem langen Gespräch über das, was Leben im salomonischen Sinn bedeutet. Umberto zeigte mir, dass das Siegel Salomos aus zwei Dreiecken besteht und wie das eine mit der Spitze nach unten von oben her in das zweite Dreieck eintaucht, bis sich beide durchdringen. Und dann sagte er ganz beiläufig: ,Wir Freimaurer sprechen bei diesem Ereignis der Durchdringung vom ,Salomonischen Tempelbau' oder von der spirituellen Vereinigung von Wasser und Feuer, das heißt von Geist und Urmaterie oder von Gott und Mensch. So muss es wieder werden, wenn der Plan erkannt wird. Aber es gelingt uns nur langsam, uns diese Weisheit anzueignen. Sie dringt nur in den Menschen ein, wenn er auch danach zu leben beginnt. Dann kann er nicht mehr der gleiche bleiben.' Umberto sprach geheimnisvoll von ,Selbstveränderung'! Und dann verriet er mir: ,Salomo ist der den Plan Ergründende. Er ist gleichsam ein Bauherr. Aber trotzdem ist er nicht der Erbauer. Der Erbauer ist noch etwas Größeres. Der Erbauer und der Bauherr müssen im selben Menschen zusammenfinden. Wer zum Erbauer heranreift, ist ein König, größer als Salomo. In der Bibel steht sein Name angedeutet mit Hiram. Sein Wahrzeichen ist die Sonne, die bis in die Finsternis leuchtet, um dort zu bauen.'

Bei der Betrachtung des Siegels fiel mir damals der zunehmende Mond auf. Bei Neumond ist es ganz dunkel. Dann taucht der salomonische Stern auf und ruft die Sonne zu Hilfe. Allmählich weicht die Dunkelheit, und ein Glanz beginnt zu strahlen, der immer mehr zunimmt. Umberto berichtete auch von seiner Loge in Florenz. Dort gibt es Lehrlinge, Gesellen und Meistergrade. ‚Aber diese Stufen werden mitunter nur gesellschaftlich gesehen und nicht in ihrer wahren Bedeutung, dadurch wird die eigentlich befreiende Maurerarbeit verraten. Es geht doch um Folgendes: Wir Menschen müssen als ehrliche Freimaurer durch die Art unseres Lebens in der Tiefe des eigenen Wesens an einem unsichtbaren Tempel für den Geist bauen. Das ist ein Ereignis ohne den Lärm eines eisernen Hammers. In der Legende von Meister Hiram wird über die Schwierigkeiten bei dieser Arbeit berichtet und dass immer wieder Verrat droht. Der Meisterbauer bleibt aber unbeirrt und unermüdlich bei der Arbeit und erhält schließlich die unumstößliche Gewissheit, dass er einmal, wenn innerliche und äußerliche Schwierigkeiten überwunden sind, viele ehrliche Nachfolger haben wird.‘

Mit meinen eigenen Gedanken konnte ich das Großartige damals nicht voll erfassen, aber ich hatte ein untrügliches Gespür dafür, dass das alles der Wahrheit entsprach.“

Während Roberto redete, entstand in seinen Freunden eine deutliche Erkenntnis, alle fühlten sich erhoben und angespornt. „Diese Nachkommen sind es also, auf die es ankommt. Jeder Mensch ist innerlich zum Baumeister berufen. Allerdings muss er das Talent dazu in sich entdecken und anwenden.“

Mit diesen Gedanken trennten sich die Vier in großer Erwartung auf den morgigen Tag. Am Ausgang des Salzstadls sagte Roberto noch kurz: „Die Nachkommen des Hiram in ihrer Gesamtheit bilden offenbar eine utopische Gesellschaft.“

Auf der Fahrt nach Birnbach

Durch die Vermittlung von Herrn Ritman kam das ersehnte Gespräch am 7. Dezember 2005 in Birnbach zustande. Telefonisch hatten die Freunde noch den Ratschlag bekommen, das Büchlein „Christianopolis“ aus der Feder von Johann Valentin Andreae mit einer Interpretation des Gründers des heutigen Goldenen Rosenkreuzes,

Herrn Jan van Rijckenborgh, durchzuarbeiten. Darüber sprachen sie sehr eingehend auf ihrer fünfstündigen Fahrt in den Westerwald. Die Zeit verstrich wie im Fluge.

Roberto berichtete zu Beginn, wie Rijckenborghs Interpretation zustande gekommen war: „Es handelt sich um verschiedene Ansprachen vor einem kleinen Kreis interessierter Menschen zu Beginn des Zweiten Weltkriegs. Sicher war es damals nicht ganz einfach, sich als Gruppe zu treffen, denn das öffentliche Leben war im kontinentalen Europa durch den Kriegsausbruch sehr unter Druck geraten."

Jacques ergänzte: „Anders als bei unserer Betrachtung hat der Autor von Anfang an großen Wert darauf gelegt, die besondere Situation eines einzelnen Ankömmlings in ‚Christianopolis' unter die Lupe zu nehmen. Er hat nämlich dargelegt, dass dieser als Schiffbrüchiger wie etwa Odysseus ganz allein auf die Insel ‚Capha Salama' verschlagen wurde, auf der die quadratische Christenstadt lag. Bezeichnenderweise kann man den Doppelnamen ganz gut übertragen als ‚Weisheit durch innere Intelligenz'. So habe ich das zumindest herausgelesen. Schon allein das deutet darauf hin, dass es sich um eine echte Utopie handelt. Auf der Insel herrschte ein geheimnisvoller Überfluss. Aber auch zum Schiffbruch muss man wohl noch etwas sagen."

Andreas meinte: „Es scheint so, als ob der Reisende ein bewusstes Wagnis einging, indem er sich auf dem Schiff ‚Phantasie' einschiffte. Gleichzeitig fuhr dieses Schiff im Zeichen des Krebses. Das hat natürlich auch eine Bedeutung." William spann den Gedanken weiter und sagte: „Eine Krebsnatur ist in jedem Fall etwas sehr Empfindliches oder sagen wir Empfindsames. Hier hat man den Eindruck, als werde im Gegensatz zum natürlichen sensiblen Menschen eine Sensibilität für andersartige, höhere Einflüsse angedeutet. Die ‚Phantasie' fuhr übrigens nicht sehr weit, sondern zerschellte bald im Sturm wie ein Luftschloss. Mir ist auch aufgefallen, dass der Autor die Dreiecksform der Insel hervorhebt. Die Eckpunkte nennt er ‚Güte, Wahrheit und Gerechtigkeit'. Das sind freimaurerische Symbole, die sich gegenseitig bedingen und ergänzen. Vielleicht kann man auch sagen, wir sehen ein höheres Gleichgewicht bestimmter Fähigkeiten vor uns."

Ein hohes Eintrittsgeld in Christianopolis

„Zugang zu diesem inselförmigen Dreieck gewinnt man wohl kaum mit seinen natürlichen Charaktereigenschaften. Auch wenn ein Mensch eine sehr gute Basis hat, muss er doch erst einmal aus seinem gewöhnlichen Gleichgewicht gebracht werden. Mit einem Wort, er muss Schiffbruch erleiden, anders gelangt er nicht auf die Insel. Jedenfalls muss sich der Mensch mit großem Verständnis den harten Tatsachen seines Lebens und seines eigenen Wesens stellen. Das ist ganz sicher nicht einfach." „Für mich heißt das", fuhr Roberto fort, „dass niemand mit stolzgeschwellter Brust die Insel betreten kann. Mit einer solchen Haltung sähe er sie nicht einmal, er könnte sie nicht wahrnehmen. Aber wer erreicht denn die Stadt?"

Roberto schaute seine Freunde fragend an, doch die schwiegen. Also sprach er weiter: „Zwei Eigenschaften zeichnen einen prädisponierten Menschen aus: Er kommt ‚erschöpft und in Todesnot' dort an, und er kann nichts mitbringen, was in seinem bisherigen Leben eine große Rolle gespielt hat."

Andreas hatte bei Seite zweiunddreißig des Buches ein Lesezeichen eingelegt, weil ihm dort ein Abschnitt bedeutsam erschien. Er sagte: „Er konnte also nichts mitbringen und musste doch ein hohes Eintrittsgeld zahlen. So steht es hier. Das ist mit Sicherheit verschleiert ausgedrückt. Es geht um die Veranlagung zum ‚Gold des Geistes', das muss es wohl sein, was als Eintrittsgeld verlangt wird." Mit dieser Erklärung waren die Freunde einverstanden. Aber es stand noch eine schwierigere Betrachtung an. Jacques hatte sich dazu Notizen gemacht und sagte: „Dieser Text wirkt tatsächlich wie eine Geheimschrift, denn der Schiffbrüchige begegnet einigen Wächtern der Insel, die zugleich auch Helferdienste leisten. Dass man ihnen mit Arroganz und Stolz nicht begegnen kann, haben wir ja schon gesagt."

Entscheidend ist das Bedürfnis des Herzens

„Der erste Wächter stellt dem Neuankömmling die Frage: ‚*Was wünscht ihr?*' Dieser antwortet frank und frei: ‚*Sehr viel, denn ich habe Schiffbruch erlitten!*' Im üblichen Umgangston klingt das nicht gerade maßvoll und bescheiden. Aber das ist auch hier nicht die Botschaft, denn der Wächter lotet das vorhandene Herzensbedürfnis aus! Und dann wird gesagt, dass der Schiffbrüchige noch ‚sehr jung' sei. Auch diese Betrachtung enthält ganz bestimmt ein Geheimnis." „Darüber habe ich schon nachgedacht" sagte Andreas. „Es geht wohl darum, dass ein Mensch viele Jahre auf dem Buckel haben, also viel erlebt haben muss und trotzdem als zu höherem Dasein Berufener erst wenig aufzuweisen hat. Also ist er jung im Hinblick auf den Erwerb des Geistes! Üblicherweise sind die Menschen vom Zeitgeist gefesselt, vergiftet und benebelt. Deshalb wird der Ankömmling geprüft, inwieweit er in der Lage ist, vernünftigen Widerstand gegen die niederziehenden Einflüsse des Zeitgeistes zu leisten. Das heißt, er darf nicht mit diesen Strömungen konform gehen, darf sich nicht absorbieren lassen. Dann aber wird er sich - seelisch gesehen - im allgemeinen Treiben fremd vorkommen und darf sich dennoch den Notwendigkeiten des Alltags nicht feige entziehen. Er muss als Bürger zweier Welten für seine äußeren Lebensangelegenheiten einstehen. Entscheidend ist jedoch, ob er sich innerlich wirklich ‚fremd' fühlt. Deshalb sagt einer der Helfer: ‚*Gott behüte Sie, Fremdling!*'

Und auf Seite elf steht, dass der Schiffbrüchige unter dem Einfluss der Dreiecksinsel bei sich feststellt: Alles gefiel mir gut, nur ich gefiel mir nicht! Da spürt man die besondere Wirkung dieses Ortes, wie sie korrigierend in die Tiefe der Seele hineingreift."

Endlich erreichten die Vier auf der Kölner Autobahn die Ausfahrt Neuwied und bogen ab in Richtung Westerwald. Roberto, der Fahrer, drehte sich scherzhaft zu seinen Freunden um und sagte: „Mal sehen, was die Wächter des Birnbacher Christianopolis sagen werden, wenn sie uns zu Gesicht bekommen! Ihr kennt doch die drei Prüfkriterien: *Unparteiisches Auge, beherrschte Zunge und rechtes Verhalten.*"

Dann fügte er noch augenzwinkernd hinzu: „Aber wir können ja auch selbst einmal die Prüfer prüfen - sollten wir dort welche antreffen. Die Frage lautet nur: Was wollen wir sie fragen?"

Die Freunde waren fast am Ende ihrer Reise angekommen, doch an dem kleinen unscheinbaren Hinweisschild „Schule des Rosenkreuzes" wären sie fast vorbeigefahren.

Konferenzzentrum Christianopolis

Und dann hielten sie auch schon inmitten eines wald- und parkähnlichen Geländes auf einem großen Parkplatz, wo nur ein einziges Auto abgestellt war. „Ich habe das Gefühl, wir sind hier auch auf einer Art Insel", witzelte Jacques.

Gespannt gingen die vier Freunde auf ein modernes Gebäude zu, auf dem mit großen Lettern „Konferenzzentrum Christianopolis" stand, und das ein mächtiges Emblem aus Kreis, Dreieck und Viereck zierte. Gerade trat aus der großen Eingangstür ein Herr in sportlicher Strickjacke, ganz in Zivil. Wie ein Wächter kam er den Vieren jedenfalls nicht vor.

Lächelnd stellte er sich den Freunden vor: „Mein Name ist Bünder. Ich habe mir schon ausgerechnet, dass Sie gegen elf Uhr da sein müssten, wenn es der Verkehr zulässt."

Ein Rundgang durch den Park

„Ich möchte Sie gern zu einem kleinen Spaziergang durch unser Gelände einladen. Obwohl es groß aussieht, können wir es gut ablaufen, und ich kann Ihnen dabei mancherlei erzählen und Sie mir auch." Die Freunde waren einverstanden: Endlich konnten sie sich nach der langen Autofahrt wieder richtig die Beine vertreten.

„Also, unser Gelände misst circa vierundzwanzig Hektar und wurde der Gemeinschaft der Hutterer im Herbst 1995 abgekauft. Das ist eine protestantisch orientierte Gemeinschaft, die vor allem in den USA heimisch ist und in Gütergemeinschaft lebt. Eine gründliche Erneuerung der Altbauten konnten wir in Eigenleistung durchführen, weil uns viele Freunde, die auch zu unserer Schule zählen, quasi als Bautrupp bienenfleißig über Monate halfen."

„Was ist das dort für ein großes Haus, das wir durch die Bäume sehen?", fragte Roberto. „Ja, das ist ein besonderes Schmuckstück. Wir nennen es ‚die Villa'. Sie hatte etwa sieben Vorbesitzer. In der Gründerzeit, um 1906, also vor dem ersten Weltkrieg, hatte sie ein Industrieller für sich bauen lassen. Sie wird heute vornehmlich von unserer Jugend genutzt, die alle paar Monate zu Spiel und Besinnung an den so genannten Jugendkonferenzen zu uns kommt. Aber auch wir Erwachsenen benutzen sie oft. Wir haben zwar - das werden Sie gleich erkennen, wenn wir den Weg zur Rückseite gehen - ein geschlossenes Gebäudeensemble, das Räumlichkeiten mit dreihundertsechzig Betten enthält, aber um alle vierzehn Tage mehrere hundert Schüler zu einer Wochenend-Konferenz hier empfangen zu können, beziehen wir immer wieder die Altbauten mit ein."

Diese Erklärungen weckten die Neugierde der Freunde. Sie bewunderten den komfortablen Aufgang zur Villa und den mächtigen Buchenbestand entlang der gepflegten Wege. „Ich führe Sie gerade mal zur Grundstücksgrenze Richtung Birnbach. Sehen Sie, wir liegen hier im Vergleich zu Birnbach auf der Höhe. Das ist auch unsere Hausadresse. Da sehen Sie das wunderschöne Kirchlein aus Granit direkt unten im Zentrum des Dorfes. Von hier oben hat man über die Weiden einen besonders weiten Blick und kann ungestört lange Spaziergänge machen. Wenn wir hier noch ein Stückchen weitergehen, können wir besser auf die Häuser des Dorfes schauen. Im Westerwald finden Sie nämlich bei den älteren Häusern eine ganz typische Bauweise. Oft sind sie schiefergedeckt. Dort unten können Sie das erkennen. Manchmal sind sogar die Wände mit Schiefer verkleidet, zumindest an der Wetterseite. Ganz in der Nähe wurde nämlich an verschiedenen Stellen Schiefer gebrochen."

Weltoffenheit und gute Nachbarschaft

Roberto schaute den Weg entlang und fragte: „Wo ist eigentlich die Grundstücksgrenze? Ist der Park nicht umfriedet?" „Da berühren Sie eine wichtige Frage. Unser Anliegen war es von Anfang an, mit den Leuten hier in gutem Einvernehmen zu leben. Wir haben alles getan, was menschenmöglich ist, um das zu erreichen. Und", er machte eine kleine Pause, „es ist uns, glaube ich, ganz gut gelungen. Vorhin haben Sie doch unsere Villa bewundert. Die Birnbacher nennen sie meistens noch den ‚Michaelshof', wie sie früher hieß, aber sie waren immer stolz auf sie, ganz gleich, wer gerade der Besitzer war. Sie können sich sicher vorstellen, dass auch dieses schöne Gebäude an vielen Stellen renoviert werden musste. Als dann die Einwohner merkten, dass wir es in unermüdlicher Arbeit und mit vielen fleißigen Händen außen wie innen wieder im alten Glanz erstrahlen ließen, da hatten wir nicht nur das Wohlwollen, sondern man kann fast sagen die Herzen der Menschen gewonnen. Das war auch ein Grund dafür, dass wir keinen Zaun gesetzt haben. Wer mag, kann in unserem wunderbaren Naturpark spazieren gehen; wir haben nichts zu verheimlichen. Und Offenheit ist ohnehin das beste Unterpfand für ein gutnachbarliches Verhältnis. Wir haben einen guten Kontakt zu allen und sind uns auch menschlich nahe gekommen. Das betrifft ebenfalls den evangelischen Pfarrer im Dorf.

Schon bei den Ankaufsverhandlungen konnten der Bürgermeister und der Gemeinderat in unsere Karten sehen. Der Gemeinderat wurde nach Bad Münder, unserem norddeutschen Konferenzort, eingeladen, wo er sich bei der Gemeinde über uns erkundigen konnte. All das prägt natürlich das Bild gegenseitigen Vertrauens. Auch die Handwerker kennen uns gut, denn von ihnen brauchen wir gelegentlich Hilfe. Und froh sind auch die Lebensmittellieferanten: Wir bezahlen pünktlich und sind als seriöse Kunden gut angesehen.“ Herr Bünder zeigte noch einmal auf den großen Wald. „In diese Richtung, also nach Osten, liegt der nächst größere Ort, Altenkirchen. Man kann ihn von hier aus nicht sehen, weil der Wald dazwischen ist. Aber um die Natur zu genießen, haben wir hier nur wenig Zeit, denn es gibt täglich eine Unmenge Arbeit. Vor allem reisen alle vierzehn Tage Konferenzteilnehmer aus West-Deutschland, vom Rhein-Main-Gebiet bis ins Ruhrgebiet, an. Da muss eine Menge vorbereitet werden. Natürlich, am Konferenzwochenende selbst geht es hier sehr still und ruhig zu. Dann herrscht die so besondere Konferenzatmosphäre, worüber man wenig erzählen kann. Das muss man erleben.“

Andreas und William dachten sofort an die Atmosphäre, die sie seinerzeit im Lesesaal der Bibliothek in Amsterdam verspürt hatten. Da schien ein direkter Zusammenhang zu bestehen.

Blick auf die Gebäude des Konferenzzentrums

Die vier Freunde schritten geführt von Herrn Bünder wieder Richtung Konferenzzentrum, vorbei an vielen Nadelbäumen, einzelnen

Eichen, Buchen und Bergahorn. Uber die Wiese hin sahen sie nun wieder die neuen sehr modernen Gebäude liegen. „Welche Bedeutung hat die Plastik mit den beiden Pfeilern direkt auf der Wiese neben dem langgestreckten gläsernen Dach?“ „Das ist keine Plastik, sondern - wenn

Sie genau hinsehen - ein kleiner Glockenturm. Zwischen den Pfeilern hängt eine Glocke. Das Geläut ist zu hören, wenn die Konferenzteilnehmer zu einer Ansprache im Tempel zusammenkommen“, erklärte Herr Bünder. „Die gesamte Architektur entspricht der Bauweise unserer modernen Zeit: viel Glas, Stahlstreben und glattes Mauerwerk. Der runde Haupttempel ist durch einen Glasgang von der Eingangshalle, den Büroräumen und den Unterkunftsräumen bewusst getrennt und doch gleichzeitig damit verbunden. Sie werden das genauer sehen, wenn wir das Gebäude betreten.“

„Und wozu dient das ganz links liegende Gebäude mit der geschlossenen langen Glasfront?“ „Das ist unser Esssaal. Da können bequem mehrere Hundert Schüler Platz finden. Wir verwenden den Raum aber auch für öffentliche Veranstaltungen, für Symposien und zum Beispiel für den ‚Tag der offenen Tür', damit interessierte Menschen einmal bei uns - sagen wir - ‚hinter die Kulissen' schauen können."

Wie sich eine kleine Gemeinschaft verständlich macht

Die kleine Gruppe war wieder am Vorplatz des Konferenzgebäudes angelangt. Herr Bünder öffnete die Glastür und bat einzutreten. Eine Handvoll „dienstbarer Geister" hatte im Esssaal eingedeckt und alles für die Gäste vorbereitet. Man machte sich gegenseitig bekannt und begab sich zu Tisch. Es gab dampfende Petersilienkartoffeln, Salat, Apfelrotkraut, Soße und kleine Sojabällchen, was den vier Freunden alles ausnehmend gut schmeckte. „Wir leben hier vegetarisch, wie übrigens auch die anderen Schüler, die zu uns gehören", erklärte Herr Bünder.

Nach dem Essen führte er die Besucher in die Vorhalle zu einer Sitzgruppe mit kleinem Tisch neben einer großen grünen Zimmerpflanze.

Dort lagen bereits einige ausgewählte Schriften für das anschließende Gespräch. „Hier ist ein Buch von Konrad Dietzfelbinger, das den Charakter der ‚Geistesschule des Goldenen Rosenkreuzes' so gut wie möglich beschreibt, gerade auch für Außenstehende. Dann sehen Sie ein paar Exemplare unserer Zeitschrift ‚Pentagramm', die weltweit in vielen Sprachen regelmäßig erscheint und für uns Schüler und andere Interessierte bestimmt ist. Weiterhin haben wir hier eine Broschüre mit dem Titel ‚33 Fragen an die Internationale Schule des Goldenen Rosenkreuzes'. Da ist vielleicht auch das eine oder andere enthalten, was Sie selbst wissen wollen."

Direkt neben diesen Schriften lag noch ein leuchtend gelbes Büchlein mit dem Titel „Das Rosenkreuz und die Gralslegenden". Das Gelb stellte sich bei näherem Hinsehen als Aquarell einer Rosenblüte heraus. Darunter stand das Datum 24. Mai 2001. Herr Bünder bemerkte sofort, dass diese kleine Schrift einen besonderen Blickfang für seine Besucher darstellte. „Ja, das sind Beiträge zu einer größeren Veranstaltung, einer Art Symposium, wozu wir damals die Öffentlichkeit hierher eingeladen hatten. Darüber können wir gerne noch sprechen. Ich zeige Ihnen aber jetzt erst einmal unser Büro und danach die Inschrift zur Grundsteinlegung beim Bau des Tempels. Denn wir müssen noch ein bisschen warten. In etwa einer halben Stunde kommt Herr Friedmann, der sich an unserem Gespräch beteiligen möchte." Die beiden gegenüber liegenden Büroräume erwiesen sich als sehr schlicht eingerichtet, aber ausgestattet mit der heute üblichen modernen Bürotechnik. Von hier aus hatte man einen guten Blick zum Haupteingang des Konferenzzentrums.

„Symbol aller Zeiten" - ein Grenzstein

Herr Bünder wies auf ein großes, schmales, gerahmtes Bild, das eine reliefartige Säule zeigte, und erklärte: „Das ist eine Art Grenzstein, der vor vielen Jahren beim Bau des Haupttempels in Haarlem in Holland gefunden wurde. Dort liegt das eigentliche Zentrum unserer Schule. Von dort ging die Arbeit im Jahr 1924 aus. Ich habe Ihnen ein Pentagrammheft aus dem Jahr 2004 mit ausgelegt. Da Finden Sie eine Ansprache zum achtzigjährigen Bestehen der Geistesschule des Goldenen Rosenkreuzes. Unsere Freunde in Holland haben sich natürlich eine treffliche Bezeichnung für den Grenzstein ausgedacht. Sie nennen ihn ‚Symbol aller Zeiten'. Das will besagen, dass man solche geistigen Wegmarken zu allen Zeiten antreffen kann. Sie stellen eine Art innerer Verbindung zwischen den spirituellen Bemühungen her, die in den verschiedenen Epochen rhythmisch wiederkehrend zu beobachten sind."

Der Grundstein von Birnbach

„Und jetzt lade ich Sie ein, mit mir in die Vorhalle des Tempelkomplexes zu gehen, wo Sie den Text der Grundsteinlegung lesen können. *Gottes Glorie, der Plan Gottes mit Welt und Menschheit, ist unantastbar, weder Höhen noch Tiefen noch Ferne können uns trennen von Ihm, der uns die Überwindung schenkt, der die Kraft zur Überwindung als Keim, als latente Schöpfungsmöglichkeit in uns gelegt hat.*"

Die vier Freunde studierten schweigend den Text und sahen dann einander fragend an. „Ja, das ist ein Wort aus den Manifesten der klassischen Rosenkreuzer", sagte Herr Bünder, „verbunden mit dem Auftrag, dass wir Menschen uns der latenten höheren Schöpfungsmöglichkeit allmählich bewusst werden mögen. Denn dieser höhere Schöpfungsprozess beginnt erst dann, wenn Bewusstsein, Wille und Tatkraft zusammenwirken! Die Grundsteinlegung am 29. Mai 1999 war für die damals anwesenden Schüler ein großes spirituelles Ereignis."

Das Streben nach Wahrheit, Reinheit und Vollkommenheit

„Eines muss man immer wieder betonen: Wir glauben, dass es auch außerhalb unserer Gemeinschaft viele Menschen gibt, die das Ziel eines wahrhaft höheren Menschentums anstreben, so wie es am Schluss von Faust II heißt: Wer immer strebend sich bemüht, den können wir erlösen! Elitär fühlt sich keiner von uns. Wir wissen uns vielmehr der ganzen Menschheit tief verbunden. Aber in erster Linie sind wir dem göttlichen Urgrund und dem eigenen inneren Wesen verpflichtet. Das wird auch in den Worten deutlich, die ein Mitglied der Internationalen Spirituellen Leitung einmal gebrauchte. Wenn Sie möchten, können Sie das gleich vorne im Foyer in einem der Pentagrammhefte nachlesen."

Herr Bünder führte die Besucher zurück und schlug das Heft auf. Dort stand: *Wir haben soeben den Text gehört, der als Inschrift in die Grundsteinplatte eingemeißelt ist. Sie werden verstehen, dass diese Verheißung nicht nur für uns Schüler der Geistesschule des Goldenen Rosenkreuzes gilt, sondern für alle Menschen, für alle unsere Mitmenschen. Die meisten von ihnen sind aber in diesem Punkt vollkommen unwissend, obwohl sie die gleichen befreienden Möglichkeiten besitzen wie wir. Ja, es gibt auf der Welt nur eine verhältnismäßig kleine Menschengruppe, die das Ziel des Menschen, nämlich durch Selbstverwirklichung in ein höheres Leben aufzugehen, mehr oder weniger ahnt oder kennt. Im Verhältnis zur gesamten Menschheit sind wir nur eine sehr kleine Gruppe unter anderen kleinen Gruppen, die mehr oder weniger bewusst versuchen, das Ziel des Menschseins zu verwirklichen. Und obwohl sich diese Gruppen in sehr unterschiedlichen Entwicklungssituationen befinden, haben sie das Eine gemeinsam, nämlich dass sie den Weg zum höheren Leben erschließen wollen.*

Im Kampf gegen die Kurzsichtigkeit

„Wenn Sie das auf sich wirken lassen, dann werden Sie mit uns begreifen, dass man keinem Menschen ein ehrliches Bemühen absprechen kann. Das wäre spirituelle Kurzsichtigkeit."

„Das Wort Kurzsichtigkeit finde ich sehr passend", stellte Andreas fest. „Als Sie das so sagten, dachte ich an Johann Valentin Andreaes Schrift ‚Christianopolis' Dort wird auch das unparteiische Auge gefordert. Und weil man das offenbar nicht so ohne Weiteres hat, herrscht eben Kurzsichtigkeit! "

Diese Bemerkung veranlasste Herrn Bünder, die Freunde zum Büchershop zu führen. Er legte ein Exemplar mit dem Titel „Die große Lebensspirale" auf den Tisch. „Das hier sind Gedanken zu Dante Alighieries ‚Göttlicher Komödie'. Mal sehen, ob ich die Stelle auf Anhieb finde. Es sind, glaube ich, Worte aus dem ‚Paradiso'" Er blätterte ein wenig und fand schließlich die bezeichnete Stelle aus dem zwanzigsten Gesang. „Es klingt sehr einleuchtend, wie hier die höhere Gerechtigkeit im Hinblick auf uns Menschen angesprochen wird: *Ihr Sterblichen indes, enthaltet euch zu richten, denn selbst wir, die Gott anschauen, wir kennen niemals alle Auserwählten.*

Und wie reagierte Dante darauf, als er diese Worte im ‚Paradiso' zu hören bekam? *So ward mir Arzenei voll Süßigkeit gereicht, um zu erleuchten mein kurzsichtig Aug'!* Das kann man sich ganz gut als Ermahnung merken, wenn es um die Beurteilung unserer Mitmenschen geht."

Als Herr Bünder das Büchlein wieder zuklappte, kam ein Herr mit wehendem Rockschoß den Gang entlang gelaufen. „Ich habe mich ein wenig verspätet, aber es ging leider nicht anders." „Das macht nichts, wir haben einen ausführlichen Rundgang gemacht, gut gegessen und schon einiges vorbesprochen."

„Mein Name ist Friedmann", stellte sich der Hinzugekommene den Freunden vor. „Und Sie sind also die Besucher, die uns Herr Ritman angekündigt hat. Es freut mich, dass Sie hergefunden haben. Wie ich sehe, hat Herr Bünder schon eine ganze Menge Literatur bereitgelegt. Bitte, setzen Sie sich doch."

27. Mai - Einweihung in Birnbach

Gerne nahmen die Freunde Platz, und das Gespräch konnte beginnen. Herr Friedmann hatte von zu Hause eine kleine Überraschung mitgebracht. Er zog aus seiner Aktentasche eine Pressemitteilung der

Tageszeitung „Westerwald-Sieg“ aus Anlass der öffentlichen Einweihung des Konferenzortes am 27. Mai 2000 und erzählte in etwa den Inhalt: „Zwei Tage vor der offiziellen Eröffnung gab es einen ‚Tag der offenen Tür‘ für alle Nachbarn und Honoratioren hier im Kreis. Sie können es vielleicht gar nicht glauben, aber es kamen über vierhundert Gäste. Sie staunten und bewunderten alles, was hier in nur fünfzehn Monaten geschaffen worden war. Der Bürgermeister von Birnbach hielt eine bemerkenswerte Rede und ließ anklingen, welch freudige Hochachtung und Anerkennung sich unsere Gemeinschaft in den Monaten der Bauzeit in der Gemeinde errungen habe. Und er erhielt genauso wie wir von der spirituellen Leitung einen großen symbolischen Schlüssel zum Konferenzzentrum, einen sichtbaren Dank für die gute Zusammenarbeit mit der Gemeinde. Gleichzeitig war es auch eine Geste dafür, dass bei uns nichts verriegelt ist und wir natürlich auch in Zukunft Offenheit pflegen wollen. Für uns selbst hat der Schlüssel natürlich auch noch eine andere Bedeutung. Denn jeder seelisch orientierte Mensch muss sich mit der Zeit einen Schlüssel zum innersten Heiligtum seines Herzens schmieden.“

Andreas erinnerte sich plötzlich an zwei Bücher zum Thema Herz, in denen diverse schöne Sinnbilder abgebildet waren, auf denen das Herzmotiv mit einem Schlüssel in Zusammenhang stand. Er erzählte davon und fügte hinzu: „Immer wieder ist es für mich beeindruckend, dass, wenn etwas Tiefgreifendes angesprochen wird, eine bestimmte Saite im Inneren zu schwingen beginnt. Genauso war es, als ich die Abbildungen mit den Herzen und den Schlüsseln sah.“

Ein Gespräch vertieft sich

Herr Friedmann interessierte sich vor allem dafür, wie die vier Kommilitonen nach Birnbach gekommen waren. Sie erzählten von ihrer bisherigen Arbeit, den Utopien und Utopisten, dem Netzwerk, dem Besuch in Wolfenbüttel und dem in Amsterdam. Im Nu war eine Dreiviertelstunde verstrichen. Herr Bünder und Herr Friedmann hörten genau zu. Sie nickten immer wieder anerkennend, wenn sich die Jungphilosophen die Bälle zuspielten. Als die Rede auf Platon kam, merkte Herr

Friedmann auf, denn er selbst hatte sich intensiv mit Platons „Politeia“ beschäftigt, und teilte mit, dass zwei Themenhefte in der Pentagrammreihe erschienen seien, die über Platon und die diversen neoPlatonischen und gnostischen Schulen Auskunft geben.

Das Mysterium Mensch in den Gralslegenden

So bot sich eine gute Gelegenheit, über Platon zu sprechen, und Herr Friedmann begann: „Bei Platon wie auch bei anderen, die sich auf ihn beziehen - im übrigen auch das Christentum - spürt man immer wieder etwas Besonderes heraus. Platon ist für seine Zeit ungemein modern, nämlich monotheistisch. Er spricht im höchsten Sinn immer nur von dem ‚einen Seienden‘. Um ihn herum gab es ja zu seiner Zeit viele polytheistische Anschauungen. Aber ganz entscheidend ist bei Platon der Blick auf das Mysterium Mensch. Er spricht unablässig vom notwendigen Mysterium der sich verwandelnden Seele. Er will damit sagen: Der Mensch kann nicht so bleiben wie er ist. Das haben Sie ja auch beim Studium der ‚Politeia‘ herausgelesen.“ Die Freunde schauten sich fragend an. „Wie ist das zu verstehen?“ Darauf antwortete Herr Friedmann: „Dazu kann ich Ihnen den Text eines Symposiums über die Gralslegenden geben. Das waren insgesamt acht Vorträge, die sich nahtlos aneinander reihten. Denn es wurde die eine innere Aufgabe - sagen wir die heilige Selbstschöpfung des Menschen - im Laufe der verschiedenen Zeitperioden bei diesem Symposium dargelegt. Vor allem wurde die Frage gestellt, wie viel mühsame Vorarbeit beim Suchen und Finden dieser Entwicklungsspur erforderlich ist. Vieles muss im Menschen aufgelöst und durch unvergängliches Seelenmaterial ersetzt werden. Unwissenheit und Ungewissheit stellen sich dabei in den Weg! Unsere Erfahrung sagt uns nur: Damit wird man das ganze Leben lang nicht fertig! Man muss, salopp gesagt, dranbleiben. Deshalb stützen wir uns gegenseitig in der Gruppe. Anders lassen sich der eigene und auch der allgemeine Egoismus wohl nicht überwinden. Jeder muss für den anderen einstehen, muss die Verschiedenartigkeit seiner Mitbrüder und Mitschwestern verstehen lernen. Auch muss er sich selbst kennen lernen und annehmen, aber ohne dabei alles bequem beim Alten zu lassen.

Gar keine leichte Sache! Doch anders wächst die wahre Beseelung nicht, wird die Seele nicht frei."

Die Freunde spürten die Klarheit hinter diesen Worten, und Roberto fühlte sich veranlasst, etwas zu fragen. „Aber gewisse Grundvoraussetzungen müssen doch sicher gegeben sein, damit ein Mensch die spirituelle Empfindung mitbringt, um in eine solche Spur einzutreten?" Herr Bünder hatte sehr genau zugehört und schaute hinüber zu Herrn Friedmann. „Das ist eine Kernfrage, die eine tiefgehende Antwort verlangt. Ernst, vielleicht hast Du eine Idee oder ein Bild, das zu dieser Frage passt?"

Ein Mensch fällt nicht vom Himmel

Herr Friedmann lehnte sich etwas zurück und überlegte kurz: „Vorhin haben wir über Platon gesprochen. In der ‚Politeia' hat Platon ganz am Schluss etwas Bemerkenswertes geschildert, das mit dieser Frage zu tun hat. Mal sehen, ob ich auf Anhieb noch alles zusammenbekomme. Fest steht: Der Mensch kommt nicht einfach so vom Himmel geschneit. Platon stellt seine Leser zuerst vor eine Begegnung mit dem Jenseits, also der Sphäre der Toten. Dort gibt es bestimmte Voraussetzungen, unter denen ein Mensch wieder in die sichtbare Welt eintauchen kann. Jeder beginnt mit einer Art Startkapital, schlecht oder gut, das sich auf ein vorhergehendes Leben bezieht. Platon stellt seinen Lesern drei verschiedene Menschentypen vor Augen. Er zieht für uns den Vorhang vor der unsichtbaren Seite des Daseins zurück und beleuchtet so die Präexistenz des Menschen. Mit anderen Worten, er macht auf das vorgeburtliche Dasein aufmerksam. Aus den unterschiedlichsten Beweggründen suchen die Menschen von dort einen Weg ins irdische Leben. Man könnte auch sagen, sie suchen sich ein passendes irdisches Gewand.

Recht betrachtet suchen sie nach einem Ausgleich für belastende Taten, die in einer früheren Existenz begangen wurden. Platon stellt dies alles in Form von Wünschen dar. Denn die Menschen wollen oder müssen sich wieder verkörpern. Alle entscheidenden Wünsche sind verbunden mit dem Leben eines Vorgängers, sie gehen aus diesem hervor. Und der Wunsch wirkt auf den Nachfolger im Sinne von Ausgleich, wenn das möglich ist. Aber das gelingt meist nur sehr unzureichend. Platon ist sich dessen bewusst und schildert deshalb zuerst einen ganz und gar vom Wahn Verblendeten. Gierig und überstürzt wünscht dieser ... ja, was wünscht er? Er wünscht sich aus Torheit und Gier, ein Tyrann zu werden. Bevor er genauer über diesen Wunsch nachdenken kann, ist es auch schon zu spät! Er fühlt sofort, wie sich die Schlinge seines präformierten Schicksals um seinen Hals zuzieht und beginnt zu ahnen, wie unselig das Leben eines Tyrannen sein wird, gerade wegen seiner Macht."

Bis hierher hatten die Freunde wie gebannt zugehört. Roberto aber, der durch seine Fragen nach der rechten Spur diese Betrachtung ausgelöst hatte, stellte fest: „Es ist schon eigenartig, da klebt am Menschen bereits bei der Geburt etwas wie Pech und Schwefel. Und genau so sieht dann auch der Wunsch aus, der ihn lebenslang begleiten wird." Herr Friedmann antwortete: „Ja, das wollte Platon darlegen. Es gibt Ursachen und Folgen; und aus Letzteren entstehen wiederum Ursachen. Es gibt Wege der Erhebung, und es gibt Wege der Erniedrigung. Aber Platon hat dazu noch einen weiteren Schlüssel geliefert, damit wir Menschen das alles noch besser verstehen. Denn er sagte: *Die Schuld liegt beim Wählenden und nicht bei den Göttern. Diese sind und bleiben schuldlos. Allein der Mensch hat die Freiheit der Wahl dadurch, dass er sein Leben bewusst oder unbewusst zubringt.*"

„Wie aber wird der Mensch frei, um eine günstige Wahl für eine neue Existenz zu treffen?" warf Roberto ein. Doch er merkte gleich, dass seine Frage eigentlich schon beantwortet war. „Doppelt genäht hält besser", erwiderte Herr Friedmann lächelnd. „Schauen Sie, Platon wirft für seine Zuhörer einen Blick auf Odysseus. Dieser war klug geworden aufgrund der Erfahrungen, die er bei seinen Irrfahrten im vorigen Leben gemacht hatte. Seine Anstrengungen und Bemühungen hatten Früchte getragen, die ihn in den nachtodlichen Zustand begleiteten. Sie blieben dort nicht ungenutzt wie totes Kapital, nein, sie verzinsten sich. Man muss besser sagen: Der Schatz der Bemühungen erfuhr eine Transformation. Weil das so ist, kann der Mensch vorausschauend handeln, wenn er das irdische Dasein wieder betritt. Odysseus weiß jetzt, was für die Seele heilsam und was schädlich ist. Platon erzählt, wie Odysseus nachdenklich und wohlüberlegt wählt, eingedenk seiner Mühen bei der Irrfahrt. Odysseus kennt die vergänglichen Erscheinungen und dunklen Schatten des irdischen Daseins genau. Vor allem erfasst er das Wesen des Ewigen. Er weiß, wie sehr sich der Mensch von den versteckten tyrannischen Neigungen reinigen muss. Platon wollte nämlich sagen, dass alles von der Qualität der Erinnerung abhängt. Bei Odysseus wird das Leben nicht nur gelebt, sondern tief erfahren. Die Irrfahrten läutern ihn so sehr, dass sich eine selbstlose Prädisposition in ihm entwickelt. Er kennt die schwierigen Stationen des Heimweges nach oben. Deshalb wünscht er vorausschauend nur, seinen Mitmenschen am besten helfen zu können. Im Allgemeinen vegetieren diese noch im Schlamm des Unbewussten dahin. Aber wie geht die Entwicklung weiter? Wenn der Geburtstermin heranrückt, sinken die Seelen tiefer und nähern sich der irdischen Sphäre. Sie gelangen in eine heiße, dürre Wüste und werden von unsäglichem Durst gequält. Was bleibt da schon übrig? Sie müssen ihren Durst löschen, müssen trinken. Es ist aber nicht das Wasser des Lebens, das sie finden, sondern das Wasser des Vergessens. Wer nun nicht wie Odysseus genügend geläutert ist, der trinkt sich dort geradezu zu Tode und tritt ganz benebelt ins irdische Dasein ein. Er wird dann mit seinem Verstand im zukünftigen Leben eine eher starre, geradezu halsstarrige Logik entwickeln und findet dadurch überall Steine des Anstoßes. Denn ihm ist die Erinnerung an die höheren Lebensgeheimnisse verloren gegangen. Und dann zeigt Platon auch noch das Beispiel eines wahren Philosophen auf, der ausschließlich den Menschen helfen will. Dieser nimmt nur einen ganz kleinen Schluck zu sich. Bereits nach kurzer Zeit erwacht er im Stoff und entwickelt eine große Menschenliebe, die all seine Taten bestimmen wird."

Erinnerung und Präerinnerung

Herr Bünder warf ein: „In unserer Literatur werden Sie gelegentlich auf das ungewöhnliche Wort ‚Präerinnerung' stoßen. Das ist eine höhere Erinnerung, die im Menschen innerseelisch geweckt werden kann. Übliche Formen der Erinnerung können das nicht ersetzen. Vielleicht kann man in Anlehnung an das Buch ‚Der Kleine Prinz' von Antoine de Saint-Exupery sagen: Man erinnert sich nur mit dem Herzen gut. In der Umgangssprache hören wir gelegentlich: ‚Auf das Herzblut kommt es an'. Damit ist Seelenblut gemeint, das sich für geistige Einflüsse öffnen kann. In ganz negativen Fällen heißt es im Volksmund auch: ‚Der Mensch hat kein Herz'. Dann wirkt das Blut wie eine Barriere, wie eine Schranke, an der alle geistigen Impulse abprallen. Das menschliche System ist sozusagen negativ besetzt. Wir arbeiten in unserer Gemeinschaft daraufhin, dass Herz und Seele übereinstimmen. Jeder sollte sich fragen: ‚Wie steht es mit dem Bewusstsein meines Herzens?' Und wir streben danach, eine Gruppe ernsthafter Schüler zu bilden. Deshalb nennen wir uns auch Geistesschule." Diese Worte lösten bei Roberto eine starke Empfindung aus, und er sagte gleichsam für alle: „Eine Schule des Geistes wird immer auch eine Schule des Herzens sein, nicht wahr? Im Neuen Testament steht zur Sprache des Herzens klar und deutlich: *Selig sind, die reinen Herzens sind, denn nur sie werden Gott schauen!*"

„Habe ich das alles richtig verstanden?", resümierte William. „Das, was Sie soeben als Präerinnerung bezeichnet haben, hat also mit dem natürlichen Gedächtnis so gut wie nichts zu tun? Es gehört wohl eher zum geistigen Vermächtnis des Menschen, sofern er etwas davon verspürt."

„Präziser kann man das kaum ausdrücken", entgegnete Herr Bünder. „Denn die normale Gedächtnisleistung hat vorwiegend mit dem natürlichen Verstand zu tun, wobei es da große Unterschiede gibt. Auch kann man das Gedächtnis trainieren. Die Präerinnerung liegt aber auf einer ganz anderen moralisch-geistigen Ebene."

Während dies alles gesagt wurde, saß Jacques ein wenig vornüber gebeugt und sah zu Boden. Dann hob er plötzlich den Kopf und bemerkte: „Ich glaube, es war Meister Eckhart, der auch immer so stark zwischen Verstand und Geist unterschieden hat. Wenn mich nicht alles täuscht, so soll er einmal gesagt haben: *Der Geist stammt aus der Übernatur, der Körper ist von der Natur!* Der bloße Verstand war für ihn immer etwas Körperliches. Natürlich kann man auch sagen, Verstand hat jeder, natürlich in sehr verschiedener Ausprägung, aber das Geistige fällt einem nicht so einfach in den Schoß. Es sind viele Vorbereitungen nötig, ehe das geistige Wesen zum ersten Mal vorsichtig aufblitzt. So ist es doch?“ Alle in der Runde waren sehr aufmerksam. Ja, es schien, als seien auch die vier Freunde wie von unsichtbarer Hand auf eine höhere Spirale des Verstehens gezogen worden. Vieles kam ihnen auf einmal vertraut vor. Die Gespräche in der Philosophenecke und dem Maleratelier in Stadtamhof zeitigten jetzt ihre Früchte. Es musste tatsächlich mitten im Menschen eine verborgene Schwelle oder Schnittstelle geben, denn der werdende Seelenmensch, das spürten die Vier, und der Erdenmensch sind irgendwie aufeinander angewiesen.

Der Mensch aus Fleisch und Blut

Aber dann war es phasenweise doch wieder nicht ganz so klar, wie es den Freunden vorgekommen war. Herr Bünder spürte das intuitiv und versuchte, eine Verständnisbrücke zu bauen. „Betrachten wir einmal ganz nüchtern das natürliche Menschsein, dann ist es doch so: Der Mensch sieht schlechter als ein Adler, hört und riecht schlechter als ein Hund, eben von Natur aus. Und doch heißt es in vielen Mythen, Legenden und Schriften, der Mensch sei zur Krone der Schöpfung berufen. Da muss es doch noch eine ganz andere Ebene geben. Wir betrachten das Geheimnis Mensch als eine nicht abgeschlossene Aufgabe.“

Herr Bünder machte eine kleine Pause, um festzustellen, ob die Worte - wenngleich ein wenig rätselhaft - auf fruchtbaren Boden gefallen waren. „Aber heißt es nicht, der Mensch sei bereits die Krone der Schöpfung?“ ließ sich Andreas vernehmen. „Da haben Sie gewissermaßen Recht. Trotzdem ist es besser, wenn wir den Prozess vor allem als einen geweihten, innerlichen Vorgang betrachten. Sehen Sie, von Natur aus ist der heutige Mensch der übrigen Kreatur, wie gesagt, auf vielen Gebieten unterlegen. Die geforderte Überlegenheit muss also auf einer ganz anderen Ebene liegen oder zustande kommen. Die äußere Natur kann man getrost beiseite lassen, selbst dann, wenn wir den Intellekt als qualifizierendes Merkmal heranziehen. Dadurch wird, wie wir wissen, der Gedankenflug oft auf eine unglückliche und falsche Fährte gelockt. Wie leicht kann sich doch die äußere Intelligenz an der äußeren Schöpfung versündigen. Das setzt sich natürlich nach innen fort, zum Beispiel in den Empfindungen der Menschen. Intellektuelle und triebhafte, egoistische Motive sind dafür verantwortlich. Wie viel Raffinesse hat doch die Menschheit mit der Zeit entwickelt. Daran gemessen ist der Überlebenstrieb im Tierreich nur etwas sehr Natürliches innerhalb bestimmter Grenzen. Daraus lässt sich ableiten, dass die Menschen einen Freiraum haben, den sie in der Regel missbrauchen. Dadurch haben sie sich in die falsche Richtung entwickelt und sich selbst eingeschlossen. Leider sind sie sich dessen so gut wie nicht bewusst. Ohne dem Einzelnen zu nahe zu treten, kann man auch sagen: Es hat sich bei vielen Menschen eine gewaltige Portion Egoismus entwickelt, wodurch ein ganz anderer Menschentyp entstanden ist als ursprünglich vorgesehen."

Das Tor zur wahren Einsicht

Andreas zog daraus seine Schlussfolgerungen: „Also muss der Mensch lernen, etwas Ursprüngliches wieder zu ahnen und dann zu realisieren, bevor er die Bezeichnung ‚Krone der Schöpfung' verdient. Er müsste eine Art Barriere passieren, um die geistige Ebene des Daseins zu betreten. Gleichzeitig müssten in ihm neue und andere Fragen aufsteigen. Er müsste sein bisheriges Dasein scharf unter die Lupe nehmen und zu relativieren versuchen."

Über diese Bemerkung war Herr Friedmann sehr erfreut. „Sie haben da etwas Wichtiges herausgefunden und genau beschrieben, nämlich dass der Mensch eine Doppelnatur ist und damit in eine Schieflage geraten ist. Man könnte auch sagen, der Mensch verleugnet seine ursprüngliche Natur, ohne es zu wissen. Ganz gleich, ob gute oder böse Merkmale: Er bleibt im Ring der natürlichen Bedingungen gefangen. Leider durchschaut er das nicht so ohne Weiteres."

Für die Freunde wurden auf einmal viele ähnliche Gedanken, die sie in den vergangenen Monaten miteinander ausgetauscht hatten, klar und deutlich. Herr Friedmann fuhr fort:

„Am Anfang muss eine Art heiliger Scheu herrschen im Hinblick auf das neue Werden. Man kann auch sagen, alles ist vor dem Bewusstsein noch jungfräulich verhüllt. Deshalb braucht es einen besonderen Ansporn, um den göttlichen Bauplan für den ursprünglichen Menschen aufzuspüren. Dieser geheimnisvolle Menschentyp ist in der gegenwärtigen Menschheit selten anzutreffen. Erkannt wird er nur von Seinesgleichen. Aber der Plan ist in jedem Menschen ohne Ausnahme angelegt. Niemand wird benachteiligt oder bevorzugt."

Die Freunde verspürten etwas wie einen winzigen Lichtstrahl, der durch einen unsichtbaren Spalt in ihr Bewusstsein gefallen war. Eine besondere Atmosphäre hatte sich zwischen den Gesprächsteilnehmern gebildet, und immer wieder traten Momente der Stille ein.

Herr Bünder nutzte diese Gelegenheit, ging zum hausinternen Bücher-Shop, und begann dort, etwas herauszusuchen. Es war ein Lesezeichen, das er aus dem Buch „Der kommende neue Mensch" zog. „Sehen Sie, da steht etwas sehr Grundsätzliches in knappen Worten. Es ist von Meister Eckhart und verknüpft den Faktor Zeit, den Menschen und das Lebensmotiv auf eine sehr schöne Weise miteinander. Lassen wir das mal auf uns wirken."

Die wichtigste Stunde im Leben

Er las vor: *„Die wichtigste Stunde ist immer die Gegenwart. Der bedeutendste Mensch ist immer der, der gerade bei dir ist. Und das notwendigste Werk ist die Liebe!* Manchmal kann sich etwas durch ein besonderes Ereignis blitzartig Geltung verschaffen. Das hat dann eine höhere Bedeutung. So gibt es Situationen, in denen plötzlich andere Gesetze gelten. Vielleicht können wir auch unser heutiges Zusammensein unter diesem Vorzeichen sehen. Sie waren vor einiger Zeit in Amsterdam und haben von Herrn Ritman den Tipp für einen Besuch bei uns bekommen. Vielleicht sollte das so sein. Vielleicht war es eine Fügung. Die Einzelheiten müssen wir nicht kennen, aber wir können den aktuellen Augenblick erfassen und entsprechend nutzen.

Mal sehen, was hier, wo das Lesezeichen war, in dem Buch ‚Der kommende neue Mensch' steht. Das Schöne an diesem Buch ist übrigens, dass man es an jeder x-beliebigen Seite aufschlagen kann und immer etwas sehr Aufschlussreiches entdeckt, ohne die vorhergehenden Seiten erst lesen zu müssen. Wissen sollte man allerdings, dass der Autor die uns bekannte Welt als eine Welt der Gegensätze charakterisiert, als Dialektik. Er beschreibt auf vielfältige Weise den Kreislauf der Gegensätze, die sich gegenseitig bedingen und antreiben. Wir Menschen erfahren das als Gut und Böse."

Erstaunt fragte Jacques: „Heißt das etwa, dass Gut und Böse einander ablösen, ohne dass ein dauerhafter Ausgleich und eine Beruhigung eintreten können?" „Ja, so ungefähr kann man es sehen", antwortete Herr Bünder „Man kann auch sagen, alles kippt in einem unerwarteten Augenblick in sein Gegenteil um." „Wie eigenartig, so habe ich das noch gar nicht betrachtet", entgegnete Andreas.

„Man darf sich nicht täuschen lassen, wenn das Weltgetriebe einmal über längere Zeit ruhig verläuft, zum Beispiel in den so genannten Friedenszeiten. Viel eindringlicher ist dieses Auf und Ab jedoch in den kleinen Zyklen des einzelnen Menschenlebens zu beobachten. Schauen wir uns einmal den menschlichen Charakter an. Er erscheint im Wesentlichen so gut wie festgelegt. Aber auch dort herrscht das Schaukelspiel der Gegensätze, wenn man genau hinschaut. Die Schokoladenseite eines Menschen ist also keineswegs etwas Bleibendes. Und so ist es auch mit der Welt draußen."

Andreas sagte nachdenklich: „Jetzt erst begreife ich so richtig, warum wir für bestimmte Situationen so unglaublich viel Energie aufbringen. Das hängt wohl mit dem Wunsch zusammen, die scheinbare Schokoladenseite des Lebens festzuhalten." Herr Bünder nickte. „In dem vorliegenden Buch ist auch dazu einiges ausgeführt. Denn der Kampf zieht sich quer durch die Erlebnisse von Freude und Schmerz. Wenn es recht ist, lese ich das mal kurz vor: *Der Mensch ist ein Wesen der Natur; sein gesamtes Lehenssystem ist aus dieser Natur heraus zu erklären, und sein ganzer Lebensimpuls geht aus seiner Einheit mit dieser Natur hervor. Der Schmerz, die Qual und die Traurigkeit des Naturmenschen stammen daher auch nicht aus der Verzweiflung über die Entfremdung von Gott, sondern aus dem Widerstand, der seiner natürlichen Entwicklung entgegensteht. Ebenso wie das Kaninchen seinen Todesschrei ausstößt, wenn es vom Hermelin überfallen wird, so schreit der Mensch auf, wenn sein natürlicher Lauf durch Krankheit oder bürgerliche Schwierigkeiten gehemmt wird. Bei Untersuchung der Angelegenheit werden Sie entdecken, dass Sie jeden beliebigen Menschen von der Dialektik und ihrer Gesetzmäßigkeit überzeugen können, aber ... dass er sie im Grunde genommen durchaus nicht schlecht findet. Er findet sie natürlich, ja oft sogar herrlich; befindet sich doch die Dialektik vollkommen in Übereinstimmung mit seinem wahren natürlichen Zustand. Er hält den Kampf der Natur für einen wahrhaft menschlichen und männlichen Streit. Der moderne Lebensstil, der augenblicklich die Welt regiert, ist vollständig aus diesem Kampf und aus diesem Gesetz hervorgegangen. Die Menschen in diesem Seinszustand der Naturwesen erleben lediglich eine Verzweiflung darüber, dass es mit der Welt nicht so geht, wie sie es sich wünschen. Darum müssen Sie auch einmal bei sich selbst gut nachforschen, ob Sie vielleicht zu der Geistesschule kamen, weil Sie ein Enttäuschter der Natur nach sind, oder ob Sie sich wirklich als ein Fremdling in dieser Welt wissen, dem die Verzweiflung der Gottentfremdung an der Seele nagt.*"

Herr Bünder fügte hinzu: „Diese Worte sind speziell an unsere Schüler gerichtet, damit sie ihre eigenen Triebfedern gut untersuchen."

Ein Nostalgiker ist kein Fremdling in der Welt

William warf ein: „Wie oft sagen doch gerade ältere Menschen, wenn sie über früher sprechen: ‚Ach, wir fühlen uns in der Hektik und Schnelllebigkeit der heutigen Zeit gar nicht mehr heimisch. Wir vermissen die gute alte Zeit. Wir fühlen uns wie Fremdlinge in der Welt!' Aber mir wird jetzt klar, das ist nur der übliche Verlust des Vertrauten. Es scheint nicht der Schmerz zu sein, der mit der ganz anderen Fremdlingschaft zusammenhängt, von der Sie eben sprachen. Diese ist es wohl erst dann, wenn sich der Mensch tief innerlich als verlorener Sohn erkennt, wie es die Bibel ausdrückt. Denn dann vermisst er die elementare Verbindung zu den ewigen Sphären der Harmonie. Und dann sucht er mit einem Mal unter großen Anstrengungen wieder den Anschluss."

„Wer sich in der Welt nur im Zeitgeschehen fremd fühlt, ist in den meisten Fällen bloß ein herkömmlicher Nostalgiker. Ein echter Sucher ist etwas ganz anderes."

Nach dieser Feststellung schlug Herr Friedmann eine andere Seite in „Der kommende neue Mensch" auf und fuhr fort: „In diesem Buch wird vom Geistfunkenatom, dem Samen für den himmlischen Menschen gesprochen. Er muss zum Leben erweckt werden und Nahrung bekommen, um sich stets weiter entfalten zu können. Das ganze Persönlichkeitsleben des Menschen muss darauf abgestimmt werden. Und es muss bereit sein, diesem Prozess zu dienen. Von einem solchen Dienen ist immer wieder die Rede, also vom Austausch der Ich-Natur gegen eine neue Form von Beseelung."

Jacques ergriff das Wort und meinte: „Je mehr ich darüber nachdenke, desto mehr kommt es mir wie ein eigenartiger Zufall vor, dass Sie ausgerechnet diese Stelle im Buch aufgeschlagen haben und dass dort auch noch das Lesezeichen mit dem Text von Meister Eckhart lag."

Wenn die Zeit reif ist

Da sagte Herr Friedmann zu seinem Nachbarn: „Frank, lies doch bitte noch ein paar Zeilen weiter." Herr Bünder nickte, griff zur Brille und las: *„Wenn Sie das Geistfunkenatom nicht besitzen, oder wenn es noch nicht durch die Gnosis zu einem Feuer in Ihnen entflammt ist, dann werden Sie von all unseren Mitteilungen und Erwägungen nur in intellektueller oder mystischer Weise Kenntnis nehmen, im tiefsten Wesen wird ihnen jedoch das alles nichts sagen, und nichts wird Sie berühren. Sie werden dadurch nicht in Bewegung kommen. Wenn Sie jedoch mit uns, dem Geistfunkenatom nach, im Ego Pein erleiden, und wenn folglich das Licht der Gnosis eine Lampe für Ihren Fuß geworden ist, dann wird jede Abhandlung, die von der Geistesschule her zu Ihnen kommt, eine ganz besondere Kraft in Ihnen hervorrufen."*

Herr Bünder klappte das Buch zu: „Mit der Erklärung vom Geistfunkenatom ist alles oder auch gar nichts gesagt. Das Geheimnis selbst ist noch nicht gelüftet. Es ist die berühmte Methode der Annäherung: Wir versuchen etwas auszudrücken für Grenzgänger. Manchmal hören wir bei öffentlichen Veranstaltungen: Woher wollen Sie das alles wissen? Man glaubt dann vielleicht, wir hielten uns für etwas Besseres. Aber das ist absolut nicht der Fall. Gerade wir wissen um unsere Unvollkommenheit und sind deshalb jedem suchenden Menschen gegenüber offen. Wir nehmen ihn von Herzen an und schließen niemanden aus. Aber die Zeit muss für einen Menschen erst reif sein, damit er sich nach einer solchen Entwicklungsbahn zu sehnen beginnt und sich ihr auch nähern kann. Er muss eine gewisse Vorbereitung, eine Art Vorreifung, erfahren haben, um all die tiefen Einsichten erfassen zu können. Denken Sie an Platon und Odysseus."

Für einen Moment wurde es still, dann fügte Herr Bünder hinzu: „In unserer Gemeinschaft stehen wir seelisch gesehen eng zusammen - auch in schwierigen Situationen -, um ein kleines Licht zu sein für sehnende, empfängliche Menschen. Deshalb besinnen wir uns auch immer wieder auf das klassische Wort der Rosenkreuzer: Vereinte Kraft wirkt stärker!

In dieser vereinten Kraft ist der Nährboden für die innere Arbeit jedes Einzelnen zu finden, denn im Gegensatz zu früheren Menschheitsepochen muss heute jeder zu seiner eigenen Meisterschaft heranreifen. Und während er das tut, hilft er den Brüdern und Schwestern an seiner Seite durch das Wachsen seiner Seele. Diese innere Arbeit ist immer mit einem intensiven Ringen verbunden."

Von geistigem Ringen und himmlischer Sehnsucht

„Das Ringen hat sicher viele Aspekte, nicht wahr?", fragte Andreas. „Das kann man wohl sagen", kam die Antwort. „Darüber sprechen alle großen Weltenlehrer in allen Epochen. Tiefere Geheimnisse geben sich immer nur schrittweise zu erkennen und zwar in dem Maß, wie das innere Ringen in den verschiedenen Phasen von Erfolg gekrönt ist. Es geht um einen Abschied von den ich-bezogenen Regungen im Menschen."

Andreas sagte: „Aus einem Vortrag über den Buddhismus ist mir noch sehr deutlich in Erinnerung, dass Buddha eine bestimmte Bildersprache benutzte, die für seine Zeit so typisch war. Er sprach von einem Pflug, einem Acker, Saatgut und Ernte. Und er sprach vom ‚Nirwana', dem ganz Anderen. Er suchte Bilder aus dem Alltagsleben seiner Zeit und transformierte sie auf die innere Entwicklung der Seele. Er drückte das so aus:

Mein Pflug ist die tiefe Erwägung und rechte Besinnung. Meine geistige Kraft ist das Gespann, das den Pflug zieht. Mein Acker aber ist immer die Seele des Menschen. Mein Wort dient als Saat, die ich säe. Mein Ziel aber ist die Ernte, die ich einholen will. Diese Frucht enthält als Ergebnis ‚Nirwana' das unsterbliche Leben von Seele und Geist."

„Besser kann man die Erfüllung des inneren Lebens wohl kaum beschreiben", bemerkte Herr Friedmann. „Und besser lässt sich auch die Pionierarbeit eines großen Weltenlehrers kaum darstellen. Die von ihm angeleiteten Seelen stehen natürlich in einem Spannungsfeld, das in ungeahnte Höhen führen kann. Denn es geht um den himmlischen Menschen in seinem ‚nirwanischen' Dasein. Sehr subtil muss der Mensch dabei kämpfen und zu Werke gehen. Im Ringen zugunsten des himmlischen Menschen gibt es auch immer wieder notwendige Pausen. Alles muss verarbeitet werden. Es darf nicht zum Stillstand kommen. Denn dann droht der Rückfall. Das ist bei der spirituellen Zusammenarbeit innerhalb einer Gruppe von großer Bedeutung. Strebt eine Gemeinschaft richtig, dann bekommen die ich-gerichteten Kräfte zunehmend weniger Nahrung. Im gleichen Atemzug bildet sich um die Gemeinschaft ein besonderes Energiefeld. Diese Energien dienen ausschließlich der Fortsetzung des inneren Uberwindungskampfes. Durch sie kann sich vieles im positiven Sinn beschleunigen. Aber es gibt natürlich auch manchmal Rückschläge. Dann ist die Wachsamkeit der Stärksten gefragt, die das Fahrzeug sozusagen wieder flott machen müssen. Man kann es vielleicht auch anders ausdrücken: Wir bleiben auf Kurs, wenn in uns das himmlische Heimweh nicht nachlässt. Dazu gibt es übrigens im Alten Testament ein schönes Bild, eine Schilderung, die auf die notwendige höhere Realität hinweist."

Jacques fragte: „Können Sie uns das einmal näher schildern?" Herr Bünder dachte einen Moment nach, dann erzählte er: „Eine lange Nacht hindurch rang Jakob mit dem Engel des Herrn, bis er ihm beim Morgenrot den entscheidenden Segen abringen konnte. Warten Sie, ich habe die Stelle gleich parat."Er schlug das Alte Testament auf und fand nach kurzem Blättern die entsprechende Seite: *Ich lasse dich nicht, du segnest mich denn.*"

Er schaute in die Runde und fragte: „Was soll das wohl bedeuten? Betrachten wir einmal das Ringen einer ganzen Gemeinschaft unter diesem Blickwinkel. Das spirituelle Ringen einer solchen Gruppe dauert verständlicherweise sehr lange. Dabei müssen die Gründer als Pioniere erst einmal - symbolisch gesprochen - die Verbindung zum Engel des Herrn herstellen. Dieser Engel prüft, ob die Kraft des Heimwehs stark genug ist, ehe er seine segensreiche Kraft über eine solche Gemeinschaft ausgießt. Aber nicht nur die Gründer, nein, die ganze Gemeinschaft muss von diesem himmlischen Heimweh zeitlebens beseelt bleiben.

Unsere Arbeit begann 1924 in Holland. Ganz klein waren die Möglichkeiten am Anfang, aber doch zielgerichtet und stark genug, um in diesem Ringen erfolgreich zu sein. Achtzig Jahre sind seitdem vergangen, das ist fürwahr eine ‚lange Nacht', und wir spüren jetzt intensiv das Morgenrot einer neuen Zeitepoche. Gerade neulich habe ich bei einem modernen Zeitgenossen etwas gelesen, das gut zu diesem Geschehen passt. Leider habe ich mir den Namen nicht gemerkt. Er hat etwa Folgendes ausgeführt'. *Allein durch unser Sehnsuchtswesen kommt Bedeutung in unsere Welt!*"

Hierauf antwortete Andreas: „Wie treffend ist dieses Wort ‚Sehnsuchtswesen'! Natürlich muss man sich die Erklärung dazu erst erschließen, so wie Sie das eben mit der alttestamentarischen Erzählung gemacht haben. Und dann noch der Blick auf die Arbeit der vergangenen achtzig Jahre in Ihrem Werk! Dieses Beispiel werde ich wohl mein Leben lang nicht vergessen. Hier fühle ich wieder die Brücke zur Präerinnerung."

Spirituelle Holografie - wenn die Konturen klarer werden

In diesem Augenblick kam eine Mitarbeiterin durch die Eingangshalle auf die Besprechungsrunde zu. „Darf ich die Herren zu einer Tasse Tee oder Kaffee in den Speisesaal einladen?", fragte sie. „Eine kleine Pause tut sicher gut. Gestern war doch Nikolaustag. Da haben wir noch ein paar Plätzchen und Kuchen übrig." Dieser Einladung konnte natürlich niemand widerstehen.

Herr Bünder entschuldigte sich für einen Moment, weil er im Büro noch ein dringendes Telefonat führen musste. Die anderen ließen es sich einstweilen schmecken.

Da sorgte plötzlich William für einen unerwarteten Fortgang des Gesprächs über Jakob und den Engel. „Wenn ich unsere Unterhaltung zusammen mit all den Erklärungen und Erläuterungen an mir vorbeiziehen lasse, dann ist mir so, als wenn etwas bereits Vorhandenes immer schärfere und klarere Konturen gewinnt. Wie aus einem Dunkel heben sich die Umrisse hell und deutlich ab und stehen dann vor dem inneren Auge."

Das wirkte wie ein zündender Impuls bei Herrn Friedmann. „Im Computer-Zeitalter leben wir doch auch in der Ära der bildhaften Darstellungen, für die ausgefeilte Programme entwickelt wurden. Vermutlich haben Sie auch schon etwas von der Holografie gehört, das ist eine ganz spezielle Form der Darstellung! "

William und Jacques nickten zustimmend, Andreas und Roberto schauten sich fragend an. Deshalb fuhr Herr Friedmann fort: „Das lässt sich eigentlich ganz leicht verstehen und hat als Symbol durchaus eine Bedeutung für die Bildung unserer Gemeinschaft. Jedes Objekt in unserer Welt strahlt nämlich feinste elektromagnetische Wellen aus, die man elektronisch auffangen und ins Sichtbare umsetzen kann. Diese Ausstrahlungen wirken gleichsam wie eine unverwechselbare Information, wie ein subtiler Code. Man kann nun mittels Laserlicht das gesamte Wellenfeld auf eine geeignete Fotoplatte abbilden. Weil das direkte Laserlicht mit dem vom Objekt reflektierten auf der Bildplatte überlagert wird und interferiert, enthält die holografische Bildplatte Informationen über Amplitude und Phase des vom Objekt kommenden Wellenfeldes und damit die Rauminformation über das Objekt. So entsteht eine Holografie. Und nun lassen wir einmal etwas Unerwartetes passieren: Die Bildplatte zerbricht. Gehen dann alle gespeicherten Informationen verloren? Ganz sicher nicht! Denn jedes Teilchen trägt noch immer die Basisinformation in sich, jedoch mit dem Unterschied, dass die Schärfe der Kontur nicht mehr vollständig erhalten bleibt. Je kleiner die Bruchstücke, desto unschärfer und verschwommener wird die Kontur."

„Mir kommt da ein Gedanke", sagte Andreas. „Sieht es nicht mit den Bildern der Wahrheit sehr ähnlich aus? In jedem Menschen ist doch ganz fein etwas von ihr vorhanden. Vorhin haben wir so ausführlich über die Präerinnerung gesprochen. Ich glaube, beides hat miteinander zu tun. Wird nicht ein wahrheitsfähiger Mensch immer etwas von der höheren Gesamtwahrheit abbilden?"

„Genauso ist es“, sagte Herr Friedmann. „Bei unseren Konferenzen entsteht durch die innere Einstellung aller ein solches mehrdimensionales Bild. Dann herrscht eine lebendige höhere Gesamtschwingung, der die Kräfte der Übernatur zufließen. Seelisch gesehen wird jeder durch die magnetische Kraft der Wahrheit angezogen und - wenn er wirklich dafür offen ist - den Begrenzungen seines natürlichen Daseins enthoben. Gleichzeitig können die Strahlungen in seinem unvergänglichen Wesenskern immer stärker und absolut lebendig verankert werden. Natürlich muss sich der empfängliche Mensch darauf vorbereiten. Das ist sehr wichtig auch für die Zeit, wenn er im Alltag wieder den üblichen Anforderungen und seinen Mitmenschen gerecht werden muss. Auch sollte er möglichst von unseren Konferenzen etwas Unverwechselbares, ein kleines unzerstörbares Licht mitnehmen.

Wichtig ist dabei, dass ihm die Wahrheitsimpulse nicht allein gehören! Wenn es gut mit ihm steht, wird er lernen, sein Leben so zu führen, dass er die empfangene Kraft bewusst weiterschenkt, um auch die anderen Menschen, die ihm tagein und tagaus begegnen, mit ihr zu verbinden. Er wird von seinen spirituellen Erlebnissen gar nicht sprechen, denn er würde sie kaum richtig ausdrücken können und würde auch allzu leicht falsch verstanden werden.

Wir gehen also sehr subtil mit unseren Erfahrungen auf den Konferenzen um. Ein Gespräch, wie wir es heute gemeinsam führen, gehört zu den großen Ausnahmen und ist in diesem Umfang auch nur deshalb möglich, weil Sie sich bereits über Monate mit ihren Fragen und Deutungen zum Thema der Utopien innerlich vorbereitet haben.“ Jacques sagte: „In der Apokalypse gab es doch auch ein besonderes Buch, das, wie es heißt, ‚innen und außen‘ beschrieben war. Das ‚außen‘ ist vielleicht so etwas wie dieser Ort hier mit seinen besonderen Gebäuden und dem Bemühen der Menschen, die hier zusammenkommen. Und dann ist da noch die ‚gewaltige Stimme‘ des Engels, den der Dichter der Apokalypse sprechen lässt: Wer ist würdig, das Buch zu öffnen und seine Siegel zu brechen! Ich finde, der Appell ist klar und eindeutig und führt unmittelbar wieder zum Bild des Kampfes von Jakob mit dem Engel des Herrn. Ja, und natürlich auch zu uns selbst.“

Der Wahrheit auf der Spur

Versonnen und nachdenklich saß Andreas auf seinem Stuhl und beobachtete das Licht- und Schattenspiel der schräg einfallenden Sonnenstrahlen in der Vorhalle. Das Abendrot der späten Nachmittagssonne hatte sich darunter gemischt. Erinnerungen an Wahres und Schönes zogen wie Bilder an Andreas vorüber. Bald sah er sich mit seinem Freund Karsten im Lessinghaus in Wolfenbüttel, dann wieder beim Literaturunterricht im Melanchthon-Gymnasium in Nürnberg. Sein damaliger Lehrer Engelhardt hatte die Fähigkeit, die Literaturgeschichte sehr einprägsam darzustellen. Lessing war dabei einer der Großen gewesen, die mit der Aura des Wahrhaftigen umgeben waren. Ab und zu hatte Herr Engelhardt auch Textstellen auswendig lernen lassen. Und wieder war es Lessing gewesen, der mit seinen Gedanken zur Wahrheit einen besonderen Eindruck hinterließ.

Vor allem aber war Andreas Folgendes in Erinnerung geblieben: Bei der Begegnung mit wahren Gedanken kommt es nicht darauf an, sie als Besitz zu pachten, sondern vielmehr, den Weg ihrer Wahrheit aufzuspüren und ihm zu folgen. Dann ist der Weg bereits das Ziel. Und noch etwas hatte Andreas stark berührt: Lessings demütige und bescheidene Haltung, wenn er über die Wahrheit sprach. Plötzlich kamen ihm auch einige Zeilen in den Sinn, die so charakteristisch für Lessings Überzeugung waren. Er wandte sich an Jacques, der soeben über das versiegelte Buch in der geheimen Offenbarung gesprochen hatte, und warf ein: „Auch Lessing hat sich zeitlebens intensiv um das Brechen der Siegel bemüht. Und ich möchte an dieser Stelle gern einige seiner Gedanken in unser Gespräch einflechten: *Wenn Gott in seiner Rechten alle Wahrheit und in seiner Linken den einzigen immer regen Trieb nach Wahrheit - obschon mit dem Zusatze, mich immer und ewig zu irren - verschlossen hielte, und er spräche zu mir: Wähle! Ich fiele ihm mit Demut in seine Linke, und sagte: Vater gib! Die reine Wahrheit ist ja doch nur für dich allein!*“

Als Andreas geendet hatte, trat ein Augenblick feierlicher Stille ein. Dann sagte Herr Bünder zu Herrn Friedmann: „Ich glaube, jetzt sind wir alle auf unerwartete Weise beschenkt worden!“

„Ja“, kam die Antwort, „genauso verhält es sich in Wirklichkeit mit der Wahrheit. Sie ist wie ein Flammenspiel. Ab und zu erhellt einer ihrer Strahlen diesen oder jenen Menschen im Augenblick einer besonderen seelischen Empfänglichkeit. Solche Lichtmomente haben auch die Schüler unserer Gemeinschaft schon häufig erfahren. Dazu passt auch die besprochene Metapher vom holografischen Abbild. Jeder benötigt seine Zeit der Entwicklung. Aus dem Dunkel kommend muss die Wahrheit läuternd im Bewusstsein jedes einzelnen Menschen aufschimmern können. So sollte es sein. Das eingeschlagene Tempo auf dem inneren Weg - im Wechselspiel mit den Rückschlägen - spricht eine individuelle und sehr markante Sprache. Aber das Wichtigste ist, dass wir unverbrüchlich mit dem Ziel verbunden bleiben. Wie heißt es doch in einem alten Sprichwort? *Wer vom Weg nichts weiß, kann auch vom Ziel nichts haben!*“

Wie in einem Puzzle schien sich alles zusammenzufügen, und Andreas schloss mit einem weiteren Lessing-Zitat ab: *„Der Langsamste, der sein Ziel nicht aus den Augen verliert, geht immer noch geschwinder als der, welcher ohne Ziel umher irrt!*“

Oasen für die Seele

„In den Manifesten der Rosenkreuzer wird immer wieder von einem unsichtbaren, geheimnisvollen Bauwerk gesprochen. Es steht auf einem geordneten, sehr realen geistigen Fundament, einer bestimmten Atmosphäre. Wir sprechen von einem Kraftfeld, das sich nicht wieder verflüchtigt, sondern Bestand hat. Ein solches Kraftfeld entsteht durch sehnsüchtige, bewusst strebende Menschen, die eine innerseelische Veränderung durchleben. Solche Menschen beherzigen eine Richtschnur rein geistiger Art, die tief im Zentrum des Einzelnen verankert ist. Diese fokussierte Energie kann man am deutlichsten in den Brennpunkten der Konferenzzentren wahrnehmen. Darüber haben wir ja schon gesprochen. Wenn Sie zum Beispiel die Konferenzzentren unserer Gemeinschaft in aller Welt und die kleineren Schülerzentren in unseren Großstädten miteinander verbinden, dann haben Sie ein Netzwerk vor sich, durch das wir alle die Impulse zur notwendigen Selbstveränderung empfangen. Aber diese Impulse drängen sich nicht auf, sie zwingen nicht. Sie wirken nur dann, wenn sie wirklich ersehnt und auch innerlich umgesetzt werden, wenn die reinigende, läuternde Kraft angenommen und ertragen wird."

Da ist es also wieder, das geheimnisvolle Wort vom Netzwerk, dachte Andreas.

Der Mensch als doppelter Weltenbürger

Andreas hatte sehr genau zugehört, und nun drängte es ihn, doch noch etwas zur zweifachen Bürgerschaft des Menschen zu sagen beziehungsweise zu fragen.

„Es sieht so aus, als ob beide Seiten des Menschen aufeinander angewiesen seien und zueinander gehörten, ich meine die natürliche und die himmlische Seite. Dann wieder scheint es, als ob die natürliche Seite eine Art Gegner für die Entwicklung des inneren Menschen ist. Kann man das so sagen?"

Herr Bünder warf seinem Nachbarn einen Blick zu. „Ernst, erinnerst Du dich? Das berührt ein Wort aus dem Paulusbrief an die Epheser, worüber wir kürzlich in unserem Kreis gesprochen haben. Du hast die Stelle vielleicht noch besser in Erinnerung, weil Du den Text zitiert hast. Da muss man sicherlich mehrere Ebenen betrachten, denn es wird auf die spirituelle Lebensessenz hingewiesen. Paulus nennt diese Essenz das Blut Christi. Es wirkt wie eine Überbrückung, wenn sich die Menschen dafür öffnen und bereit sind, es aufzunehmen. Dann kann die Entfremdung vom Urgrund der Schöpfung aufgehoben werden."

Herr Friedmann überlegte kurz und sagte dann: „Ich suche mal schnell die Stelle heraus." In zwei Minuten war er wieder zurück und zitierte aus dem zweiten Kapitel des Epheserbriefes: „*In Christus aber seid ihr jetzt, die ihr vormals ferne gewesen seid, nahe geworden durch das Blut Christi.* Das Geheimnis besteht darin, auf welche Weise das Blut Christi, die kosmische Christuskraft, aufgenommen und verarbeitet werden kann, denn das ist durchaus möglich. In diesem Text wird auch die gestellte Frage nach der Gegnerschaft auf ganz besondere Weise beantwortet. Paulus spricht sogar von Feindschaft, weil die himmlische und die irdische Natur ohne Veränderung nicht zueinander passen. Damit sind also nicht Hass und Feindschaft im üblichen Sinn gemeint, wie sie sich zwischen Völkern und Menschen manchmal entwickeln. Nein, Paulus deutet auf die völlige Unvereinbarkeit dieser zwei einander fremden Naturen hin. Was sagt er doch? *Denn er,* der Christus, *ist unser Friede, der aus beiden eines gemacht hat und hat abgebrochen den Zaun, der dazwischen war, nämlich die Feindschaft.* Ein geheimnisvolles, aber jetzt vielleicht verständliches Wort! Friede heißt hier sicherlich: Das Natürliche hat sich dem himmlischen Einfluss ergeben und dient ihm ohne Widerstand. Deshalb gibt es dann auch keine Unvereinbarkeit, keine Feindschaft mehr. Im normalen Leben aber - das wissen Sie ja selbst - mit seinem Miteinander und Gegeneinander lässt sich alles nur durch Gesetze regulieren. Deshalb spricht Paulus auch darüber, dass diese Gesetze für ein neues Geschöpf keine Gültigkeit mehr haben: *Er hat abgetan das Gesetz mit seinen Geboten und Satzungen, auf dass er in sich selber aus den zweien einen neuen Menschen mache und beide versöhne mit Gott in einem Leibe ...* Das Natürliche und das Geistige werden zu einem neuen geistgeleiteten Seelenmenschen. Man kann auch sagen, die wahre menschliche Entwicklung verläuft so, dass sich der Mensch auf geistige Weise selbst zum Gesetz wird.

Paulus hat der Versöhnung mit Gott in einem Leibe noch etwas Besonderes hinzugefügt, denn er sagt, es geschieht ‚durch das Kreuz'. Wir sprechen vom Rosenkreuz. Da sehen Sie vor sich das wiedererschaffende strahlende Gesetz, das vom innereigenen Zentrum her wie ein Kreuz beide Naturen des Menschen durchstrahlt und erfasst. Aus eigener Erfahrung sagt Paulus auch an anderer Stelle, die bisherigen verhängnisvollen und vergänglichen Dinge werden im Menschen nach und nach vollständig ausgelöscht. Sein Kernsatz dazu lautet dementsprechend: *Der Tod ist verschlungen in den Sieg!* Das kann nur durch das Lichtkreuz geschehen. Und das hat natürlich nichts mit den weltlichen Formen der Kreuzigung zu tun."

„Ich fühle immer klarer", sagte Andreas, „dass der Ansatz Ihrer Arbeit auf einer ganz anderen Ebene liegen muss! Und plötzlich kann ich auch verstehen, dass unser übliches Bemühen immer wieder von irdischen Bewusstseinskräften durchdrungen wird. Aber diese Kräfte müssen abgelöst und aufgelöst werden von lebenden Bewusstseinselementen, die dann ein Kreuz aus reinem Licht bilden."

An den Früchten wird alles erkennbar

Herr Bünder spürte in diesem Augenblick, wie alles an diesem Nachmittag Gesagte seine Früchte hervorbrachte. Deshalb stellte er aus eigener Erfahrung fest: „Niemand kann beantworten, was nicht bereits als Frage aus der eigenen Tiefe aufgestiegen ist. Das ist eine der Grundregeln unserer Arbeit. Alles, was Sie zum Beispiel hier sehen und erleben in Form von Gleichnissen und Sinnbildern, muss zur Realität werden. Zwar leben heute die meisten Menschen nach ihrem eigenen Gusto oder Geschmack, wie man so sagt, aber manche merken doch, dass etwas in ihrem Leben nicht stimmt. Sie fühlen das instinktiv und beginnen zu suchen, ohne auf Anhieb den wahren Zusammenhang mit den höheren Dingen zu erfassen. Deshalb dringen Sie nur selten zu den eigentlichen Geheimnissen durch. Aber gerade um dieses Durchdringen geht es, das ist das Anliegen unserer Schule! Wir bemühen uns, die höheren Kräfte und ihre Auswirkungen kennen zu lernen. Auch Sie haben heute mit der Art ihrer Gesprächsbereitschaft dazu beigetragen. Ehrlich arbeitende geistige Gemeinschaften haben immer Zukunftsideen und nehmen kommende Realitäten vorweg. Damit schaffen sie Schritt für Schritt ein Bauwerk, das nicht geraubt oder zerstört werden kann, denn das Ergebnis liegt jenseits der berühmten Grenze, die beide Naturen so eindeutig voneinander trennt. Es gibt zwar immer Hilfen und Brücken, die man in Anspruch nehmen kann, aber sie verschwinden, sobald man etwas Weltgleichförmiges schafft und sei es auch in der besten Absicht - aber letztlich doch aus Unkenntnis."

Roberto sagte mit leicht verlegenem Lächeln: „Wir vier sind durch die freundliche Vermittlung aus Amsterdam zu Ihnen geführt worden und sitzen nun hier als ... ja, man kann sagen Utopieforscher. Darf ich Ihnen deshalb eine Frage stellen? Wie weit ist es Ihnen gelungen, eine positive utopische Gemeinschaft zu bilden?" Kaum hatte er das ausgesprochen, durchzuckte ihn ein leichter Schreck, und er hätte die Frage gern zurückgenommen.

Aber Herr Friedmann und Herr Bünder waren offensichtlich an solche Fragen gewöhnt. Etwas belustigt sahen Sie sich an und wurden dann doch wieder ernst. „Schauen Sie ganz einfach auf den Titel des ausgelegten Buches ‚Der kommende neue Mensch'. Dort wird sehr subtil - soweit man das mit Worten überhaupt erreichen kann - Schritt für Schritt aufgezeigt, wie sich der kommende Menschentyp im Sinne einer positiven Utopie selbstschöpferisch entwickeln kann. Unsere Gemeinschaft steht mitten in diesem Prozess. Und wir prüfen uns immer wieder, um zu verändern und zu korrigieren; wir stehen also im Jakobskampf - noch immer! Sicher wird noch vieles durchlebt und durchlitten werden müssen. Denn das Leid ist immer ein notwendiger Begleiter und guter Lehrmeister. Erst dann wird es langsam licht im Menschen. Wichtig ist, dass wir uns nicht in die Trostlosigkeit unseres Zeitgeschehens vertiefen oder uns von Idealvorstellungen wie in einem schillernden Netz gefangen nehmen lassen. Nur dann bleiben wir im Prozess der Selbstreinigung auf Kurs, wenn ich das mal so sagen darf." Mit diesen Worten war es Herrn Friedmann gelungen, ein klares abschließendes Fazit an diesem denkwürdigen Nachmittag des 7. Dezember zu ziehen. Das war allen in der Gesprächsrunde bewusst.

Abschied von Christianopolis

Heute früh waren die vier jungen Philosophen bei Morgenrot und klarem winterkalten Himmel in Regensburg aufgebrochen, um den langen Weg hierher zu fahren. Und jetzt war es bereits später Nachmittag. Das Abendrot leuchtete mit einem letzten warmen Schimmer durch den Park und erhellte die gläserne Halle des Konferenzzentrums. Draußen dämmerte es schon. Aber den Freunden kam es nicht so vor, als könne es gleich wirklich dunkel werden. Innerlich war es für sie strahlend hell; etwas Unvergängliches hatte sie berührt.

Diese Empfindung wirkte noch lange nach, als sie sich mit einem herzlichen Dankeschön von Herrn Bünder und Herrn Friedmann verabschiedet hatten. Auf dem Weg zum Auto beschlossen sie, ihren Besuch in Birnbach unbedingt in ihre Seminararbeit aufzunehmen. Und jetzt war ihnen auch klar, warum Herr Ritman sie hierher geschickt und ihnen beim Abschied in Amsterdam das Buch „Christianopolis“ geschenkt hatte.

Die Rückfahrt verlief entspannt und ruhig. Es wurde wenig gesprochen. In den vier Freunden war so viel geschehen, dass sie jetzt still dasaßen und über das Erlebte nachdachten. Aber plötzlich machte Andreas eine Bemerkung, die allen aus dem Herzen sprach: „Wisst Ihr, wie ich die Gespräche und alles, was wir in den vergangenen Stunden hier erleben durften, nennen möchte?

Morgenrot über Christianopolis!“

Nachwort

Beim Niederschreiben des Textes war es oft so, dass der geschriebene Buchstabe bei weitem nicht die Fülle der Empfindungen widerspiegeln konnte, die aufsteigen, wenn man sich intensiv mit einem bestimmten Stoff beschäftigt. Letztlich gilt: Mit dem sichtbaren Buchstaben kann man niemals ganz in die Tiefe des Sagbaren vordringen. Auf der anderen Seite setzt jedes Schreiben voraus, dass man sich intensiv bemüht, den Leser innerlich zu erreichen.

Wer etwas erzählen will, muss auf Reisen gehen, letztlich auf eine Reise zu sich selbst. Sowohl der Schreibende wie auch der Lesende benötigen eine Menge Vorstellungskraft und Fantasie. Und jeder liest anders, auch wenn die äußere Fassung eines Textes die gleiche ist.

Wahres Erkennen aber ist Wiedererinnerung, sagte Platon einmal. So wie in jeder echten Utopie die Sehnsucht nach dem Wahrhaftigen lebt, lebt in jedem Buch die Sehnsucht des Autors, seinen Lesern etwas selbst Erkanntes weiterzugeben.

Platon schrieb keine Sachbücher, wenn es ihm um angewandte Philosophie ging. Er ließ vielmehr Menschen sprechen, die mit ihren charakteristischen Fragen und Antworten aufeinander zugehen.

Aus demselben Grund entstanden die vier Seminaristen dieses Buches, und der Autor hofft, auch seine Leser mögen genau wie die vier Freunde aus dem Schatz der Utopien manch wertvollen Gedanken für sich selbst herausfinden und in das persönliche Leben mitnehmen.

Ein herzliches Dankeschön für konstruktive Mitarbeit und wertvolle Unterstützung gebührt meiner Frau Karin Zichner, Frau Elke Kumar, Frau Sarah Mink und Frau Bianca Blessing.

Literatur

Altes Testament
Sprüche Salomos, 30-36; 1. Moses 32, 25-27
Andreae, Johann Valentin
Christianopolis, 1741, Calwer Verlag, Stuttgart 1972; Andreae, Johann Valentin, 1586-1654 - Katalog mit Vorträgen zu den Gedenkwochen, Kommissionsverlag B. Gengenbach, Bad Liebenzell 1987; Leben, Werk und Wirkung eines universalen Geistes, Katalog Druckhaus Münster, Stuttgart 1986.
Antony, P.
Johann Valentin Andreae - Ein schwäbischer Pfarrer im Dreißigjährigen Krieg, Heidenheimer Verlagsanstalt, Heidenheim 1970.
Appel, R. und Vorgrimler, H.
Kirche und Freimaurer im Dialog, Knecht Verlag, Frankfurt 1975.
Bachmann, M. und Hofmeier, Th.
Geheimnisse der Alchemie, Schwabe Verlag, Basel 1999.
Bacon, F.
Neu-Atlantis - eine utopische Erzählung, Reclam Verlag, Leipzig.
Bibliotheca Philosophica Hermetica
Katalog Andreae. J.V. Die Manifeste der Rosenkreuzerbruderschaft Amsterdam 1986; Das Erbe des Christian Rosenkreuz, Amsterdam 1988; Das Rosenkreuz als Phänomen im 17. Jahrhundert, Vorträge anlässlich des Symposions in Wolfenbüttel 1994, Frommann-Holzboog Verlag, Stuttgart 2002; Ways of Hermes - Eine Übersicht über die Ausstellungen in Florenz, Venedig und Amsterdam, Amsterdam 2002; Cimelia Rhodostaurotica, Katalog einer Ausstellung in Wolfenbüttel, Verlag In de Pelikaan, Amsterdam 1995; Paracelsus, Katalog einer Ausstellung in Amsterdam, Verlag In de Pelikaan, Amsterdam 1993;
Blavatsky, H.P.
Isis entschleiert, Weisheitsworte Salomos, Adyar Verlag, 2003.
Bloch, E.
Ernst Bloch, Gesamtausgabe, Frankfurt 1973.

Bradbury, R.
Fahrenheit 451, Heyne Verlag, München.
Brozinski, H.
Lux Lucens in Tenebris - zur Alchemistischen Handschrift der alten Kasseler Landesbibliothek, Hg. Fond Hessischer Arzneimittelfirmen e.V., Fulda 1994.
Bruno, Giordano
Über die Ursache, das Prinzip und das Eine, Zitat nach Kirchhoff, Giordano Bruno, Hamburg 1980.
Comenius, J. A.
Der Weg des Lichtes - Via Lucis, Meiner Verlag, Hamburg 1997
Dickens, Charles
Oliver Twist, Vollmer Verlag, Wiesbaden.
Dierickx, M. S. J.
Freimaurerei - die große Unbekannte, Bauhüttenverlag, Hamburg 1975.
Dietzfelbinger, Konrad
Mysterienschulen, Eugen Diederichs Verlag, München 1997.
DRP Rosenkreuz Verlag
Der Gral und das Rosenkreuz, Birnbach 2002.
Eckhart, Meister
Das Buch der göttlichen Tröstung, Insel Verlag, Frankfurt 2003; Deutsche Predigten und Traktate, Carl Hanser Verlag, München 1995.
Eckartshausen, Karl von
Die Wolke über dem Heiligtum, Rozekruis Pers, Haarlem 1994; Einige Worte aus dem Innersten, Rozekruis Pers, Haarlem 1994; Die wichtigsten Mysterien der Religion, Rozekruis Pers, Haarlem 1995.
Eckermann, J. P.
Gespräche mit Goethe, Brockhaus Verlag, Wiesbaden 1975.
Eckstein, F.
Comenius und die Böhmischen Brüder, Insel Verlag Leipzig.
Einstein, A.
Mein Weltbild, Europa Verlag, Zürich 2005.

Endres, F. C.
Die Symbole des Freimaurers, Bauhütten Verlag, Hamburg 1977.
Faivre, A.
Eckartshausen et la Théosophie Chrétienne, Paris 1968.
Feld, H.
Franziskus von Assisi, C. H. Beck Verlag, München 2001.
Fortin, E. L.
Dantes Göttliche Komodie als Utopie, Carl Friedrich von Siemens Stiftung, München 1989.
Gentile, S. und Gilly, C.
Marsilio Ficino and the Return of Hermes Trismegistos, Katalog der Bibliotheca Medicea Laurenziana, Florenz 1999.
Gilly, C.
Adam Haslmayer - Der erste Verkünder der Manifeste der Rosenkreuzer, Verlag In de Pelikaan, Amsterdam, 1994.
Goethe, Johann Wolfgang von
Faust I und II, Insel Verlag, Frankfurt 1981.
Haas, W.
Der Bamberger Dom, Langewiesche Verlag, Königstein i. T. 1973.
Harnischfeger, E.
Die Bamberger Apokalypse, Urachhaus Verlag, Stuttgart 1981.
Heraklit
Die Vorsokratiker, Auswahl W. Nestle, Diederichs Verlag, Düsseldorf 1978.
Herb, K. und Hidalgo, O.
Alexis de Toqueville, Campus Verlag, Frankfurt 2005.
Herzog August der Jüngere - Der Bücherfürst des 17. Jahrhunderts, Katalog zur Ausstellung, Vernissage Verlag.
Humboldt, W. von
Schriften zur Sprache, Reclam Verlag, Ditzingen.
Huxley, A.
Schöne neue Welt, Fischer Taschenbuch Verlag, Frankfurt.

Karl Thomae GmbH
Das Herz im Umkreis des Denkens, Graphische Kunstanstalt, Frankfurt 1969.
Komensky, Jan Arnos
Labyrinth der Welt und Paradies des Herzens, A + O Verlag, Burgdorf 1992.
Lagerlöf, S.
Christuslegenden, Nymphenburger Verlag, München 1948.
Lessing, G. E.
Dichtungen, Kritiken, Briefe, Verlag Neues Leben, Berlin 1981.
Longhena, M.
Mayas und Azteken, Nebel Verlag, Erlangen-Utting.
Machiavelli, N.
Der Fürst, Fischer Taschenbuch Verlag, Frankfurt 2005.
Menenius Lanatus Agrippa
Ständekampf in Rom, Sammlung Dalp, Franke Verlag, Bern-München 1961.
Mercier, L. S.
Das Jahr 2240, Suhrkamp Verlag, Frankfurt 1982.
Mirandola, G. Pico della
Über die Würde des Menschen, Manesse Verlag, Zürich 1998.
Morus, Th.
Utopia, Manesse Verlag, Frankfurt 2004.
Muslow, M.
Frühneuzeitliche Selbsterhaltung, Niemeyer Verlag, Tübingen.
Neues Testament
Paulusbrief, 1. Korinth. 6, 19, 20; Paulusbrief, Epheser 6, 12; Paulusbrief, 2. Korinth. 3, 6; Offenbarung des Johannes, 7,1-4 u. 13-14; Paulusbrief, Epheser 2, 13-16.
Platon
Der Staat, Felix Meiner Verlag, Hamburg 1989; Gastmahl, Phaidros, Phaidon, VMA-Verlag, Wiesbaden 1959.
Prem, H. J. und Dyckerhoff, U.
Das alte Mexiko, C. Bertelsmann Verlag, München 1986.

Quispel, G.
Die hermetische Gnosis im Laufe der Jahrhunderte, Rozekruis Pers, Haarlem 2000.
Rijckenborgh, Jan van
Der kommende neue Mensch, Rozekruis Pers, Haarlem 1992; Die Ägyptische Urgnosis I, Kap. V, Rozekruis Pers, Haarlem 1961; Christianopolis, Erklärung des Werkes von J. V. Andreae, Rozekruis Pers, Haarlem 1990.
Rossiter, E.
Die Ägyptischen Totenbücher, Produktion Liber, Fribourg-Geneve 1979.
Rufin, J. Chr.
Globalia, Kiepenheuer & Witsch Verlag, Köln 2005.
Ruprecht, E. und A.
Novalis - der Weg nach innen, Tod und Unsterblichkeit Bd. 2, Urachhaus Verlag, Stuttgart 1993.
Salman, H.
Die Heilung Europas - das Erwachen des europäischen Bewusstseins, Novalis-Verlag, Schaffhausen 1999.
Schiller, Friedrich
Gesamtausgabe Bd. 9/10, Wegweiser-Verlag, Berlin 1925.
Schneider, U. J.
Bücher als Argumente - Lessing zwischen Bibliothek und Öffentlichkeit, Katalog zur Ausstellung der Herzog August Bibliothek, Wolfenbüttel 2003.
Steiner, Rudolf
DieTheosophie der Rosenkreuzer, Rudolf Steiner Verlag, Dörnach 1997.
Wehr, G.
Die Bruderschaft der Rosenkreuzer, Diederichs Verlag, München 1991; Giordano Bruno, Deutscher Taschenbuch Verlag, München 1999.
Winter, M.
Compendium Utopiarum, Typologie und Biographie von der Antike bis zur deutschen Frühaufklärung, Stuttgart 1978.

Yates, Frances A.
Aufklärung im Zeichen des Rosenkreuzes, Klett-Cotta Verlag, Stuttgart 1975; Die okkulte Philosophie im Elisabethanischen Zeitalter, Edition Weber, Berlin 1991.
Zichner, Martin
Die große Lebensspirale - Gedanken zu Dante Alighieri, Rozekruis Pers, Haarlem 1999; Das maurische Spanien, Verlag Druckerei Steinmann, Heiligkreuzsteinach 2005.

FSC
www.fsc.org
MIX
Papier aus verantwortungsvollen Quellen
Paper from responsible sources
FSC® C105338